MEN$ALÃO

O julgamento do maior caso de corrupção
da história política brasileira

MEN$ALÃO

O julgamento do maior caso de corrupção
da história política brasileira

Marco Antonio Villa

LeYa

Esse processo criminal revela a face sombria daqueles que, no controle do aparelho de Estado, transformaram a cultura da transgressão em prática ordinária e desonesta de poder, como se o exercício das instituições da República pudesse ser degradado a uma função de mera satisfação instrumental de interesses governamentais e de desígnios pessoais. Esse quadro de anomalia revela as gravíssimas consequências que derivam dessa aliança profana, desse gesto infiel e indigno de agentes corruptores, públicos e privados, e de parlamentares corruptos, em comportamentos criminosos, devidamente comprovados, que só fazem desqualificar e desautorizar, perante as leis criminais do país, a atuação desses marginais do poder.

Estamos a condenar não atores políticos, mas protagonistas de sórdidas práticas criminosas. Esses delinquentes ultrajaram a República. É o maior escândalo da história.

CELSO DE MELLO, ministro decano do Supremo Tribunal Federal

Diretor editorial Pascoal Soto
Editora executiva Tainã Bispo

Coordenação de produção Carochinha Editorial
Edição de texto Naiara Raggiotti
Revisão de provas Luciana Soares, Cecília Madarás, Simone Oliveira e Leandro Morita
Projeto gráfico Naiara Raggiotti
Diagramação Carochinha Editorial
Ilustração (máscara) iStockphoto
Capa (design e ilustração) Gilmar Fraga

Dados Internacionais de Catalogação na Publicação (CIP)
(Câmara Brasileira do Livro, SP, Brasil)

Villa, Marco Antonio
Mensalão: o julgamento do maior caso de corrupção da história política brasileira / Marco Antonio Villa – São Paulo: Leya, 2012.

ISBN 978-85-8044-642-5

1. Abuso de poder – Brasil 2. Brasil – Política e governo. 3. Comissões parlamentares de inquérito – Brasil. 4. Corrupção na política – Brasil. 5. Partido dos Trabalhadores (Brasil). 6. Reportagens investigativas I. Título.

12-13502 CDD-070.449320981

Índices para catálogo sistemático:
1. Escândalos políticos: Reportagens investigativas: Brasil: Jornalismo 070.449320981
2. Reportagens políticas: Corrupção no governo: Brasil: Jornalismo 070.449320981

2012

TEXTO EDITORES LTDA.
[Uma editora do grupo Leya]
Rua Desembargador Paulo Passaláqua, 86
01248-010 – Pacaembu – São Paulo – SP
www.leya.com.br

sumário

apresentação

Este livro conta a história de uma tentativa – fracassada – de tomada do Estado. Um verdadeiro assalto. Foi um dos momentos mais difíceis da história republicana.

Em 2005, fomos bombardeados por reportagens e entrevistas sobre o que ficou conhecido como Mensalão, um escândalo de corrupção que chegou até o Palácio do Planalto. O mais triste para os valores republicanos foram as sessões da Comissão Parlamentar Mista de Inquérito dos Correios (2005–2006). Foi estarrecedor ouvir depoentes que tratavam de desvios de recursos públicos, de pagamento de campanhas eleitorais (como a presidencial de 2002) e da compra de apoio político no Congresso com enorme tranquilidade, como se toda aquela podridão fizesse parte do jogo político em qualquer democracia. E quem agisse de forma distinta não passaria de um ingênuo. Em resumo, a ideia propagada pelos depoentes era de que a política sempre foi assim.

Contudo, no decorrer dos trabalhos da CPMI, o clamor da opinião pública foi crescendo. A crise política se instalou. Alguns parlamentares do Partido dos Trabalhadores, envergonhados com a revelação do esquema de corrupção, saíram do partido. O presidente Lula foi à televisão e pediu, em rede nacional, desculpas pela ação dos dirigentes partidários. Disse desconhecer que, nas antessalas do Palácio do Planalto, tinha sido planejado o que ficou conhecido como Mensalão. Falou até que tinha sido traído. Não disse por quem nem como.

O relatório final da CPMI pedindo o indiciamento dos responsáveis foi encaminhado à Procuradoria-Geral da República. A aprovação foi comemorada. Para a oposição, o presidente Lula estava nas cordas, à beira de um nocaute. Caberia, disse um dos seus líderes na época, levá-lo sangrando até o ano seguinte para, então, vencê-lo facilmente nas urnas. Abrir um processo para apurar o crime de responsabilidade colocaria o país em risco. Estranha argumentação, mas serviu para justificar a inépcia oposicionista, a falta de brio republicano e uma irresponsabilidade que só a história poderá avaliar.

Em 2007, o Supremo Tribunal Federal recebeu a denúncia. E o processo se arrastou por um lustro. No final de 2011, o ministro Joaquim Barbosa, relator da ação penal 470, entregou o processo ao presidente do STF, ministro Carlos Ayres Britto. De acordo com o regimento, foi designado um ministro revisor. A escolha recaiu em Ricardo Lewandowski. Ficou seis meses com o processo. Foi uma das mais longas revisões da história. Argumentou que o processo era muito longo.

Depois de muita pressão, o ministro revisor entregou seu relatório. O ápice das manobras de coação da Corte foram as reuniões de Lula com ministros ou prepostos de ministros. Se o Brasil fosse um país politicamente sério, o ex-presidente teria sido processado.

Com o tempo, foram ficando mais nítidas as razões do ex-presidente para pressionar o STF a fim de que não ocorresse o julgamento. Afinal, ele sabia de todas as tratativas, conhecia detalhadamente o processo de mais de 50 mil páginas sem ter lido uma sequer. Conhecia porque foi o principal beneficiário de todas aquelas ações. E isso é rotineiramente esquecido. Afinal, o projeto continuísta de poder era para quem permanecesse à frente do governo?

A "sofisticada organização criminosa", nas palavras de Roberto Gurgel, o procurador-geral da República, foi criada para beneficiar qual presidente? E quando Lula disse – especialmente após a saída da presidência – que não existiu o mensalão, que tudo era uma farsa? E agora, com as decisões e condenações do STF, quem está mentindo? O ex-presidente considera o STF farsante? Quem é o farsante: ele ou os ministros da Suprema Corte?

O ministro Celso de Mello, decano do STF, foi muito feliz quando considerou os mensaleiros marginais do poder. São marginais do poder, sim. Como disse o mesmo ministro, "estamos tratando de macrodelinquência governamental, da utilização abusiva e criminosa do aparato governamental ou do aparato partidário por seus próprios dirigentes". E foi completado pelo presidente Ayres Britto, que definiu a ação do PT como "um projeto de poder quadrienalmente quadruplicado. Projeto de poder de continuísmo seco, raso. Golpe, portanto". Foram palavras duras, mas precisas. Apontaram com crueza o significado destrutivo da estratégia de um partido que desejava tomar para si o aparelho de Estado de forma golpista, não pelas armas, mas usando o Tesouro como instrumento de convencimento, trocando as balas assassinas pelo dinheiro sujo.

Até o momento das últimas condenações, tinham ocorrido 39 sessões e cerca de 170 horas de muita discussão. Todas as sessões foram transmitidas ao vivo pela televisão e com farta cobertura da imprensa. Os réus tiveram amplo direito de defesa. Todos os procedimentos legais foram seguidos rigorosamente. Nada ficou oculto. Tudo foi apresentado publicamente, com a mais absoluta transparência. Este livro conta essa história.

o assalto

Como em um conto de fadas, um dia o encanto se quebrou. O "encanto petista" se desfez em 15 de maio de 2005. Era um domingo. A edição 1905 da revista *Veja* chegou às bancas com uma reportagem especial que desencadearia uma crise política sem precedentes. Luiz Inácio Lula da Silva já havia completado metade do seu mandato presidencial. Não havia nada de especial que notabilizasse seu governo. Se a taxa de crescimento do Produto Interno Bruto, em 2004, tinha sido de 5,7%, a do ano anterior havia se mostrado muito ruim: 1,1%. Isso quando, em 2002, último ano da gestão de Fernando Henrique Cardoso, a taxa tinha alcançado 2,7%. Mas, saindo do mundo dos números, Lula não havia ainda deixado sua marca. O *slogan* de que "a esperança iria vencer o medo" não passava de retórica vazia. Os programas sociais adotados logo no início do governo tinham fracassado. O Fome Zero e o Meu Primeiro Emprego haviam virado motivos de piada. O ministério formado no início do governo, em 2003, já não era o mesmo. Alguns ministros haviam abandonado o posto para se candidatar às eleições municipais; outros tinham saído devido ao péssimo desempenho administrativo e ao mau uso dos recursos públicos, como foi o caso de Benedita da Silva.

A matéria de capa da *Veja*, cujo destaque principal era a luta do ator Raul Cortez contra um câncer, contrastava com uma chamada para uma reportagem exclusiva sobre suspeitas de corrupção nos Correios. A partir de um vídeo de quase duas horas de duração, obtido com empresários que tentavam participar de processos licitatórios e haviam filmado o pedido de propina feito por um funcionário da estatal, a revista revelava que o chefe do departamento de contratação e administração, Maurício Marinho, havia cobrado 3 mil reais dos empresários a título de "acerto", para que pudessem atuar como fornecedores dos Correios.

A denúncia da revista se assemelharia a outros tantos casos de corrupção, não fosse o fato de que, durante a conversa filmada pelos empresários, o funcionário tivesse citado o deputado Roberto Jefferson, do PTB-RJ, como fiador do esquema: "Ele me dá cobertura, fala comigo, não manda recado [...] eu não faço nada sem o consultar. Tem vez que ele vem do Rio de Janeiro só para acertar um negócio. Ele é doidão"[1]. As declarações de

1 Todas as citações foram retiradas da ampla cobertura jornalística do escândalo. Para checá-las, basta acessar os arquivos dos jornais *Folha de S.Paulo* e *O Estado de S.Paulo* e da revista *Veja*. Quando a fonte for outra, virá a devida citação. As notas existentes no livro são as estritamente necessárias. No final estão indicadas todas as fontes utilizadas.

Marinho detalhando como funcionava a arrecadação de recursos ilícitos na estatal descortinavam não apenas o funcionamento de um vasto esquema de corrupção, que envolvia vários setores da estatal, como também trazia para o primeiro plano pessoas muito próximas ao presidente Lula e ao PT, como Roberto Jefferson, cujo partido fazia parte da base aliada do governo no Congresso Nacional.

Diante da gravidade das acusações, já na segunda-feira, dia 16, os partidos de oposição começaram a se articular com o objetivo de criar uma Comissão Parlamentar de Inquérito Mista – que começava a ser chamada pelos parlamentares de CPI da Mesada –, cujo objetivo era investigar as denúncias feitas pela revista. Os líderes da oposição na Câmara, o deputado José Carlos Aleluia (PFL-BA), e no Senado, o senador José Jorge (PFL-PE), passaram a colher as assinaturas para a criação da CPI, sob o argumento de que as denúncias não se restringiam a um possível caso de corrupção numa estatal, mas a um esquema que envolvia o governo Lula como um todo: as nomeações para os cargos de primeiro, segundo e terceiro escalões; a relação dos nomeados com seus padrinhos políticos; e a atuação, dentro e fora do Congresso, dos partidos que formavam a base de sustentação do governo petista. No requerimento que pedia a criação da CPI, os signatários diziam que o episódio envolvendo Maurício Marinho revelava as "nefastas consequências da partidarização e do loteamento de cargos públicos promovido pelo governo Lula".

A oposição estava fazendo o seu papel – o PT, em governos anteriores, a todo momento, pedia a abertura de CPI ou recorria à Justiça. Do lado do governo, obviamente, todas as declarações apontavam no sentido contrário, tentando desqualificar a necessidade de uma CPI. O deputado João Paulo Cunha (PT-SP), ex-presidente da Câmara, gestão 2003-2004, chegou a questionar a veracidade da própria história relatada pela revista *Veja* ao afirmar que considerava o fato "muito esquisito". Na visão do deputado, o episódio se resumia a "um sujeito dentro do serviço público [que] faz uma operação de 3 mil reais e fala o nome de um monte de gente. A coisa é meio ridícula, não?" É, parecia, até pelo valor recebido.

Ainda na segunda-feira, à noite, em entrevista ao programa *Roda Viva*, da TV Cultura, o ministro da Casa Civil José Dirceu disse que não via necessidade de prestar solidariedade ao deputado Roberto Jefferson, como pediam alguns líderes do PTB, nem concordava com a criação de uma CPI para investigar as denúncias publicadas na véspera. "Não concordo com a CPI porque todas essas providências já foram tomadas", disse o ministro na ocasião, ao se referir às medidas tomadas pelo governo, como o afastamento de Maurício Marinho de suas funções e a abertura de inquérito por parte da Polícia Federal – estratégia do governo para se adiantar à movimentação da oposição e mostrar que a CPI era desnecessária.

Para a criação de uma CPI mista eram necessárias 27 assinaturas no Senado e 171 na Câmara, o que representava um terço dos parlamentares de cada instituição. PFL e PSDB, partidos da oposição que encabeçavam as articulações, tinham, juntos, 29 senadores e 113 deputados. Imaginando poder contar com outras legendas, os líderes buscavam o apoio de mais 58 deputados para criar a CPI da Mesada (que acabaria ganhando o nome de CPMI dos Correios). O que talvez a oposição não esperava era o apoio de parlamentares do próprio Partido dos Trabalhadores, ainda marcados pela herança da defesa da ética e da moralidade, que fizera parte durante mais de duas décadas do discurso petista – mesmo que, para muitos dirigentes, somente da boca para fora. Entre os apoiadores, havia um grupo de treze deputados, de um total de 91 parlamentares do partido na Câmara. O apoio do grupo contrariava a posição do presidente do PT, José Genoino, embora não houvesse, até aquele momento, uma orientação formal do partido.

No dia seguinte, a lista de assinaturas em apoio à criação da CPI já contava com 46 senadores e 230 deputados, números bem superiores ao mínimo exigido. Desse total, dez senadores eram do PMDB e três do PTB, partidos da base aliada do governo. Na Câmara, das 230 assinaturas, cem eram de parlamentares que apoiavam o governo Lula, sendo dezoito do PT – quase 20% da bancada petista na Casa. Além disso, metade dos deputados do PCdoB, legenda do ministro da Articulação Política, Aldo Rebelo, também havia assinado o requerimento. Portanto, apesar de liderada pela oposição, a proposta de criação de uma CPI para investigar as denúncias de corrupção nos Correios passou a contar com largo apoio dos partidos da base aliada, incluindo dissidências do próprio PT. Com o mínimo de assinaturas exigidas, a oposição protocolou o pedido de criação da CPI no Congresso, cuja leitura do requerimento foi marcada para o dia 24, uma semana depois. Até a meia-noite daquele dia, de acordo com o regimento interno, quem desejasse poderia retirar seu nome da lista.

Diante da possibilidade de uma CPI, o governo, que, claramente, não tinha interesse num processo investigativo que pudesse atingi-lo, começou a se movimentar para impedir a instauração da Comissão ou enfraquecer seus trabalhos, caso fosse derrotado em seu esforço para inviabilizá-la. Inicialmente, o governo trabalhou para convencer parlamentares da base aliada a retirarem o nome da lista de assinaturas. Se, ainda assim, a oposição saísse vitoriosa, o governo poderia instruir sua base a simplesmente não indicar o nome dos membros governistas ou mesmo tentar controlar os trabalhos da CPI com a indicação dos cargos de relator e presidente da comissão – o que de fato ocorreu.

Nos dias seguintes, o governo passou a ser pressionado para conceder cargos e atender a emendas parlamentares, a fim de que aliados não apoiassem a criação da CPI dos Correios. Enquanto isso, a lista de assinaturas sofria baixas, mas também ganhava adesões. Diante da ação do PT e do governo, vários deputados retiraram o nome da lista de apoio à criação da CPI. Em reunião do Diretório Nacional do partido, realizada no final de semana, entre a protocolização do pedido de criação da CPI e a leitura do requerimento em plenário, o PT decidiu que sua bancada não deveria apoiar a proposta. Com isso, a orientação era para que as assinaturas dos parlamentares petistas, que já haviam subscrito o requerimento, fossem retiradas, o que provocou divisões dentro do partido e ameaças contra os dissidentes.

No Senado, a adesão de três parlamentares – Magno Malta, Marcelo Crivella e Aelton de Freitas, todos do PL, partido da base aliada – engrossou o grupo dos que defendiam a instauração de uma CPI. O próprio vice-presidente da República, José Alencar, afirmou que, se estivesse no Senado, também assinaria o requerimento. Assim, no dia 19 de maio, a cinco dias da leitura do requerimento, a CPI passou a ter o apoio de 218 deputados e 49 senadores.

Até o dia 24, a política nacional foi marcada por acusações de golpismo dirigidas à oposição, com referências às crises de 1954 e 1964;[2] por debates acirrados dentro e fora do Congresso Nacional; e por troca de notas oficiais entre o PT e os partidos da oposição, evidenciando a tensão política que dominava a conjuntura nacional nos poucos dias que separavam as denúncias publicadas pela revista *Veja* e a sessão do Congresso Nacional em que seria lido o requerimento para a criação da CPI. As ameaças governamentais não tinham produzido efeito. Na véspera da sessão, novas adesões fizeram a lista saltar de 218 para 242 deputados e de 49 para cinquenta senadores. O convencimento do PMDB, àquela altura,

2 Em agosto de 1954, após o atentado da rua Tonelero contra Carlos Lacerda – e que vitimou o major da Aeronáutica Rubens Florentino Vaz –, o país viveu uma grave crise política, que levou, em 24 de agosto, ao suicídio do presidente Getúlio Vargas. Em 1964, outra grave crise política levou ao fim o governo de João Goulart e ao início do regime militar, com a eleição de Castelo Branco pelo Congresso Nacional.

havia se tornado fundamental, visto que 33 deputados do partido – de uma bancada de 85 – tinham assinado o documento. Com o presidente Lula fora do país, em viagem oficial pela Ásia, o governo liberou 773 milhões de reais em recursos contingenciados – uma demanda dos aliados – e reafirmou que a CPI era desnecessária, uma vez que a Polícia Federal já estava investigando as denúncias.

Na manhã do dia seguinte, em sessão tensa do Congresso Nacional, o requerimento foi lido em plenário. Naquele momento, o pedido contava com o apoio de 254 deputados e 51 senadores, incluindo diversos parlamentares da base aliada e do partido do governo. À noite, desobedecendo a orientação do PT, o senador Eduardo Suplicy foi à tribuna e, chorando, disse que assinaria o requerimento, aumentando para 52 o número de senadores que apoiavam a CPI. A vitória da oposição, que contou com o amplo apoio da base aliada, provocou fortes reações no governo. No dia seguinte, em entrevista ao *Jornal Nacional*, da TV Globo, o ministro José Dirceu chegou a dizer que "lugar de quem faz oposição no governo é a oposição. Tem de buscar outro partido".

Embora o presidente do Senado tivesse garantido que o governo não ficaria com a presidência e a relatoria da CPI, o líder do governo no Senado, Aloizio Mercadante, passou a defender essa posição, alegando que a indicação para os dois cargos mais importantes da Comissão cabia às maiores bancadas na Câmara dos Deputados e no Senado, respectivamente. Nesse caso, o presidente e o relator da CPI deveriam sair do PT e do PMDB, ao contrário do que queria a oposição, que dizia ser essa proposta um desrespeito à minoria no Congresso. Os dois maiores partidos de oposição indicaram para o cargo de relator da CPI o senador César Borges (PFL-BA), que acabou perdendo para o deputado Osmar Serraglio (PMDB-PR). A presidência, como queria o PT e o governo, ficou com o senador Delcídio Amaral (PT-MS). O petista, que desistira da indicação de seu partido na véspera por ter restrições a "presidir uma CPI considerada chapa-branca", como ele mesmo afirmou, voltou atrás após um pedido pessoal do presidente Lula. Amaral, assim como Serraglio, era um parlamentar pouco conhecido. Exercia pela primeira vez o mandato de senador. Calmo, agregador e bom negociador, conseguiu, com Serraglio, comandar com eficiência a CPI mais importante desde o *impeachment* do presidente Collor, em 1992.

A eleição do presidente e do relator da CPI dos Correios aconteceu no dia 15 de junho, quase uma semana após a sessão que instalou oficialmente a comissão, presidida pelo senador Jefferson Péres (PDT-AM). A CPI tinha 33 integrantes, sendo vinte da base aliada e treze da oposição. Entre a leitura do requerimento no plenário do Senado e a sessão de instalação da CPI, passaram-se pouco mais de duas semanas, e, nesse período, o governo ainda tentou anular regimentalmente a instauração da Comissão. Com uma estratégia diferente, o governo passou a acreditar que poderia inviabilizar a CPI na Comissão de Constituição e Justiça (CCJ) da Câmara, que iria analisar a constitucionalidade de sua criação e onde o governo avaliava ter maioria.

Para isso, o governo contava com o apoio do deputado Inaldo Leitão (PL-PB), da base aliada, que relataria o recurso contrário à CPI na CCJ. Leitão assinou o requerimento pela criação da CPI e depois retirou sua assinatura devido à pressão de seu partido. Mesmo afirmando que trabalharia com "completa isenção", o deputado era pressionado pela oposição por ter publicado no dia 25 de maio, no *Jornal da Paraíba*, o artigo "CPI não é palanque", em que dizia acreditar na honestidade do governo Lula e afirmava que o objetivo da CPI era servir de palanque eleitoral para a oposição. No dia 2 de junho, o senador José Jorge (PFL-PE) chegou a ir à tribuna do Senado para questionar a isenção de Leitão ao relatar o recurso contra a CPI.

Cinco dias depois, numa longa e tumultuada sessão que terminaria apenas na noite do dia seguinte, a CCJ discutiu e aprovou a constitucionalidade da CPI. Em meio aos debates, os parlamentares do PT acabaram mudando de estratégia e passaram a apoiar a CPI, desde que ela ficasse restrita às investigações de corrupção nos Correios, e não no governo como um todo. Àquela altura, Roberto Jefferson já tinha dado entrevistas (ficou célebre aquela concedida à *Folha de S.Paulo* em 6 de junho) e declarações afirmando que as denúncias aventadas pela revista *Veja* eram parte de um esquema maior que buscava apoio parlamentar por meio da compra de votos, a que o presidente do PTB chamou de *mensalão*.

Nesse momento, o Brasil foi apresentado a um novo personagem da sua história, típica criação dos tempos petistas: Marcos Valério Fernandes de Souza, mineiro, nascido em Curvelo, 44 anos, publicitário e sócio de duas empresas de propaganda, a SMP&B e a DNA. Num instante, virou um personagem comum para todos os brasileiros. Ocupou amplo espaço na imprensa, no momento em que não havia mais distinção entre o noticiário policial e o político. Valério, ainda durante a campanha eleitoral para presidente de 2002, aproximou-se do PT. Tinha faro. Sentiu a possibilidade de realizar bons negócios. No partido, acabou estabelecendo uma sólida ligação com Delúbio Soares, o tesoureiro, professor de matemática, goiano e com uma militância na CUT e no PT. Era outro desconhecido do grande público. Homem da máquina partidária, tornou-se muito poderoso, especialmente quando Lula venceu as eleições de outubro de 2002. Chegou até a fazer parte de uma comitiva presidencial, em novembro de 2003, que viajou para a África. Foi convidado por Lula. Era uma viagem oficial, e ele não tinha nenhum cargo no governo. Os dois (Valério e Delúbio), posteriormente, ocupariam o noticiário durante meses.

Em um cenário politicamente conturbado, como um filme rodado em dois planos, a Comissão de Ética da Câmara foi acionada pelo Partido Liberal, solicitando a abertura de um processo de cassação do mandato de Roberto Jefferson. O deputado compareceu à sessão da Comissão em 14 de junho. Deu um verdadeiro espetáculo. Debateu, acusou, representou. Provocou a ira dos denunciados no esquema do mensalão. Fez rir a plateia e se transformou na grande sensação dos jornalistas. Entre as frases de efeito, uma delas teve sérias consequências políticas: "Sai daí, Zé!" Referia-se ao ministro José Dirceu, o homem forte do governo e chamado pelo presidente Lula de "capitão do time". Foi o golpe de morte contra o poderoso ministro. Dois dias depois, Dirceu foi obrigado a pedir demissão.

As atividades da CPI se estenderam de junho de 2005 a abril de 2006, quando foi aprovado o relatório final. Para viabilizar o trabalho de coleta e análise de um vasto conjunto de informações, documentos, depoimentos e fatos ligados ao escopo da Comissão, a relatoria da CPI dividiu-se em subcomissões. E não foi tarefa fácil investigar 20 milhões de registros bancários, 34 milhões de registros telefônicos, 68 mil contratos celebrados entre o Banco do Brasil e agências de publicidade. A CPI contou com a participação de servidores do Senado, da Câmara dos Deputados, do Tribunal de Contas da União e de órgãos da administração pública federal, como o Banco Central e o Banco do Brasil. Paralelamente, a presidência do Congresso Nacional contratou empresas auditoras privadas para auxiliar na análise das informações disponíveis. Em diversos momentos do trabalho de investigação, os integrantes da Comissão também contaram com a colaboração da Polícia Federal, da Receita Federal e do Ministério Público Federal.

A divisão da relatoria da CPI em sub-relatorias, assim como a convocação deste ou daquele depoente, seguiu o ritmo das investigações e a própria revelação de novas denúncias, fosse por parte da imprensa ou mesmo de algum investigado. A sub-relatoria do Instituto de Resseguros do Brasil, coordenada pelo deputado Carlos William, foi um exemplo deste último caso. No dia 29 de maio de 2005, duas semanas após a reportagem que denunciara casos de corrupção nos Correios, a revista *Veja* publicou uma nova reportagem em que revelava que o corretor Henrique Brandão, proprietário da seguradora Assurê e amigo do deputado Roberto Jefferson, tinha sido beneficiado por contratos milionários firmados com diretorias ocupadas por indicados pelo PTB em outras estatais, como a Infraero, a Eletronuclear e Furnas.

Dois dias depois, outra reportagem do jornal *Folha de S.Paulo* mostrava que a seguradora Assurê havia sido indicada por Furnas e pela Eletronuclear ao Instituto de Resseguros do Brasil para intermediar negócios das duas estatais no mesmo dia em que o IRB credenciara a Assurê para funcionar no mercado brasileiro. Tendo em vista que a associação da seguradora de Henrique Brandão com outras seguradoras do Brasil e do exterior – pré-condição exigida pelo IRB para casos de resseguros, como esse – aconteceu mais de uma semana depois da indicação de Furnas e da Eletronuclear, a rapidez de todo o processo de credenciamento da Assurê terminou suscitando fortes suspeitas de que a seguradora de Brandão teria sido beneficiada em virtude de suas relações com Jefferson.

Em 3 de junho, a *Veja*, em seu portal na internet, publicou uma entrevista que traria ainda mais detalhes sobre o funcionamento desse esquema de favorecimentos. A revista divulgou um áudio atribuído ao ex-presidente do Instituto de Resseguros do Brasil, Lídio Duarte, obtido a partir de uma entrevista que *Veja* tinha feito com ele e na qual o ex-presidente do IRB declarava que os indicados pelo PTB para cargos no governo federal deveriam recolher 400 mil reais por mês ao partido. Afirmando ter sofrido pressão de Henrique Brandão, que agia sempre em nome de Roberto Jefferson, Lídio Duarte explicou as razões para o repasse mensal ao PTB: "Dizem que o partido tem que ter os lances com os diretórios, com as festas, com os jantares, com não sei o quê, cada indicado tem que botar lá 400 mil por mês".

Por sua vez, a sub-relatoria de Fundos de Pensão, coordenada pelo deputado Antônio Carlos Magalhães Neto (PFL-BA), foi um bom exemplo da divisão do trabalho da relatoria da CPI. No final de agosto de 2005, a CPI dos Correios aprovou a quebra de sigilo das movimentações financeiras e das aplicações de três grandes fundos de pensão – Funcef, Geap e Petros – nos bancos Rural e BMG, instituições que as investigações já haviam apontado como participantes do esquema do mensalão. No Banco Rural, por exemplo, Marcos Valério, um dos "operadores" do esquema, sacou mais de 20 milhões de reais, usados para financiar a compra de apoio parlamentar ao governo, conforme revelou a revista *IstoÉ* em 24 de junho de 2005. Era do Banco Rural, também, uma *offshore* que operava uma conta clandestina no exterior pertencente ao PT, segundo denúncia de um doleiro feita à revista *Veja* e publicada em 20 de agosto daquele ano. O banco BMG, como apontou uma reportagem da *Veja* de 3 de julho, tinha realizado um empréstimo de aproximadamente 2,5 milhões de reais ao PT, tendo Marcos Valério como avalista da operação.

Durante as investigações, a CPI concluiu, com base em informações do Conselho de Controle de Atividades Financeiras (Coaf), que esses empréstimos no Rural e no BMG – totalizando cerca de 55 milhões de reais – eram operações irregulares e de fachada que visavam a abastecer o mensalão ao mesmo tempo em que favoreciam aquelas instituições bancárias. Esse favorecimento viria, segundo a CPI, de benefícios recebidos do governo federal – por exemplo, a aplicação de recursos de fundos de pensão nos bancos Rural e BMG. Em outubro de 2005, a CPI dos Correios também aprovou a quebra do sigilo bancário de onze corretoras suspeitas de terem causado prejuízos milionários a fundos de pensão em operações de compra e venda de títulos. A Comissão suspeitava constituir uma das origens dos recursos que abasteciam o esquema do mensalão.

Ao todo, os integrantes da CPI tiveram acesso aos sigilos bancário, telefônico e fiscal de catorze fundos de pensão e 31 corretoras.

Em seus dez meses de funcionamento, a CPI dos Correios ouviu os principais nomes envolvidos no escândalo que então tinha ficado conhecido como "mensalão". Em alguns casos, como na audiência com o doleiro Toninho da Barcelona, ocorrida em meados de agosto, vários integrantes da CPI se deslocaram de Brasília para São Paulo, onde o doleiro, que cumpria prisão no interior do estado, aceitou conversar com membros da CPI em troca do benefício da delação premiada. Outros interrogados, como Roberto Jefferson e o publicitário Duda Mendonça, deram informações para conduzir as investigações em outras direções. Contudo, em várias sessões, como no segundo depoimento de Duda Mendonça e na audiência de Marcos Valério, os interrogados se valeram de *habeas corpus* obtidos no Supremo Tribunal Federal para fazer uso do direito de permanecer em silêncio, não produzindo provas contra si mesmos.

Tão logo a CPI foi instalada e escolhidos seus presidente e relator, ficou definido que o primeiro a ser ouvido seria Maurício Marinho, pivô da crise. No dia 21 de junho, ele foi ao Congresso Nacional. Prestou um longo depoimento que só terminou no dia seguinte. Marinho negou que os 3 mil reais revelados na reportagem de *Veja* fossem propina. Segundo ele, o valor seria um pagamento referente a uma consultoria. A explicação era a mesma que ele havia dado numa carta divulgada por Roberto

Jefferson, em 17 de maio. Dizia que os 3 mil eram um adiantamento de um serviço de consultoria feito em horário diferente do expediente de trabalho na estatal. Na carta, Marinho reconhecia que tinha sido ingênuo ao imaginar que poderia desenvolver seu potencial de trabalho paralelamente à atividade de funcionário da estatal e ao pensar em "auferir ganhos para o melhor sustento" de sua família.

À CPI, Marinho também fez várias acusações, todas sem provas, a fim de desviar o foco das atenções para longe dele e do caso revelado por *Veja.* O depoente buscou fazer conexões entre contratos supostamente irregulares firmados pelos Correios e por políticos do PT que teriam indicado os dirigentes dos respectivos departamentos da estatal, como o secretário-geral do partido, Sílvio Pereira, e o ministro da Secretaria de Comunicação do governo, Luiz Gushiken. Com isso, o nome de Silvio Pereira voltava ao centro das discussões, após o secretário-geral do PT ter sido citado pela ex-secretária de Marcos Valério, Fernanda Karina Somaggio, em entrevista à revista *IstoÉ Dinheiro*, quando afirmou que os contatos do publicitário no PT incluíam Delúbio Soares, tesoureiro do partido, Silvio Pereira e José Genoino, presidente da legenda.

O secretário-geral do PT deixaria o cargo no início de julho e, diante de novas denúncias, pediria sua desfiliação do partido no dia 22 daquele mês. Três dias antes, Silvio Pereira tinha ido à CPI esclarecer o envolvimento do seu nome nas denúncias de caixa dois nas campanhas do PT, de nomeações em estatais e no esquema de compra de votos parlamentares. Em depoimento que durou onze horas, Silvio Pereira reconheceu que fizera indicações para cargos em estatais, contudo as nomeações eram de responsabilidade exclusiva do governo. Sobre o caixa dois, afirmou que não era tesoureiro do partido, e portanto, todos os assuntos relativos às finanças do PT eram de responsabilidade de Delúbio Soares. Por fim, negou em seu depoimento conhecer o mensalão ou ter ouvido falar de malas de dinheiro levadas até Brasília com recursos para o pagamento de parlamentares.

Oito dias depois do depoimento de Maurício Marinho, o empresário que gravou o pedido de propina, Joel Santos Filho, também depôs na CPI. Conforme o próprio Marinho havia dito em seu depoimento, Santos Filho havia sido recebido na estatal a pedido de Marcus Vinícius Vasconcelos Ferreira, genro de Roberto Jefferson. O empresário reafirmou à CPI que os 3 mil reais, ao contrário do que dissera Maurício Marinho, eram um adiantamento de uma propina de 15 mil reais para que sua empresa pudesse vencer licitações junto dos Correios. Segundo o depoente, toda a situação mostrada no vídeo a que teve acesso a revista *Veja* era fictícia. Ele havia inventado um nome falso – Goldman – e se apresentado a Marinho como diretor de uma empresa de informática que também não existia. Na conversa, o ex-chefe de departamento pediu os 3 mil de adiantamento sob a alegação de que o recurso serviria para cobrir eventuais despesas no levantamento de informações que poderiam beneficiar a empresa de Goldman na licitação.

No dia seguinte ao depoimento de Joel Santos Filho, a CPI recebeu o principal personagem da crise vivida pelo governo Lula desde meados de maio: Roberto Jefferson. O presidente licenciado do PTB – Jefferson havia se afastado do cargo cerca de duas semanas antes – reafirmou as denúncias feitas ao jornal *Folha de S.Paulo* a respeito do que ele chamou de *mensalão* e do envolvimento de pessoas ligadas ao PT. O deputado disse que o mensalão existia "até há pouco tempo" e que, desde que as malas de dinheiro tinham deixado de chegar a Brasília, os recursos usados para abastecer o esquema passaram a vir de saques na agência do Banco Rural no "Brasília Shopping". A CPI verificou que realmente haviam ocorrido movimentações suspeitas de dinheiro, tanto por parte de Marcos Valério como de outras pessoas envolvidas no caso. Ao mesmo tempo, Jefferson voltou as atenções para o Banco do Brasil ao afirmar que boa parte dos recursos recebidos do PT pelo seu partido vinham com etiquetas do banco: "Tem que procurar o Banco do Brasil também, porque recordo que, dos recursos que recebi do PT, 60% eram notas com etiquetas do Banco do Brasil". Nos meses seguintes, com as investigações, a CPI descobriria que recursos do Banco do Brasil chegaram até as agências de Marcos Valério por meio de contratos de publicidade com a Visanet.

No dia 6 de julho, foi a vez de Marcos Valério depor na CPI dos Correios. O publicitário mineiro garantiu que a República não cairia por sua causa: "O país vai continuar normal". Valério explicou uma série de questões apresentadas pelos parlamentares, como seu relacionamento com dirigentes e ministros do PT, como Delúbio Soares, Silvio Pereira e José Dirceu; os saques efetuados no Banco Rural; e as acusações de sua ex-secretária. Valério tratou ainda das denúncias de que teria lavado dinheiro por meio de depósitos feitos em *offshores* do exterior – movimentação negada pelo publicitário, mas comprovada pela CPI por meio de documentos do Coaf. Foi nesse momento que surgiu uma nova palavra para ser incorporada ao vocabulário político petista: *valerioduto*, uma expressão jocosa, para denominar as fabulosas transferências bancárias que abasteciam os participantes do esquema do mensalão. E que serviram para tudo, até mesmo para pagar "as despesas do PT com a transição do governo e com a cerimônia de posse do presidente Lula".[3]

No caso das contas de Valério no Brasil, dados obtidos pela CPI nas semanas seguintes permitiram aos parlamentares identificar quase cinquenta sacadores nas contas das agências de publicidade SMP&B e DNA Propaganda no Banco Rural. Entre os sacadores, havia deputados federais, como João Paulo Cunha (PT-SP), ex-presidente da Câmara, Josias Gomes (PT-BA), Paulo Rocha (PT-PA), líder do PT na Casa, José Janene (PP-PR), líder do partido na Câmara, e Bispo Rodrigues (PL-RJ), vice-líder do partido, e também outros empresários, como Zilmar Fernandes da Silveira, sócia do publicitário Duda

3 CAMAROTTI, Gerson; DE LA PEÑA, Bernardo. *Memorial do escândalo: os bastidores da crise e da corrupção no governo Lula.* Geração Editoral, 2005, p. 23.

Mendonça, responsável pela campanha de Lula em 2002. Num dos documentos do Coaf, Zilmar aparecia como sacadora de 250 mil reais da conta da SMP&B, o que reforçou a necessidade de ouvir a sócia de Duda Mendonça e o próprio publicitário da campanha presidencial de 2002 – um depoimento que mudaria novamente os rumos da investigação da CPI.

Antes disso, porém, depuseram na Comissão a esposa e sócia de Marcos Valério na SMP&B e na DNA, Renilda Maria Santiago Fernandes de Souza, no dia 26 de julho; e a diretora financeira da SMP&B, Simone Vasconcelos, no dia 4 de agosto. Mesmo insistindo na sua condição de simples dona de casa, Renilda disse aos parlamentares que o ex-ministro da Casa Civil, José Dirceu, havia negociado diretamente os supostos empréstimos feitos pelas empresas de Marcos Valério ao PT. Assim, a esposa de Valério envolvia Dirceu no esquema de compra de votos, acusação que, inicialmente, Roberto Jefferson tinha feito de maneira evasiva, sem citar exatamente o papel do petista no mensalão. Em seu depoimento, Renilda detalhou a participação de Dirceu na realização dos empréstimos e sua presença numa reunião com a direção do Banco Rural na capital mineira, além do encontro do ex-ministro com diretores do BMG em Brasília para acertar o pagamento dos empréstimos – acusações negadas por José Dirceu em nota. "Informo que estive com diretores dos bancos Rural e BMG em ocasiões diferentes – e por solicitação das entidades – durante o período em que estive na chefia da Casa Civil da Presidência da República", mas "em nenhum momento tratei sobre empréstimos ao PT".

Simone Vasconcelos, principal sacadora das contas da SMP&B, sustentou a versão de que os recursos tinham origem em empréstimos bancários tomados pelas agências de publicidade de Marcos Valério e repassados ao PT. A diretora financeira da SMP&B disse ainda que, embora houvesse deputados entre os destinatários dos recursos, ela não tinha conhecimento de que os pagamentos fossem parte do esquema do mensalão. Simone Vasconcelos sacou, sozinha, 7,7 milhões de reais das contas das empresas de Valério no Banco Rural.

Um dos principais depoimentos dados à CPI, porém, foi o de Duda Mendonça e Zilmar Fernandes. Zilmar, cuja oitiva estava marcada para o dia 11 de agosto, apareceu no Congresso Nacional acompanhada de seu sócio, Duda Mendonça, para prestar esclarecimentos sobre seu envolvimento com as denúncias que atingiam o governo Lula e a base aliada no Congresso Nacional. Entretanto, pelas revelações feitas na ocasião, Duda contribuiu para agravar ainda mais a crise vivida pelo governo do PT havia três meses. À CPI, o publicitário admitiu ter recebido do Partido dos Trabalhadores, por intermédio de Marcos Valério, dinheiro de caixa dois referente à campanha eleitoral de 2002, incluindo depósitos feitos em uma conta, chamada de Dusseldorf, nas Bahamas. O dinheiro havia sido enviado por Valério a partir do BAC Florida Bank, do Banco

Rural Europa, do Israel Discount Bank e da Trade Link, uma *offshore* que a *Veja* denunciaria no dia 20 de agosto estar vinculada ao Banco Rural.

Pelo trabalho de publicidade na campanha de 2002, Duda Mendonça disse ter recebido 15,5 milhões de reais do PT, valor para o qual não havia emitido nota fiscal a pedido do próprio partido. Desse total, quase 12 milhões teriam vindo, segundo ele, de Marcos Valério, e apenas 3,5 milhões, do PT. No depoimento, Duda Mendonça afirmou ainda que 10,5 milhões de reais pagos por Valério teriam chegado até ele por meio de uma conta no exterior, e que o valor restante havia sido pago no Brasil em espécie. O publicitário reconheceu também ter consciência de que o dinheiro tinha origem ilegal e era proveniente de caixa dois: "Esse dinheiro era claramente de caixa dois, a gente não é bobo. Nós sabíamos, mas não tínhamos outra opção, queríamos receber".

O fato é que, diante das revelações de Duda Mendonça, as investigações avançaram em outra direção, buscando mapear possíveis movimentações financeiras no exterior com dinheiro de caixa dois por parte do PT. A essa altura, um personagem que surgiu no cenário político foi o doleiro Antonio Oliveira Claramunt, o Toninho da Barcelona, preso em Avaré (SP), onde cumpria pena de 25 anos de prisão. Na capital paulista, para onde seguiu escoltado pela Polícia Federal no dia 16 de agosto, Toninho da Barcelona revelou a uma delegação da CPI dos Correios que havia realizado operações para o

PT em contas no exterior em 2002 e 2003. Foi o doleiro quem, em entrevista à *Veja* no dia 20, revelou que a *offshore* Trade Link, cujo nome apareceria meses depois nos documentos obtidos pela CPI a partir da quebra do sigilo da Dusseldorf, estava ligada ao Banco Rural, de onde havia saído parte dos recursos que abasteceu o esquema do mensalão.

Em meio aos trabalhos da CPI, a Câmara abriu vários processos de cassação de mandato dos envolvidos no escândalo. O primeiro cassado foi o pivô de toda a crise: Roberto Jefferson. Em 14 de setembro de 2005 perdeu o mandato por 313 votos a 156. Em 1º de dezembro foi a vez de José Dirceu: 293 votos a 192. A terceira cassação de mais um dos envolvidos no escândalo só ocorreu em 15 de março de 2006: Pedro Correa (PP) foi cassado por 261 votos a 166. Todos os demais parlamentares envolvidos acabaram sendo absolvidos.[4] E aqueles que julgaram que poderiam ser cassados optaram pela renúncia, como Valdemar Costa Neto, José Borba e Paulo Rocha.

Enquanto as investigações prosseguiam, um assunto que passou a dominar a CPI dos Correios foi a renovação dos trabalhos até meados de abril de 2006, proposta que o governo, embora contestasse, articulava para derrotar. No dia 7 de novembro, em entrevista ao programa *Roda Viva*, da TV Cultura, o presidente Lula negou que houvesse "ingerência do governo para criar qualquer problema para a CPI". Após ter se encontrado com Lula e o senador Delcídio Amaral, presidente da Comissão, no dia 9

4 O deputado José Janene (PP) foi absolvido apesar de condenado pelos seus pares. Explicando melhor: somente na sessão de 6 de dezembro de 2006 foi que a Câmara apreciou o pedido de cassação. Eram necessários 257 votos para cassá-lo. Teve 210 (e somente 128 pela absolvição). Dessa forma, manteve o mandato. Acabou sendo aposentado pela Câmara, por invalidez, 25 dias depois. Faleceu em 2010.

pela manhã, Renan Calheiros, presidente do Senado, derrubou a sessão do Congresso onde seria lido o requerimento pedindo a prorrogação da CPI. Para que isso ocorresse, era necessário o apoio de um terço da Câmara e do Senado – a oposição dizia ter o apoio de 222 deputados e trinta senadores, acima do mínimo exigido – e a leitura do requerimento. Ao ser lido o documento, os trabalhos da CPI ficariam automaticamente prorrogados. Assim, sob o pretexto de conferir as assinaturas da lista, o presidente do Senado inviabilizou a leitura do requerimento e garantiu ao governo mais algumas horas para dissuadir parlamentares a apoiar a prorrogação da CPI.

Apesar disso, a exemplo das articulações do governo no Congresso em maio de 2005 para evitar a criação da CPI, a oposição conseguiu prorrogar a Comissão até abril do ano seguinte. Ao longo do dia 9 de novembro, alguns parlamentares pediram a retirada de seu nome do requerimento – caso do senador Francisco Dornelles (PP-RJ). Na Câmara, as assinaturas caíram de 222 para 205, deixando uma possível ameaça à prorrogação da CPI para o Senado, onde os apoios já estavam próximos ao limite mínimo estabelecido para o funcionamento das Comissões Parlamentares de Inquérito. No dia seguinte, contudo, por estreitíssima margem de apoio, o governo, que intensificara as articulações na Câmara desde a véspera, saiu derrotado. Mesmo com a defecção de 66 deputados federais, faltou a retirada de uma assinatura do requerimento para que a oposição fosse derrotada. O governo chegou a festejar na madrugada do dia 11 – o prazo para retirar as assinaturas encerrava-se à meia-noite do dia 10 de novembro – a contagem de apenas 170 nomes na lista. Contudo, pela manhã, numa recontagem, a oposição comemorou o apoio de 171 deputados federais à prorrogação da CPI.

Garantidos os trabalhos até abril de 2006, as atenções da Comissão, do governo e da oposição voltaram-se para o relatório final da CPI. O presidente da Comissão, senador Delcídio Amaral, dedicou-se a articular um acordo entre governo e oposição a fim de que a CPI não tivesse o mesmo destino de outras Comissões, como a do Banestado, na qual os parlamentares não conseguiram aprovar um relatório final por divergências inconciliáveis. No caso da CPI dos Correios, vários pontos dividiam seus integrantes, por exemplo a inclusão do nome do senador Eduardo Azeredo (PSDB), cuja campanha ao governo de Minas Gerais em 1998 teria recebido recursos do publicitário Marcos Valério; e a inclusão das campanhas estaduais do PT, como a do senador Aloizio Mercadante para o Senado em 2002, que teria sido paga com dinheiro de caixa dois depositado em contas em paraíso fiscal, segundo denúncia de Duda Mendonça. A principal questão, entretanto, era quanto à presença do presidente Lula no relatório, ponto rechaçado pelos aliados e por setores da oposição, que diziam ser isso uma incoerência com o fato de Lula ter sido "poupado" ao longo da crise de 2005; mas apoiado pelo relator, deputado Osmar Serraglio (PMDB-PR), que desejava ao menos uma menção ao fato de que o presidente sabia do mensalão, com base nas denúncias de Roberto Jefferson.

Em 29 de março de 2006, a CPI apresentou seu relatório final, onde acabou não aparecendo sequer uma vez o nome do presidente Lula como alguém que sabia do mensalão ou que era responsável pela estruturação e pelo funcionamento do esquema. O documento de mais de 1.800 páginas adotou uma solução intermediária ao dizer que "não parece que havia dificuldade" para que o presidente da República percebesse "a anormalidade com que a maioria parlamentar se forjava", com a ressalva de que não existia "qualquer fato que evidencie haver [o presidente Lula] se omitido".[5] O relatório também mencionou dezenove parlamentares beneficiados pelo valerioduto e pediu o indiciamento, a ser encaminhado à Polícia Federal e ao Ministério Público, de dirigentes do PT, como o ex-presidente do partido, José Genoino, e seu ex-secretário-geral, Silvio Pereira, além do indiciamento do senador Eduardo Azeredo e do então vice-governador de Minas Gerais, Clésio Andrade, por crimes eleitorais, apenas.

Durante seus dez meses de atividade, a CPI publicou alguns relatórios parciais que expunham em detalhes o trabalho desenvolvido até então. O primeiro deles, apresentado em reunião conjunta com a CPI da Compra de Votos, foi divulgado em 1º de setembro de 2005, aprovado por unanimidade nas duas Comissões. Duas semanas depois, a sub-relatoria dedicada a examinar as atividades da SMP&B e da DNA Propaganda também divulgou um relato

5 *Relatório final dos trabalhos da CPMI "dos Correios"*, vol. II. Brasília: 2006, p. 794.

minucioso de suas atividades. No dia 22 de novembro, foi a vez de outra sub-relatoria apresentar o detalhamento das investigações sobre os contratos suspeitos firmados pelos Correios. Em dezembro, uma terceira sub-relatoria da CPI apresentou seu relatório sobre os trabalhos de investigação acerca dos Fundos de Pensão. Todos esses documentos ajudaram a subsidiar a elaboração do relatório final, apresentado em março de 2006 e votado no dia 5 de abril.

Numa sessão tensa, marcada por tentativas de obstrução, por dezenas de alterações de última hora no texto e por acusações do PT contra o presidente da CPI, que, segundo a bancada petista, teria infringido o regimento interno da Comissão durante a votação, o governo saiu derrotado no esforço de derrubar o documento final das investigações. Por dezessete votos a quatro, o relatório foi aprovado em plenário pelos integrantes da CPI, reconhecendo a existência do mensalão, mas poupando o presidente Lula. A sessão durou cerca de meia hora e retratou o clima de acirramento político que o caso suscitou dentro do PT, no governo, no Congresso e na relação entre a oposição e os aliados desde que apareceram as primeiras denúncias, em maio de 2005. Com aplausos e falas exaltadas, a firme e, talvez, inesperada posição assumida pelo relator e pelo presidente da CPI acirrou os ânimos, sobretudo de petistas, que, revoltados, chegaram a xingar o senador Delcídio Amaral no final da sessão, como fez o deputado Jorge Bittar (PT-RJ), que o chamou de "filho da puta"[6] após a aprovação do relatório. O deputado Osmar Serraglio, relator da CPMI, foi carregado em triunfo pelos parlamentares. Os trabalhos foram encerrados e o relatório encaminhado para o Ministério Público Federal.

Lula conseguiu se salvar. Foi uma operação complexa e que contou com o precioso auxílio dos advogados – e muita sorte, além da omissão da oposição, como veremos no último capítulo. Em 12 de julho, no escritório do advogado Arnaldo Malheiros, defensor de Delúbio Soares e Silvio Pereira, no auge da crise, quatro dias após a detenção no aeroporto de Guarulhos de um assessor do deputado petista José Guimarães com 100 mil dólares escondidos na cueca e mais 200 mil reais numa valise, foi realizada uma decisiva reunião.[7] Nela estavam presentes Malheiros, Delúbio Soares, José Genoino, Silvio Pereira, Marcos Valério e seu advogado Marcelo Leonardo. Por iniciativa de Malheiros, foi definido que a estratégia central da defesa seria justiçar os recursos milionários como caixa dois, ou seja, recursos não contabilizados e destinados a pagamentos de gastos eleitorais. Cinco dias depois, em Paris, numa entrevista concedida por Lula a uma desconhecida jornalista brasileira, o presidente apresentou, pela primeira vez, publicamente, a tese e justificou com sua ética particular: "O que o PT fez do ponto de vista eleitoral é o que é feito no Brasil sistematicamente". Nem ficou corado ao dizer: "O PT tem na ética uma das suas marcas mais extraordinárias". Um mês depois, em 12 de agosto, numa reunião mi-

6 *Folha de S.Paulo*, 6 abr. 2005.

7 Ver a excelente reportagem de Fernando Rodrigues, *Folha de S.Paulo*, 29 jul. 2012.

nisterial que foi transmitida em rede nacional de rádio e televisão, indiretamente, Lula reforçou a tese se dizendo "traído" e "indignado" diante das revelações: "Eu não tenho nenhuma vergonha de dizer ao povo brasileiro que nós temos que pedir desculpas. O PT precisa pedir desculpas. O governo, onde errou, também tem de pedir desculpas". Não falava do que nem de onde teria errado. E, pessoalmente, deixou claro que não tinha nenhuma responsabilidade nem sabia como tudo tinha ocorrido. Era um ingênuo, um puro. No meio da lama, era o único limpo, limpíssimo.

O PT que começou a crise era um; o que terminou era outro. Isso para efeito público. As práticas desveladas pela ação corajosa da CPI dos Correios não eram novas. Tinham alcançado grandes proporções, pois o partido detinha, desde 2003, o controle da máquina federal. Aquilo que era sabido e praticado por altos dirigentes, desde priscas eras, era desconhecido por boa parte dos militantes e dos milhões de simpatizantes. Para muitos, que tinham acreditado piamente no discurso de que o PT era "contra tudo o que estava aí", como sinônimo de radical oposição ao *status quo*, o ano de 2005 havia sido terrível, cheio de desilusões. O encanto tinha acabado, como em um conto de fadas. Mas com uma diferença: sem final feliz.

Primeiro recesso: o mensalão dia a dia

DIA	EVENTO
15	A revista *Veja* publica reportagem em que revela Maurício Marinho, funcionário de carreira e diretor dos Correios, cobrando R$ 3 mil de propina de empresa interessada em participar de licitação pública para oferecer material de informática para a estatal. Na gravação, Marinho afirma que é o deputado federal Roberto Jefferson, presidente nacional do PTB, quem "lhe dá cobertura". Em nota, a Executiva Nacional do PTB nega qualquer relação entre o partido e o chefe de setor dos Correios, Maurício Marinho, e declarou confiar na "honestidade" e "correção" de seu presidente, Roberto Jefferson.
16	No programa *Roda Viva*, da TV Cultura, o ministro da Casa Civil, José Dirceu, afirma que não vê necessidade de prestar solidariedade ao deputado Roberto Jefferson – como pressionam líderes do PTB – e que não concorda com a criação de uma CPI dos Correios para investigar as denúncias publicadas em *Veja*. Partidos de oposição começam a colher assinaturas para a instalação da CPI dos Correios no Congresso Nacional.

EVENTO DIA

Ministério Público Federal instaura inquérito civil público para apurar as denúncias de corrupção nos Correios.

17

Roberto Jefferson se defende das acusações em discurso na Câmara dos Deputados, afirmando que é vítima de chantagem e que assinará o pedido de instalação da CPI dos Correios, pois não teme as investigações.

Partidos de oposição afirmam contar com assinaturas necessárias para a instalação da CPI dos Correios, incluindo a de 13 deputados do PT.

Em reunião do partido, o presidente do PT, deputado José Genoino, declara ser contra a instalação da CPI, alegando que o governo Lula já determinou investigação quanto às denúncias de corrupção nos Correios.

O vice-presidente da República, José Alencar, diz que se estivesse no Senado assinaria o pedido de instalação da CPI, o que contraria o presidente Lula, que tenta impedir a criação da comissão para investigar as denúncias publicadas em *Veja*.

Em almoço no Palácio do Planalto com líderes da base do governo na Câmara, Lula diz ser "solidário"

DIA	EVENTO
17	com Roberto Jefferson, afirmando que o deputado é "inocente até que se prove o contrário".
	Roberto Jefferson divulga carta que teria sido escrita por Maurício Marinho em que o acusado de pedir propina afirma que os R$ 3 mil recebidos de empresários seriam, na realidade, um adiantamento por uma consultoria a ser feita em horário diferente do expediente nos Correios. Na carta, Marinho reconhece que foi ingênuo ao imaginar que poderia desenvolver seu potencial de trabalho paralelamente à atividade de diretor da estatal e ao pensar em "auferir ganhos para o melhor sustento" de sua família.
18	Líderes do PFL e PSDB protocolam pedido de instauração da CPI dos Correios. Lista de assinaturas conta com o apoio de 46 senadores e 230 deputados – mínimo exigido é 27 e 171, respectivamente.
	Começam as movimentações para inviabilizar a instalação da CPI ou enfraquecer seus trabalhos, caso seja instaurada. Entre as alternativas, estão: convencer parlamentares a retirarem seus nomes da lista de assinaturas; não haver indicação dos nomes dos membros governistas por parte da base aliada no Congresso; tentar controlar os trabalhos

EVENTO	DIA
da CPI com a indicação dos cargos de relator e presidente da comissão.	
Presidente Lula afirma que Polícia Federal pode investigar a acusação de corrupção nos Correios, o que foi entendido como uma forma de mostrar que a instalação da CPI seria desnecessária.	
Pressionado a conceder cargos e a atender às emendas parlamentares em meio aos apoios da base governista à instalação da CPI, Lula afirma: "Não vou vender minha alma ao Diabo para me reeleger".	19
PV deixa a base governista.	
Deputados retiram nomes da lista de assinaturas em apoio à criação da CPI dos Correios. A CPI passa a ter o apoio de 218 deputados e 49 senadores.	
Em jantar com o presidente do Senado, Renan Calheiros, o ministro da Fazenda Antônio Palocci disse temer que os trabalhos da CPI repercutam negativamente na economia. Renan Calheiros é senador do PMDB, partido que integra a base aliada do governo e cujas lideranças reclamam por mudança na distribuição dos cargos estatais entre as legendas que apoiam o presidente Lula.	20

MAIO

DIA	EVENTO
20	Considerando inevitável a instalação da CPI dos Correios, líderes do PFL e do PSDB já começam a articular-se para ocupar a relatoria da comissão.
21	Em reunião do PSDB, o ex-presidente Fernando Henrique Cardoso afirma que país está sem rumo, enquanto o governador de São Paulo declara que o governo Lula está acuado "por um conjunto de denúncias extremamente graves" e deve explicações à sociedade. Em reunião do Diretório Nacional do PT, o partido aprova por 47 votos a 19 resolução que recomenda à bancada não endossar a instalação da CPI dos Correios. Alguns parlamentares do partido, como o deputado federal Chico Alencar e o senador Eduardo Suplicy, criticam a posição do PT.
22	Presidente Lula viaja para a Coreia do Sul desfalcado de cinco ministros de sua comitiva, que ficam no Brasil para tentar evitar a criação da CPI dos Correios.
23	O ministro da Articulação Política, Aldo Rebelo, acusa a oposição de promover um clima semelhante à crise de 1954, que levou ao suicídio do presidente Getúlio Vargas. Rebelo afirma que a di-

EVENTO DIA

reita tenta desestabilizar um governo democraticamente eleito e que, para isso, conta com o apoio de setores divididos da esquerda, em referência a parlamentares da base aliada que apoiam a criação da CPI.

Em notas, PSDB e PT trocam acusações. PT responde às críticas de FHC feitas no dia 21 de maio. PSDB afirma que um partido como o PT não tem autoridade para afirmar que tucanos desejam crise institucional pelo fato de terem empunhado em passado recente a bandeira "Fora FHC" contra um governo democraticamente eleito.

Polícia Federal indicia o ex-diretor dos Correios Maurício Marinho pelos crimes de corrupção passiva e fraude em licitações. 24

PTB entrega cargos no governo federal, como a presidência e diretorias de estatais.

Com apoio do governo, Severino Cavalcanti, presidente da Câmara, anuncia que instalará a CPI do setor elétrico. Como as investigações contemplarão o mandato de FHC, o governo espera que a nova CPI divida as atenções com a comissão dos Correios.

DIA EVENTO

24 Roberto Jefferson acusa o PT de ser traiçoeiro. O presidente nacional do PTB afirma que a relação entre os partidos é como a da fábula do escorpião e do sapo. Na fábula, o escorpião e o sapo celebram um acordo para atravessar um rio. O escorpião promete ao sapo não mordê-lo se fosse carregado em suas costas. Porém, alegando não poder contrariar sua natureza, ele trai a promessa e morde o sapo. Como resultado, ambos morrem afogados. Segundo Jefferson, o PTB é o sapo da relação.

25 Da Coreia do Sul, Lula tenta dissuadir partidos aliados a apoiarem a CPI, no último dia para a criação da comissão.

Em discurso no Senado, Eduardo Suplicy, do PT de São Paulo, anunciou, chorando, que assinaria o requerimento da CPI, ao contrário do que havia decidido pela manhã, quando acatara a recomendação de seu partido em não apoiar a comissão.

À meia-noite, em sessão tensa no Senado, é criada a CPI mista dos Correios.

Dirigentes do PT decidem tratar os parlamentares petistas que mantiveram suas assinaturas na lista de criação da CPI como "bancada paralela" dentro do partido.

EVENTO DIA

Correios entregam ao Ministério Público do Distrito Federal documentos e informações solicitados pela Procuradoria Federal. Foram entregues informações sobre licitações realizadas entre 2004 e 2005 na estatal, nomes completos, endereços e telefones do pregoeiro efetivo e seus suplentes, dos membros efetivos e suplentes da Comissão Permanente de Licitação na central dos Correios e em todas as suas regionais, dos membros das comissões especiais de licitação e dos integrantes dos comitês de avaliação das contratações estratégicas. As informações mais detalhadas dizem respeito ao ex-diretores Maurício Marinho, denunciado em *Veja* na edição de 15 de maio, ao também ex-diretor Antônio Osório Batista e ao ex-assessor-executivo Fernando Godoy. Foram entregues ao Ministério Público os nomes e qualificações das secretárias e dos motoristas e todas as agendas de compromisso e controles das ligações telefônicas dos três servidores entre 2004 e 2005.

Jornal da Paraíba publica o artigo "CPI não é palanque", do deputado federal Inaldo Leitão, em que o parlamentar diz acreditar na honestidade do governo Lula e que o objetivo da comissão é servir de palanque eleitoral para a oposição.

MAIO

DIA	EVENTO
26	Em entrevista ao *Jornal Nacional*, da TV Globo, o ministro da Casa Civil, José Dirceu, critica os parlamentares da base governista que apoiaram a criação da CPI dos Correios, afirmando que "lugar de quem faz oposição no governo é a oposição. Tem de buscar outro partido".
	Em telefonemas a auxiliares, Lula reconhece parcela de culpa pela criação da CPI, mas responsabiliza parlamentares do PT e do PCdoB que assinaram o requerimento pela derrota do governo.
27	Dissidentes do PT que apoiaram a criação da CPI iniciam movimento para se defender das acusações de lideranças petistas de que estariam fazendo oposição ao próprio partido.
	O presidente do Senado descarta a possibilidade de o governo ocupar a relatoria e a presidência da CPI.
	No Japão, Lula afirma que criação da CPI é uma tentativa de antecipar a disputa eleitoral de 2006.
28	O governador de São Paulo Geraldo Alckmin, do PSDB, afirma que o presidente Lula "não manda" no país e que o governo federal "não funciona".

EVENTO	DIA
De volta a Brasília, Lula faz reunião de emergência na Granja do Torto com ministros e aliados a fim de traçar a estratégia do governo para enfrentar as investigações da CPI dos Correios.	
Veja publica reportagem em que revela que o corretor Henrique Brandão, proprietário da seguradora Assurê e amigo do deputado federal Roberto Jefferson, foi beneficiado por contratos milionários firmados com diretorias ocupadas por indicados pelo PTB em outras estatais, como Infraero, Eletronuclear e Furnas.	**29**
Convencido de que não há mais como inviabilizar regimentalmente a CPI, Lula busca indicar aliados, controlar a relatoria e acelerar o trabalho de investigação da Polícia Federal, visando esvaziar a comissão.	
No programa *Café com o Presidente*, Lula afirma que "quem estiver torcendo para o fracasso do Brasil vai quebrar a cara".	**30**
Em resposta a seu apoio à CPI, o Campo Majoritário do PT, cuja chapa que disputará a presidência do PT em setembro é encabeçada pelo deputado José Genoino, retira o nome do senador da chapa.	**31**

DIA	EVENTO
31	Repercutindo a reportagem de *Veja* publicada no dia 29 de maio, o jornal *Folha de S.Paulo* mostra que a seguradora Assurê foi indicada por Furnas e pela Eletronuclear ao Instituto de Resseguros do Brasil (IRB) para intermediar os negócios das duas estatais no mesmo dia em que o IRB credenciou a Assurê para funcionar no mercado brasileiro – sendo que a associação desta empresa com outras seguradoras do Brasil e do exterior, pré-requisito exigido pelo IRB nestes casos, aconteceu mais de uma semana depois da indicação de Furnas e da Eletronuclear.
	O procurador-geral da República, Cláudio Fonteles, defende a instalação da CPI dos Correios.
	Pesquisa do Instituto Sensus indica que mais de 50% dos brasileiros ouviram falar das acusações de corrupção nos Correios e que 86% apoiam a CPI. A mesma pesquisa aponta que, para um terço da população, a corrupção aumentou no governo Lula. Nas simulações para a corrida presidencial de 2006, contudo, Lula aparece à frente de José Serra, Geraldo Alckmin, Aécio Neves ou Fernando Henrique Cardoso em todos os cenários.
	Governo muda de estratégia e acredita que pode inviabilizar a CPI na Comissão de Constituição e Justiça da Câmara, que vai analisar a constitucio-

EVENTO DIA

nalidade de sua criação e onde o governo avalia que tem maioria.

Presidente da Câmara, João Paulo Cunha, do PT, declara que "não vai haver CPI" e que "a Câmara não vai compartilhar com essa ideia de fazer política eleitoral com antecedência".

Autor do artigo "CPI não é palanque", publicado no **01**
Jornal da Paraíba em 25 de maio, o deputado federal Inaldo Leitão, do PL, é indicado relator do recurso contrário à CPI, e afirma que trabalhará com "completa isenção". Leitão assinou o requerimento pela criação da CPI e depois retirou sua assinatura devido à pressão do PL, que pertence à base governista.

O ministro da Integração Nacional, Ciro Gomes, ataca o ex-presidente FHC, afirmando que ele não tem "a mais remota preocupação ética". Segundo o ministro, "os que estão chafurdando na lama querem dizer que o PT é igual a eles".

Presidente do Superior Tribunal de Justiça, o mi- **02**
nistro Edson Vidigal diz apoiar a CPI, declarando que "Comissão Parlamentar de Inquérito é um braço atuante do Congresso que serve para investigar irregularidades e é um instrumento que nem nos tempos da ditadura foi extinto".

DIA	EVENTO
02	Pressionado pela oposição, presidente do Senado convoca reunião para o dia 8 de junho para que líderes da base governista indiquem os nomes para a CPI. Renan Calheiros afirma que, caso isso não seja feito, ele mesmo nomeará os membros da comissão.
	PT ameaça retirar dos deputados dissidentes o direito de concorrer às eleições de 2006.
	Governo estuda a liberação de R$ 400 milhões para emendas de deputados fiéis ao governo nas articulações da CPI dos Correios.
03	Em seu site na internet, a revista *Veja* divulga uma entrevista com o ex-presidente do Instituto de Resseguros do Brasil em que ele declara que os indicados pelo PTB para cargos no governo federal devem recolher R$ 400 mil por mês para o partido. O governo avalia que a crise pode piorar, e que a estratégia para esvaziar a CPI pode não dar certo diante das novas denúncias de corrupção.
05	Datafolha divulga pesquisa apontando que 65% da população acha o governo Lula corrupto e que 59% acreditam que ele deixou de defender a maior parte das ideias que tinha antes de ser eleito presidente da República. Entre os que se declaram petistas, este percentual é de 42%.

EVENTO	DIA
Folha de S.Paulo publica entrevista de Roberto Jefferson na qual o presidente nacional do PTB afirma que o partido recebeu de Delúbio Soares, tesoureiro do PT, uma proposta de mesada para os parlamentares da base. Jefferson cunha o termo "mensalão". Segundo o deputado, parlamentares do PP e do PL já recebiam R$ 30 mil cada em troca de apoio político. O presidente do PTB afirma ter avisado sobre a existência do esquema aos ministros Walfrido dos Mares Guia, do Turismo, José Dirceu, da Casa Civil, Ciro Gomes, da Integração Nacional, e Miro Teixeira, das Comunicações, além de informar o caso ao então líder do governo na Câmara, o ex-deputado Aldo Rebelo. Por fim, Jefferson avisou ao presidente Lula, que, segundo ele, chorou ao saber do mensalão. Na entrevista, o deputado ainda declarou já ter um caminho traçado: "Não me preocupa mais o mandato, não vou brigar por ele. Só não vou sair disso como um canalha, porque não sou". O presidente do PT, José Genoino, nega a existência do mensalão. Miro Teixeira e Ciro Gomes, porém, confirmam os relatos de Roberto Jefferson. O líder do governo no Senado, Aloizio Mercadante, afirma que Lula de fato foi avisado por Jefferson, mas que a conversa não passou de um comentário sobre boatos.	**06**

DIA	EVENTO
06	Falando em nome do Palácio do Planalto, o ministro Aldo Rebelo reconhece que Lula sabia do caso desde março, mas tentou dissociar governo e PT, afirmando que as acusações envolvem apenas partidos políticos, e não o governo.
	Governador de Goiás, Marconi Perillo, do PSDB, afirma que avisou ao presidente Lula em maio de 2004 sobre a tentativa de aliados de convencer deputados do partido a trocarem de legenda com a oferta de uma "mesada" de R$ 40 mil por mês e um "bônus" de um milhão por ano. Segundo Perillo, Lula teria dito que esse esquema havia sido introduzido no Congresso pelo ex-ministro das Comunicações de FHC, Sérgio Motta.
	Líderes do PSDB recomendam moderação na reação às denúncias, a fim de não alimentar a acusação de que a postura da oposição seria uma antecipação das eleições. Tucanos temem ser acusados de golpismo.
	O advogado Fábio Konder Comparato, presidente da Comissão de Defesa da República e da Democracia da OAB, diz que Lula pode sofrer processo de *impeachment* se forem comprovadas as denúncias de suborno a deputados feitas por Roberto Jefferson e a ligação do presidente da República com o esquema.

EVENTO	DIA
A palavra "mensalão" ganha as páginas dos principais jornais do país. Afinado com a estratégia de seu partido, governador de Minas Gerais, Aécio Neves, do PSDB, afirma que "Lula não é Collor", e que a biografia do presidente merece ser respeitada. CCJ discute a constitucionalidade da CPI dos Correios em reunião tumultuada que terminaria na noite do dia seguinte. Parlamentares do PT passaram a apoiar a CPI, desde que ela ficasse restrita aos Correios. Para contornar a crise crônica que envolve o governo, Lula e o PT tomam uma séria de providências, como trocar diretores de estatais envolvidos nas acusações, negociar a saída de Delúbio Soares do cargo de tesoureiro do partido e apressar o trabalho da Polícia Federal, para que os resultados saiam antes da instalação da CPI dos Correios. Internamente, a cúpula do governo passa a se preocupar com o projeto de reeleição de Lula. À noite, em discurso de abertura do 4º Fórum Global de Combate à Corrupção, presidente Lula faz duro discurso e afirma que, se for preciso, "cortará na própria carne".	07

DIA	EVENTO
08	Recluso em seu apartamento, Roberto Jefferson é flagrado cantando as músicas "Con te partirò" e "Torna a Surriento".
	Com base em representação do PL, Conselho de Ética da Câmara dos Deputados instaura processo de cassação do mandato de Roberto Jefferson.
	No Senado, o requerimento para a criação da CPI do Mensalão já tem as 27 assinaturas necessárias. Na Câmara, pouco menos da metade.
	Conforme o prazo dado pelo presidente do Senado, partidos governistas indicam os nomes para compor a CPI dos Correios, instalada no Congresso Nacional. Dos integrantes, 19 são da base governista, contra 13 da oposição. O nome mais cotado para presidir a CPI é o do deputado petista Jorge Bittar.
	Deputados do PT começam a recolher assinaturas para a criação da CPI da compra de votos, que investigará, além do mensalão, as acusações de suborno a parlamentares que aprovaram a emenda da reeleição, em 1997, no final do primeiro mandato de FHC.
	Em entrevista coletiva no Diretório do PT em São Paulo, Delúbio Soares se defende das acusações de corrupção.

EVENTO	DIA
PT confirma a permanência do tesoureiro na Executiva Nacional do partido, ao contrário do que queria o presidente Lula.	
Em sessão tumultuada, presidida pelo senador Jefferson Péres, do PDT, é instalada a CPI dos Correios. A base governista indica o senador petista Delcídio Amaral como seu presidente e o deputado Osmar Serraglio, do PMDB, como relator. Aliados têm maioria na comissão.	09
Tarso Genro, ministro da Educação e membro do PT, defende manutenção do PTB na base do governo e ampliação das alianças, com aumento de espaço para o PMDB.	10
Em nova entrevista publicada pela *Folha de S.Paulo*, Roberto Jefferson afirma que o dinheiro que supostamente era distribuído a deputados sob a coordenação do tesoureiro do PT, Delúbio Soares, chegava a Brasília em malas trazidas por dois operadores do mensalão: Marcos Valério, publicitário de Minas Gerais, e José Janene, líder do PP na Câmara.	11
Programa partidário de rádio e televisão do PT paulista afirma que Lula é vítima da "mesma campanha suja que fizeram contra Marta [Suplicy] em São Paulo".	13

DIA	EVENTO
13	No programa *Café com o Presidente*, Lula afirma estar indignado com casos de desvio de recursos públicos e diz que seu governo não deixará "pedra sobre pedra".
14	O senador petista Delcídio Amaral desiste da indicação de seu partido para que ele ocupe a presidência da CPI dos Correios. De acordo com o senador, ele teve restrições "em presidir uma CPI considerada chapa-branca".
	Revista *IstoÉ Dinheiro* publica entrevista com ex-secretária de Marcos Valério, Fernanda Karina Somaggio. Segundo ela, os contatos de Valério no PT incluíam Delúbio Soares, José Genoino, presidente do partido, e Silvio Pereira, secretário-geral da legenda. A ex-secretária também confirmou ter visto "malas de dinheiro" e que os recursos, na maioria das vezes, eram retirados no Banco Rural.
	Em depoimento à Comissão de Ética da Câmara, Roberto Jefferson detalha o funcionamento do mensalão. A sessão foi longa e marcada pelo embate entre Jefferson e alguns dos acusados por ele, que estavam presentes à sessão.
15	Bancada do PT no Senado pede saída de Delúbio Soares do cargo.

EVENTO DIA

Waldir Pires, ministro-chefe da controladoria-geral da União, afirma que Brasil vive clima parecido com 1964: "Eu vivi alguns instantes em governos que pretendiam mudar a natureza das coisas para atender uma sociedade mais decente e mais justa, vi tombarem as regras, as normas e a vida da democracia".

Após apelo do presidente Lula, Delcídio Amaral volta atrás e aceita disputar o cargo de presidente da CPI dos Correios, para o qual é eleito por 17 votos a 15. Base governista também elegeu Osmar Serraglio como relator. Delcídio derrotou o senador César Borges, do PFL, apoiado pela oposição.

CPI dos Correios tem mais de 80 requerimentos de convocação e de quebras de sigilo fiscal, bancário e telefônico. O relator se declarou favorável à quebra de sigilo do tesoureiro do PT e do presidente do PTB. Para Osmar Serraglio, a CPI deve iniciar seus trabalhos ouvindo diretores dos Correios e Roberto Jefferson.

Os presidentes do Senado, Renan Calheiros, e da Câmara, Severino Cavalcanti, decidem votar, na semana seguinte, na Comissão de Constituição e Justiça da Câmara o projeto de reforma política. O financiamento público de campanhas está entre os principais pontos da reforma.

JUNHO

DIA	EVENTO
16	José Dirceu deixa o ministério da Casa Civil e reassume o cargo de deputado federal. No discurso de despedida, afirmou: "Tenho as mãos limpas, o coração sem amargura e a mente sempre colocada naquilo por que sempre lutei, que é pelo Brasil, pelo povo brasileiro. Por isso, saio de cabeça erguida do Ministério. Quero repetir: continuo no governo como deputado da base de sustentação do governo, e continuo no governo porque sou PT".
17	Datafolha divulga pesquisa em que mostra piora na imagem do Congresso Nacional e indica que Lula seria reeleito no segundo turno. Na simulação com o prefeito de São Paulo, José Serra, do PSDB, Lula ganharia por 46% a 40%.
	Ibope divulga pesquisa em que aponta aumento de 5% no número de pessoas que considera o governo Lula ruim ou péssimo.
	Roberto Jefferson se licencia do cargo da presidente do PTB.
19	Em entrevista ao *Fantástico*, da TV Globo, Maria Christina Mendes Caldeira acusa o ex-marido, deputado Valdemar Costa Neto, presidente do PL, e o tesoureiro do PT, Delúbio Soares, de negociarem

EVENTO DIA

uma doação do governo de Taiwan para a campanha de Lula em 2002.

Jornal *O Globo* publica reportagem em que revela que Emerson Elói Palmieri, tesoureiro informal do PTB, recebeu, junto com Roberto Jefferson, R$ 4 milhões do publicitário Marcos Valério. O valor teria sido enviado pelo PT e faria parte de um montante de R$ 20 milhões que o partido teria distribuído ao PTB na eleição de 2004.

Dilma Rousseff, ministra das Minas e Energia, toma posse na Casa Civil, substituindo José Dirceu, que saúda "camarada de armas" na cerimônia de transmissão do cargo. 21

Em depoimento à CPI dos Correios, com duração de dois dias, o ex-diretor dos Correios Maurício Marinho disse ser um "bode expiatório". Marinho fez ataques diretos à cúpula do governo e levantou suspeita em relação a vários contratos dos Correios.

Em depoimento à Polícia Federal, Fernanda Somaggio afirma que foi ameaçada após a entrevista à *IstoÉ Dinheiro*.

Geraldo Alckmin diz que a crise do mensalão provoca um "encurtamento" do governo Lula.

DIA	EVENTO
22	Em discurso na Câmara, Dirceu não cita Roberto Jefferson nem as acusações de mensalão e revela querer governar o estado de São Paulo.
23	Onze dias depois de ser acusado por Roberto Jefferson de ser um dos operadores do mensalão, Marcos Valério concede entrevista ao *Jornal Nacional*, da TV Globo, em que nega as acusações e diz nunca ter ouvido sobre mesada paga a parlamentares.
	Maurício Marinho se cala em depoimento à Polícia Federal e condiciona sua fala à concessão do benefício da delação premiada.
	Em pronunciamento oficial em cadeia de rádio e televisão, Lula afirma que a corrupção é "uma grande vergonha para o povo brasileiro". O presidente insiste que a corrupção não aumentou no país. Segundo ele, "o que aumentou, e muito, foi o combate à corrupção".
24	Reportagem da revista *IstoÉ* mostra saques milionários das empresas de Marcos Valério no Banco Rural. O publicitário afirmaria mais tarde que os R$ 21 milhões eram para a compra de gado.
	Lula oferece os ministérios de Minas e Energia, Integração Nacional, Saúde e Cidades ao PMDB,

EVENTO	DIA
na tentativa de ampliar a base de apoio ao governo e superar a crise política.	
CPI começa a investigar saques de Valério no Banco Rural.	27
Dividido, PMDB recusa mais cargos no governo Lula.	
Autor da gravação contra Maurício Marinho, Joel Santos Filho confirma pagamento de propina nos Correios.	28
CPI dos Correios aprova quebra dos sigilos bancário, fiscal e telefônico do publicitário Marcos Valério.	29
Em sessão concorrida, Roberto Jefferson depõe na CPI dos Correios. Sem apresentar provas, o deputado afirma que mensalão era sacado no Banco Rural e diz aceitar acareação com José Dirceu.	30
Em meio à crise, a primeira-dama Marisa Letícia organiza festa junina na Granja do Torto.	02
Investigações da Polícia Federal indicam que agendas de Delúbio Soares e Marcos Valério coincidem e que os encontros entre ambos podem ter ocorrido de fato, conforme acusação da ex-secretária de Valério.	

JULHO

JULHO

DIA	EVENTO
03	*Veja* publica reportagem em que revela que banco BMG emprestou cerca de R$ 2,5 milhões ao PT e que Marcos Valério foi o avalista do empréstimo. Valério teria pago uma parcela do empréstimo. Nas eleições de 2004, mais da metade dos recursos doados pelo BMG a políticos destinou-se a candidatos do PT.
04	Em entrevista ao programa *Roda Viva*, da TV Cultura, o presidente do PT, José Genoino, que assinou em nome do partido o empréstimo junto ao BMG, chorou ao negar qualquer irregularidade na transação. Genoino disse nem mesmo conhecer Marcos Valério na época em que este foi avalista do empréstimo.
	Em meio a denúncias, Silvio Pereira deixa secretaria-geral do PT.
05	Em meio a denúncias, Delúbio Soares deixa tesouraria do PT.
06	Marcos Valério depõe na CPI e nega envolvimento com mensalão, entra em contradição e não consegue explicar os saques no Banco Rural.

EVENTO	DIA
Setores da oposição e do governo começam a discutir o fim da reeleição em 2006, o que deixaria Lula fora da disputa. O prefeito de São Paulo, José Serra, volta descartar apoio do PSDB a *impeachment* do presidente.	**07**
José Adalberto Vieira da Silva, assessor parlamentar do deputado estadual do PT do Ceará José Nobre Guimarães, irmão de José Genoino, foi preso no aeroporto de Congonhas, em São Paulo, com R$ 200 mil dentro de uma valise e U$$ 100 mil na cueca. Segundo o assessor, os R$ 200 mil eram relativos à venda de verduras na Ceagesp. Sobre os US$ 100 mil, Silva não soube explicar a origem.	**08**
Em meio a denúncias, José Genoino deixa a presidência do PT. Tarso Genro, ministro da Educação, passa a ocupar o cargo.	**09**
Pesquisa do Instituto Sensus indica que aprovação pessoal do presidente Lula passou de 57,4%, em maio, para 59,9%.	**13**

JULHO

JULHO

DIA	EVENTO
14	Em violento discurso no Senado, o líder do PSDB, Arthur Virgílio, afirma que Lula não poderia ser reeleito em 2006, pois ele era "corrupto ou idiota". "Vamos acabar também com essa história de que o sr. Lula não sabe de nada. Até o meu filho de dez anos sabe! Ou ele é um completo idiota, ou o sr. Lula sabe de toda a corrupção que se passou embaixo do seu nariz." Virgílio chamou o presidente de idiota 17 vezes durante o discurso.
	Em depoimento à Procuradoria-Geral da República, Marcos Valério admite que suas empresas - SMP&B e DNA Propaganda - foram usadas como caixa dois das campanhas petistas, mas afirma que Lula não sabia do caso.
15	Em depoimento à Procuradoria-Geral da República, Delúbio Soares confirma as declarações de Valério. O ex-tesoureiro do PT afirmou que só não existiu caixa dois na campanha de Lula.
17	No fim da viagem oficial à França, em entrevista ao canal France 2 exibida no *Fantástico*, da TV Globo, o presidente Lula responsabiliza a antiga direção do PT pela crise no partido, exime o governo de qual-

EVENTO	DIA
quer culpa e afirma que caixa dois é uma prática normal no Brasil: "O que o PT fez do ponto de vista eleitoral é o que é feito no Brasil sistematicamente. Eu acho que as pessoas não pensaram direito no que estavam fazendo, porque o PT tem na ética uma das suas marcas mais extraordinárias. E não é por causa do erro de um dirigente ou de outro que você pode dizer que o PT está envolvido em corrupção".	
Pesquisa Ibope revela que 42% não confiam em Lula. O mesmo percentual acredita que ele pode perder o mandato em razão das denúncias de corrupção.	19
CPI obtém documentos que ligam deputados federais do PT, do PP e do PL a saques efetuados nas contas das empresas do publicitário Marcos Valério Fernandes. Documentos revelam ainda que Zilmar Fernandes da Silveira, sócia de Duda Mendonça, publicitário da campanha de Lula em 2002 e cuja empresa mantém contratos com estatais e secretarias do governo, foi uma das pessoas que sacou dinheiro da conta da SMP&B, de Marcos Valério, no Banco Rural.	
Em depoimento à CPI, Silvio Pereira afirma desconhecer o repasse de empréstimos bancários do publicitário Marcos Valério para o PT e também diz nunca ter ouvido falar do mensalão.	

DIA	EVENTO
20	Em depoimento à Comissão de Ética da Câmara, Maria Christina Mendes Caldeira, ex-mulher do presidente do PL e considerada a musa do mensalão, afirma ter presenciado conversas que atestariam a existência do suposto esquema de compra de apoio parlamentar.
21	Lula muda discurso e passa a acusar "elites" de quererem dar "lição de ética" a ele.
22	Acusado de ter recebido um carro Land Rover de presente da empresa GDK, beneficiária de contratos públicos, o ex-secretário do PT Silvio Pereira pede sua desfiliação do partido.
24	Pesquisa Datafolha revela que 78% dos brasileiros acham que existe corrupção no governo Lula. Pesquisa também destaca a pior avaliação do Congresso Nacional desde 1993 e diminuição da vantagem de Lula na disputa pela reeleição, mas ainda com vitória garantida.
	Ex-secretária de Marcos Valério pede R$ 2 milhões à revista *Playboy* para posar nua. Segundo ela, o dinheiro seria "para sua campanha eleitoral".
26	Em depoimento à CPI, a esposa de Marcos Valério, Renilda Fernandes de Souza, diz que o ex-ministro

EVENTO	DIA
José Dirceu foi quem negociou os supostos empréstimos feitos ao PT pelas empresas de publicidade de seu marido, do qual era sócia. Dirceu negou ter tratado sobre empréstimos ao PT com diretores do Banco Rural e do BMG.	
CPI pede prisão preventiva de Marcos Valério e indisponibilidade de seus bens.	27
O deputado federal Ricardo Berzoini, que substituiu Silvio Pereira na secretaria-geral do PT, culpa Delúbio Soares e José Genoino pela crise do partido.	30
Depois de confirmar que recebeu dinheiro do publicitário Marcos Valério, o deputado federal Valdemar Costa Neto, presidente nacional do PL, renuncia ao mandato na Câmara.	01
Os deputados Roberto Jefferson e José Dirceu se enfrentam em debate na sessão do Conselho de Ética da Câmara. Dirceu negou ser o chefe do esquema do mensalão, como acusou Jefferson, e garantiu que não renunciaria ao mandato. Jefferson ampliou as denúncias e passou a incluir o próprio presidente Lula. Segundo ele, Dirceu patrocinou "uma aproximação" de Lula com a Portugal Telecom a fim de quitar saldos de campanha do PTB e do PT. No dia seguinte, em entrevista ao jornal *Fo-*	02

AGOSTO

AGOSTO

DIA	EVENTO
02	*lha de S.Paulo*, Jefferson explicaria que Marcos Valério e o tesoureiro informal do PTB, Emerson Palmieri, viajaram a Lisboa para negociar a operação.
04	Em depoimento à CPI, Roberto Jefferson recua e inocenta presidente Lula das declarações dadas no Conselho de Ética e à *Folha de S.Paulo*: "Quero dizer que, se em algum momento fiz suspeitar do envolvimento do presidente Lula, quero pedir desculpas porque não fui claro".
06	Resolução aprovada pelo Diretório Nacional do PT reconhece que parte da crise é culpa do próprio partido, mas acusa imprensa e direita oportunista de tentar abreviar o mandato de Lula.
09	Depois de documentos solicitados pela CPI ao Banco do Brasil para investigar o suposto caixa dois do PT apontarem Lula como a origem de depósitos feitos na conta do partido, o presidente do Sebrae, Paulo Okamotto, amigo pessoal de Lula, vem a público declarar que ele saldou a dívida de quase R$ 30 mil do presidente com o partido sem que Lula soubesse. Okamotto disse não ter provas de que pagou a dívida do amigo.
10	Conselho de Ética da Câmara dos Deputados instala o processo contra o deputado José Dirceu e

EVENTO	DIA
mais três parlamentares. A renúncia de nenhum deles interromperá mais o processo que pode culminar na cassação do mandato.	
O publicitário da campanha de Lula, Duda Mendonça, e sua sócia, Zilmar Fernandes da Silveira, depõem na CPI. Duda afirma que campanha do PT foi paga com dinheiro de caixa dois, incluindo dinheiro depositado em contas em paraíso fiscal no exterior.	**11**
Parlamentares do PT choram ao ouvir depoimento de Duda Mendonça.	
Pesquisa Datafolha aponta que Lula perderia a eleição de 2006 para José Serra no segundo turno por 9% de diferença.	
Abatido, Lula discursa na reunião ministerial em evento aberto à imprensa. Na ocasião, o presidente se diz "traído" e "indignado" diante das denúncias contra o PT e seu governo. "Eu não tenho nenhuma vergonha de dizer ao povo brasileiro que nós temos que pedir desculpas. O PT tem que pedir desculpas. O governo, onde errou, tem que pedir desculpas."	**12**
Após as declarações de Lula, consideradas "frustrantes", o presidente da OAB, Roberto Busato, afirma que "tudo é possível a partir de agora".	

AGOSTO

DIA	EVENTO
12	Em reunião, líderes da oposição voltam a discutir *impeachment* de Lula.
16	Doleiro Antônio Oliveira Claramunt, o Toninho da Barcelona, preso em Avaré (SP), chega a São Paulo escoltado pela Polícia Federal para conversar com doze membros da CPI em troca do benefício da delação premiada. O doleiro, condenado a 25 anos de prisão, afirma ter feito remessas ilegais de dinheiro para o exterior para o PT em 2002 e 2003.
17	Sob a liderança dos partidos de esquerda de oposição, 12 mil pessoas fazem manifestação na Esplanada dos Ministérios, em Brasília, contra o governo Lula.
18	Em depoimento à CPI, o ex-tesoureiro do PT Delúbio Soares admite que dinheiro sacado das contas de Marcos Valério por um ex-assessor do ministro Ciro Gomes, da Integração Nacional, serviu para saldar despesas do segundo turno da campanha presidencial de Lula.
19	Em depoimento à Polícia Federal, o advogado Rogério Tadeu Buratti, ex-assessor de Antonio Palocci na Prefeitura de Ribeirão Preto, diz que o ministro da Fazenda recebia R$ 50 mil por mês de uma

EVENTO **DIA**

empreiteira privada, chamada Leão Leão, quando era prefeito, entre 2001 e 2002.

Com denúncias contra o ministro da Fazenda, dólar registra a maior alta em 15 meses e fecha em R$ 2,45.

O cientista político Wanderley Guilherme dos **20**
Santos diz em entrevista à *Folha de S.Paulo* que "a hora do golpe branco" já passou para a oposição e que PSDB e PFL refizeram os cálculos e passaram a avaliar que o melhor é deixar "sangrar o governo, sangrar o presidente da República" em vez de apoiar um processo de *impeachment* contra Lula.

Em entrevista publicada em *Veja*, o doleiro Toninho da Barcelona denuncia que o PT possuía uma conta clandestina no exterior operada pelo Trade Link Bank, uma *offshore* vinculada ao Banco Rural.

Antonio Palocci concede entrevista coletiva de **21**
duas horas e se defende das acusações de Rogério Brumatti. O ministro afirma que continua no governo, mas que não é insubstituível.

Comissão de Ética do PT pede expulsão de Delúbio **31**
Soares.

AGOSTO

SETEMBRO

DIA	EVENTO
31	Polícia Federal decide indiciar José Genoino, Delúbio Soares, Marcos Valério e Duda Mendonça por práticas criminosas relacionadas ao mensalão, como lavagem de dinheiro e crime contra o sistema financeiro.
01	Em relatório parcial conjunto, a CPI dos Correios e a CPI do Mensalão confirmam existência do mensalão e listam 18 deputados que poderiam ser cassados por quebra de decoro parlamentar.
04	Reportagens publicadas nas revistas *Veja* e *Época* revelam que Sebastião Buani, proprietário da empresa que administra o restaurante da Câmara dos Deputados, pagava "mensalinho" de R$ 10 mil a Severino Cavalcanti, presidente da Casa.
06	Partidos de oposição resolvem pedir abertura de processo de cassação contra o deputado Severino Cavalcanti. Formalização do pedido ocorrerá no dia 14 de setembro.
08	Sebastião Buani afirma em entrevista coletiva que pagou propina ao deputado Severino Cavalcanti em troca de benefícios no contrato de exploração do restaurante na Câmara.
	Avaliando que Severino Cavalcanti perdeu as condições para se manter como presidente da Câma-

EVENTO	DIA
ra, Lula começa a articular um nome do PT com apoio da oposição para ocupar o cargo. O nome de Arlindo Chinaglia ganha apoio do partido.	
Pressionado a renunciar ou a se licenciar do cargo, Severino Cavalcanti garante que permanece na presidência da Câmara.	11
Crise do mensalão completa cem dias.	13
Por 313 votos a 156, Câmara cassa mandato de Roberto Jefferson. O petebista é o primeiro deputado cassado por causa do mensalão.	14
O empresário Sebastião Buani apresenta um cheque de R$ 7.500 sacado por uma secretária de Severino Cavalcanti.	
Sete meses após ser eleito, Severino Cavalcanti renuncia à presidência da Câmara, acusando uma "elitizinha que não quer largar o osso" de arregimentar forças "antagônicas, poderosas e destruidoras" e insuflar seus "cães de guerra" para derrubá-lo do cargo.	21
Petistas retiram candidaturas e passam a apoiar Aldo Rebelo, do PCdoB, para o cargo de presidente da Câmara. Lula convoca ministros do PMDB	22

SETEMBRO

DIA	EVENTO
22	para apoiar o comunista. O presidente do partido, Michel Temer, cogita ser candidato.
25	Michel Temer e "baixo clero" da Câmara tentam definir uma candidatura alternativa à de Aldo Rebelo, apoiado pelo governo, e de José Thomaz Nonô, do PFL, apoiado pela oposição.
27	Na véspera da eleição do novo presidente da Câmara, o governo trabalha para rachar o bloco de centro que tenta lançar alternativas às candidaturas aliada e de oposição.
28	No segundo turno e por diferença de apenas quinze votos, Aldo Rebelo vence o candidato do PFL na disputa pela presidência da Câmara.
02	Trechos da entrevista de Silvio Pereira à *Folha de S.Paulo* publicados pelo jornal revelam que membros da Executiva Nacional do PT também sabiam de esquema de caixa dois para financiar campanhas do partido.
07	Em reunião com deputados petistas no Palácio do Planalto, Lula diz que parlamentares do partido que correm o risco de serem cassados "cometeram erros, mas não de corrupção".

OUTUBRO

OUTUBRO

EVENTO	DIA
Deputado Ricardo Berzoini é eleito novo presidente do PT, substituindo Tarso Genro.	13
Em ação ofensiva, partidos aliados intitulados de "núcleo de esquerda da base do governo" divulgam nota conjunta criticando o governo FHC ao afirmar que existe uma "corrupção sistêmica no Estado brasileiro [...] acelerada nos últimos anos pelas privatizações selvagens, comandadas pelo governo FHC, e pelos financiamentos ilegais das campanhas eleitorais". A nota não cita o mensalão.	14
Para escapar do processo de cassação, os deputados Paulo Rocha, ex-líder do PT na Câmara, e José Borba, ex-líder do PMDB, renunciam aos mandatos. Os outros onze processos são instaurados pelo Conselho de Ética.	17
PT expulsa Delúbio Soares do partido por gestão temerária das finanças, e dirigentes afirmam que crise acabou.	22
Pesquisa Datafolha indica vitória de Serra sobre Lula em segundo turno na eleição de 2006, mas com margem de votos menor - de 4% - em relação à pesquisa de agosto.	23

NOVEMBRO

DIA	EVENTO
24	PSDB discute antecipar a saída do senador Eduardo Azeredo, ex-governador de Minas Gerais, da presidência do partido na tentativa de descolá-lo das denúncias de caixa dois e do empresário Marcos Valério de Souza, principal personagem da crise do mensalão. Reportagem da revista *IstoÉ* publicada na véspera mostrou a cópia de um cheque de Valério, no valor de R$ 700 mil, usado em 2002 para pagar uma dívida de Azeredo com Cláudio Mourão, tesoureiro de sua campanha à reeleição em Minas Gerais, em 1998. Começam as investigações sobre o mensalão mineiro.
25	Eduardo Azeredo renuncia à presidência nacional do PSDB.
30	Reportagem da revista *Veja* acusa o PT de ter recebido doações clandestinas provenientes de Cuba para a eleição de Lula.
01	Após cogitar pedir a cassação do registro do PT, com base nas denúncias trazidas por *Veja* na véspera, PSDB e PFL adotam tom mais cauteloso e decidem pedir ao TSE que investigue o caso.
02	Deputados que integram a CPI dos Correios dizem estar sendo grampeados ilegalmente.

EVENTO	DIA
Oposição volta a falar em *impeachment* do presidente Lula após a CPI dos Correios declarar ter identificado que dinheiro público abasteceu o esquema do "valerioduto" por meio do Banco do Brasil.	**04**
Câmara arquiva processo de cassação contra o deputado Sandro Mabel, do PL de Goiás.	**09**
Em depoimento na CPI dos Bingos, Rogério Buratti, ex-assessor de Antonio Palocci na Prefeitura de Ribeirão Preto e fonte na reportagem de *Veja* publicada em 30 de outubro, afirma que foi Palocci quem solicitou a ele "mecanismos" para trazer o dinheiro de Cuba que teria sido utilizado na campanha de Lula em 2002.	**10**
Apesar das manobras do governo para impedir a renovação da CPI dos Correios, oposição derrota governo e trabalhos são estendidos até abril de 2006.	**11**
Em meio às acusações e às incertezas provocadas no mercado financeiro quanto à sua permanência no ministério da Fazenda, Antonio Palocci vai ao Senado dar explicações.	**16**
Lula apoia posição de Dilma Rousseff em relação ao superávit primário. A ministra da Casa Civil vem criticando Antonio Palocci por meio da im-	**19**

NOVEMBRO

DEZEMBRO

DIA	EVENTO
19	prensa pela condução da política econômica, desgastando politicamente o ministro, que já enfrenta pressão dentro do PT e acusações por parte de ex-assessores.
23	Lula afirma que Palocci é "imprescindível" ao país.
01	Por 293 a 192, Câmara cassa mandato do deputado José Dirceu, que fica inelegível por oito anos.
09	Lula volta a dizer que oposição promove "golpismo".
14	Câmara arquiva processo de cassação contra o deputado Romeu Queiroz, do PTB mineiro.
15	Datafolha divulga pesquisa na qual revela que Lula perderia já no primeiro turno para José Serra na disputa presidencial. Se o candidato do PSDB fosse o governador paulista Geraldo Alckmin, Lula ficaria tecnicamente empatado, resultado positivo para os tucanos na comparação com a pesquisa anterior.
26	Pesquisa Datafolha aponta que PT perdeu um terço de seus simpatizantes desde dezembro de 2004, quando tinha 24% do eleitorado brasileiro simpático ao partido.

JANEIRO/FEVEREIRO 2006

EVENTO	DIA
Geraldo Alckmin anuncia que deixará o governo de São Paulo até abril para disputar a indicação do PSDB à Presidência da República.	**08**
Reportagem do jornal *Folha de S.Paulo* revela que o publicitário Duda Mendonça transferiu R$ 4 milhões de sua conta pessoal no BankBoston para parentes e uma de suas empresas às vésperas de seu depoimento à CPI dos Correios, em 11 de agosto de 2005.	**20**
Conselho de Ética da Câmara aprova pareceres que recomendam a cassação dos mandatos de Roberto Brant, do PFL mineiro, e Professor Luizinho, do PT paulista, por envolvimento com o mensalão.	**26**
Pesquisa Datafolha indica que Lula se afastou de Geraldo Alckmin e diminuiu a distância para Serra, que ainda venceria a eleição, nas intenções de voto para a sucessão presidencial.	**05**
Conselho de Ética absolve ex-líder do PP na Câmara, deputado Pedro Henry, de cassação do mandato.	**09**
Pesquisa CNT/Sensus aponta Lula 10% à frente de José Serra nas intenções de voto para a disputa presidencial. O governo comemora muito o resultado, enquanto o PSDB diz que pedirá auditoria na pesquisa.	**14**

DIA	EVENTO
06	Por ocasião da visita oficial de Lula ao Reino Unido, jornais britânicos destacam a volta por cima do presidente após crise que dominou seu governo em 2005.
08	Câmara arquiva os processos de cassação contra os deputados Roberto Brant e Professor Luizinho, contrariando a recomendação do Conselho de Ética, favorável à perda do mandato.
09	Absolvição de deputados abre crise no Conselho de Ética, cujos membros tratam o caso como uma humilhação ao trabalho dos deputados que compõem o Conselho.
15	Câmara arquiva processo de cassação contra o deputado Pedro Henry, do PP do Mato Grosso. Pedro Corrêa, deputado do PP pernambucano, perde o mandato por 261 votos a 166.
21	Conforme noticiou o jornal *Folha de S.Paulo*, a violação do sigilo bancário de Francenildo dos Santos Costa, caseiro que trabalhou para o ministro da Fazenda Antonio Palocci e que testemunhou contra o ministro no dia 17 de março na CPI dos Bingos, partiu da própria Caixa Econômica Federal, banco subordinado à pasta de Palocci.

MARÇO

EVENTO	DIA
Câmara arquiva processo de cassação contra o deputado Wanderval Santos, do PL paulista. À noite, em nova sessão que terminou na madrugada do dia 23, João Magno, do PT de Minas, também é absolvido em plenário. O baixo quórum das sessões facilitou o arquivamento dos processos.	**22**
No fim da sessão que analisava a cassação de João Magno, a deputada Angela Guadagnin, do PT paulista, faz a chamada "dança da pizza", em comemoração à absolvição do colega de partido.	**23**
Em meio às acusações de envolvimento na violação do sigilo bancário de seu ex-caseiro, Palocci renuncia ao ministério da Fazenda, sendo substituído por Guido Mantega, presidente do BNDES.	**27**
Após nove meses de funcionamento, CPI dos Correios apresenta seu relatório final. O documento reconhece a existência do mensalão; afirma que não há provas de que Lula sabia do esquema, embora não fosse difícil conhecê-lo; e pede o indiciamento de mais de cem pessoas, dentre as quais ex-ministros e ex-dirigentes do PT.	**29**
Por 256 votos a 209, deputado João Paulo Cunha, do PT paulista, também é absolvido pela Câmara, apesar da indicação do Conselho de Ética para	**05**

ABRIL

DIA	EVENTO
05	que seu mandato fosse cassado. No dia seguinte, cinco membros do conselho renunciariam a seus cargos em protesto contra a absolvição no plenário do deputado petista. Em sessão tumultuada, relatório da CPI dos Correios é aprovado por 17 votos a quatro, apesar de pressão do governo.

o processo

Ainda em julho de 2005, em pleno desenvolvimento dos trabalhos da CPI dos Correios, o STF recebeu o inquérito do mensalão, originário da Justiça Federal de Minas Gerais, e que foi aberto em 16 de maio. Dez meses depois, em março de 2006, o procurador-geral da República, Antonio Fernando Barros e Silva de Souza, denunciou quarenta pessoas envolvidas no mensalão. O processo tramitou lentamente, como de hábito na justiça brasileira. Inúmeras tentativas de postergação foram efetuadas pelos advogados de defesa, todas sem êxito. Ou melhor, com êxito relativo, pois atrasaram em muito o andamento do processo. Causou estranheza que muitos dos citados no relatório final da CPMI dos Correios e nas investigações da Polícia Federal acabaram não estando entre os acusados pela Procuradoria-Geral da República. O Banco BMG foi um deles. Diversas vezes citado, tanto na concessão de empréstimos – considerados fantasiosos, meras operações contábeis, sem que efetivamente tenham ocorridos –, como no recebimento da autorização para efetuar crédito consignado para os aposentados e pensionistas do INSS – uma operação milionária e que permitiu, em pouco tempo, vender, por 1 bilhão de reais, sua carteira de empréstimos para a Caixa Econômica Federal.[1] Sem esquecer o caso envolvendo o filho do presidente Lula, Fábio Luís da Silva, mais conhecido como Lulinha, que sequer fez parte do relatório final da CPMI dos Correios. Ele era investigado porque a Telemar (atual Oi) investiu 5 milhões de reais na Gamecorp, um ano após a formação da empresa de Lulinha. Era citado nominalmente, porém os trechos referentes ao filho do presidente acabaram suprimidos por pressão do Palácio do Planalto: "Essas informações chegavam para a gente, 'ou vocês retiram ou nós vamos criar dificuldades para aprovar'", disse, em 2012, o relator da CPMI, Osmar Serraglio.[2]

Depois de tanta espera, finalmente, foi marcada para 22 de agosto de 2007 a sessão que iniciaria a apreciação da denúncia constante do inquérito 2245. À medida que esse dia se aproximava, a temperatura política aumentava. Para o governo, era um péssimo negócio a atenção concedida pela mídia ao julgamento. Crescia o interesse da opinião pública pelo caso. No domingo que antecedeu o

1 "As provas contra o BMG". Disponível em: <www.epoca.com.br>. Acesso em: 24 ago. 2012.

2 "Serraglio admite pressão para retirar menções à Gamecorp". *Folha de S.Paulo*, 30 jul. 2012.

início dos trabalhos do STF, a imprensa reservou amplo espaço para tratar do caso. Réus deram entrevistas, advogados dissertaram sobre como fariam suas defesas, analistas especularam sobre os resultados. Foi noticiado que o governo teria procurado alguns ministros para demonstrar preocupação com uma possível aceitação da denúncia – a maior preocupação era para salvar José Dirceu. E surgiram até notícias de escuta telefônica clandestina, algo rotineiro em Brasília. Os holofotes estavam concentrados no ministro Joaquim Barbosa, o relator do processo.[3] Os sinais era de que ele votaria pela abertura da ação penal. Foram relembrados vários casos em que Barbosa manteve firme postura contra acusados de corrupção, como ao negar *habeas corpus* a Paulo Maluf e seu filho Flávio, que estavam presos (acabou sendo voto vencido).

Era a primeira vez que o Supremo faria um julgamento de tal importância e com esse formato – e, somente para instaurar um processo, caso houvesse indícios de prática de crime. A presidente Ellen Gracie organizou administrativamente os trabalhos, realizando reuniões preparatórias e estabelecendo diversos procedimentos (como o de que cada advogado falaria por quinze minutos – alguns poderiam falar por até trinta minutos, caso defendessem mais de um réu). Dessa forma, antecipou-se diante de possíveis dificuldades no andamento dos trabalhos.

Finalmente chegou o dia do julgamento: 22 de agosto, uma quarta-feira. Os trabalhos começaram

3 Joaquim Barbosa foi escolhido relator por sorteio, como determina o artigo 66 do regimento interno.

com quinze minutos de atraso. Eram 10h15 quando a presidente Ellen Gracie deu por aberta a sessão. Além dela, estavam presentes os outros nove ministros – uma das vagas (tinha se aposentado Sepúlveda Pertence) ainda seria preenchida, o que ocorreu logo após o julgamento, com a posse de Carlos Alberto Direito. Dois requerimentos de advogados de defesa, meramente protelatórios, foram rapidamente rejeitados. Estranhamente, quatro advogados não estavam presentes à sessão para defender seus clientes. Era o primeiro de cinco dias de muito trabalho – no total foram 36 horas de sessões. O inquérito 2245 tinha 11.200 páginas, 41 testemunhas, quarenta réus e 29 advogados para defendê-los.

O ministro Joaquim Barbosa, relator da denúncia, leu as 46 páginas do seu relatório – o seu voto tinha 430 páginas. Foi uma leitura meio modorrenta. O relatório foi dividido em três partes. Na primeira, o ministro fez um resumo em dezessete páginas da denúncia do procurador-geral. Choveu no molhado, mas é uma exigência legal. Barbosa tinha consciência da idiotia que é ler algo que todo mundo já sabia, especialmente os ministros: "Passo a sintetizar o conteúdo da denúncia cujo teor, desde o seu oferecimento, é público e já foi amplamente divulgado pelos meios de comunicação" (p. 2).

Na segunda parte do relatório, de 23 páginas, fez "um breve relato dos principais argumentos de defesa trazidos pelos denunciados em suas respectivas respostas" (p. 17). Ressaltou que:

> [...] no que tange às defesas, *todas* (grifou a palavra) alegaram a ausência de descrição individualista da conduta de cada acusado (violação ao artigo 41 do Código de Processo Penal), a inexistência de indícios mínimos de autoria (ausência de justa causa) e a atipicidade das condutas narradas pelo Parquet [entenda-se, o Ministério Público], por delas não constarem elementos integrantes do núcleo típico de cada um dos crimes imputados aos acusados, ou por ausência de elemento subjetivo do tipo.

Em seguida, resumiu "os demais argumentos apresentados por cada um dos acusados, no sentido do não recebimento da denúncia" (p. 18). Começou por Delúbio Soares e foi até a dupla Duda Mendonça e Zilmar Fernandes. Não emitiu nenhum julgamento de valor, nem poderia. Depois, em cinco páginas, expôs a tramitação do inquérito desde 26 de julho de 2005. De significativo, destacou que em 7 de março de 2006 indeferiu o pedido de prisão preventiva, solicitado pelo procurador-geral da República de catorze dos acusados, entre os quais José Dirceu, Delúbio Doares, José Genoino, Silvio Pereira e Marcos Valério, sob duplo fundamento:

> Para a garantia da ordem pública e por conveniência da instrução criminal, indeferi o pedido, por considerar ausentes os fundamentos autorizadores da custódia cautelar. O PGR formulou pedido de reconsideração que foi por mim indeferido em 5/5/2006 (p. 44-45).

O próximo a falar foi o procurador-geral da República, Antonio Fernando de Souza. A denúncia tinha 136 páginas. Citou sete vezes a palavra "quadrilha" e 59 vezes Marcos Valério. Listou quarenta nomes, começando por José Dirceu. Dos acusados, a mais jovem era a presidente do Banco Rural, Kátia Rabello, nascida em 1971. A maioria residia em Minas Gerais e um quarto do total, em Belo Horizonte. Em cinco páginas, Souza apresentou sumariamente os fatos que levaram à denúncia e destacou que "todas as imputações feitas pelo ex-deputado Roberto Jefferson ficaram comprovadas" (p. 9). À descrição da quadrilha dedicou 28 páginas. O conjunto probatório demonstrou a

> existência de uma sofisticada organização criminosa, dividida em setores de atuação, que se estruturou profissionalmente para a prática de crimes como peculato, lavagem de dinheiro, corrupção ativa, gestão fraudulenta, além de diversas formas de fraude. O objetivo era garantir a continuidade do projeto de poder do Partido dos Trabalhadores (p. 11).[4]

Para isso, o PT contou com Marcos Valério, "um verdadeiro profissional do crime" (p. 12). E ele, em

> conjunto com os dirigentes do Banco Rural, notadamente o falecido José Augusto Dumont, [...] desenvolveu um esquema de utilização de suas empresas para transferência de recursos financeiros para campanhas políticas, cuja origem, simulada como empréstimo do Banco Rural, não é

4 Para entender o significado de cada um desses crimes, consulte o Segundo Recesso, no final deste capítulo.

efetivamente declarada, mas as apurações demonstraram tratar-se de uma forma de pulverização de dinheiro público desviado através dos contratos de publicidade (p. 14).

De acordo com as provas colhidas, a PGR chegou à conclusão da "existência de uma complexa organização criminosa, dividida em três partes distintas, embora interligadas em sucessivas operações" (p. 15). O núcleo central (político), sob comando de José Dirceu; o operacional e financeiro (que depois do recebimento da denúncia será chamado de operacional), tendo à frente Marcos Valério; e o operacional e financeiro (chamado depois somente de financeiro), a cargo da alta direção do Banco Rural (p. 15).

Segue o procurador-geral:

> Também foram repassados diretamente pelos bancos Rural e BMG vultosas quantias ao Partido dos Trabalhadores, comandado formal e materialmente pelo núcleo central da quadrilha, sob o falso manto de empréstimos bancários. Desse modo, o núcleo do Banco Rural, em troca de vantagens indevidas, ingressou na engrenagem com o aporte de recursos milionários, mediante empréstimos simulados, além de montar uma sofisticada estrutura de lavagem de capitais para o repasse dos valores pagos aos destinatários finais (p. 17).

Para Souza, ficou comprovado que o Banco BMG foi flagrantemente beneficiado por ações do núcleo político-partidário, que lhe garantiram lucros bilionários na operacionalização de empréstimos consignados de servidores públicos, pensionistas e aposentados do INSS (p. 18). O banco teve acesso aos "dados cadastrais de uma massa de aposentados e pensionistas do INSS que representa 23 milhões de pagamentos mensais" (p. 20). Concluindo:

> Esse direcionamento de ações em benefício do BMG rendeu-lhes resultados tão positivos que o dinheiro repassado às empresas do grupo de Marcos Valério e ao Partido dos Trabalhadores, contabilizados como empréstimos, tornaram-se inexpressivos diante da lucratividade do banco com os empréstimos consignados a servidores públicos e segurados do INSS (p. 20).

O longo e indignado relato demonstrou como o aparelho de Estado foi tomado por um projeto de poder corrupto e autoritário. Foram apresentadas provas que dificilmente poderiam ser refutadas no decorrer do julgamento. A PGR demonstrou como tudo foi arquitetado, "sob as ordens do denunciado, José Dirceu, que tinha o domínio funcional de todos os crimes perpetrados, caracterizando-se, em arremate, como o chefe do organograma delituoso" – ele que "era a segunda pessoa mais poderosa do Estado brasileiro, estando abaixo apenas do presidente da República" (pp. 25 e 28). E, apesar de todo esse poder, empurrou para Marcos Valério "solucionar o problema enfrentado pela ex-esposa [...], que pretendia vender o seu imóvel, obter um empréstimo e arrumar um emprego". E, Valério, resolveu tudo, claro (p. 27).

Foi estarrecedora a descrição do uso dos recursos do Banco do Brasil pelo Fundo Visanet. Segundo a PGR, o "*modus operandi* das fraudes ocorridas a partir de 2003, ocasião em que a Diretoria de Marketing e Comunicação do Banco do Brasil era ocupada por Henrique Pizzolato". A DNA Propaganda, uma das empresas de que Valério era sócio, "recebeu a título de antecipação e sem a devida comprovação o montante aproximado de 73 milhões de reais por intermédio da Companhia gestora do Fundo Visanet" (p. 62). O circo dos horrores continua quando Souza descreve a metodologia dos milionários saques, quase todos nas agências do Banco Rural. O dinheiro era entregue mediante o pedido de "encomenda", "pacote" ou "envelope". Tinha tanto dinheiro no esquema que havia dificuldade em mandar portadores para retirá-lo. Uma vez entregaram 200 mil reais à pessoa errada (p. 78-79).

A "parceria criminosa", segundo Souza, entre o Banco Rural e Marcos Valério (p. 80) era antiga. Mas agora havia muito dinheiro. Houve um saque que, para transportar o numerário, foi preciso chamar um carro-forte (p. 101). Anita Leocádia, funcionária do gabinete do deputado petista Paulo Rocha, recebeu 600 mil reais no Banco Rural e 200 mil reais em um quarto de hotel (p. 122). A sócia de Duda Mendonça recebeu 550 mil reais em cinco saques no Banco Rural. E mais: eles receberam pela *offshore* Dusseldorf Company Ltd., nos Estados Unidos, pouco mais de 10 milhões de reais. O conjunto de contratos do PT com a agência de Duda Mendonça, sempre de acordo com a PGR, alcançou o valor de 56 milhões de reais, "com um lucro líquido de 17 a 28 milhões de reais" (p. 130). E "mentiram perante a CPMI 'dos Correios', bem como nos depoimentos prestados no presente inquérito. As apurações realizadas no exterior demonstraram que o publicitário e sua sócia estão acostumados a remeter dinheiro não declarado para contas mantidas em paraísos fiscais" (p. 129). Detalhe: uma das contas dos sócios, informada pelas autoridades americanas, tem o curioso nome de "Pirulito Company".

Apesar de muitos dos fatos relatados por Souza não serem novidade, tendo em vista o que foi revelado na CPMI dos Correios, a visão de totalidade da denúncia causou grande impacto. No mesmo dia começaram as defesas dos quarenta acusados. A denúncia foi considerada "peça de ficção", "produto da imaginação do procurador", "imprestável". Na quinta, 23 de agosto, terminaram as defesas. Foram 29 advogados para 36 denunciados (quatro não fizeram a defesa oral). Na sexta-feira, o STF resolveu votar a denúncia de forma "fatiada". A Corte já havia aceitado processar dezenove dos acusados, dos quais cinco eram do PT. Isso acabou levando o ministro Ayres Britto, que foi filiado ao partido durante duas décadas, a dizer em plenário: "Causa estranheza que um partido que tem trabalhadores até no nome se disponha a financiar candidaturas não apenas deles mas de outros partidos".

A sessão de segunda-feira foi aguardada com enorme expectativa. Joaquim Barbosa, nos jornais de domingo, disse que não estava interessado em pressão política:

> A parte mais trabalhosa, digamos assim, vai ser a de segunda-feira, (quando o plenário) vai apreciar o item 6 (da denúncia), porque é a parte mais complexa, envolve um grande número de pessoas, partidos. É realmente a parte mais robusta da denúncia.

Não era uma tarefa fácil por causa do número de denunciados e da quantidade de crimes. Barbosa entendeu o significado histórico do julgamento: "É um grande momento cívico, de cidadania, uma espécie de sinergia entre a Corte, o Poder Judiciário e a sociedade".

A atenção estava voltada para José Dirceu. O ex-ministro da Casa Civil acabou virando réu por corrupção ativa. A decisão foi unânime. Na terça, foi enquadrado como chefe de quadrilha.[5] Só teve um voto contrário, o do ministro Ricardo Lewandowski. Dirceu imputou sua derrota principalmente ao ocorrido na primeira sessão do julgamento, na quarta-feira. Os ministros Lewandowski e Cármen Lúcia estavam trocando mensagens pelo computador. Um fotógrafo do jornal *O Globo* acabou fotografando as telas dos computadores e foi possível ver que os dois trocavam ideias sobre o voto do ministro Eros Grau. Diziam que o "Cupido", como apelidaram Grau, iria votar pelo não recebimento da denúncia. Lewandowski respondeu à ministra: "Isso corrobora que houve uma troca".

5 Para entender o que significa o crime de formação de quadrilha, consulte o Segundo Recesso, no final deste capítulo.

Queria dizer que Grau votaria a favor dos interesses do governo em troca da nomeação de Carlos Alberto Direito para o STF. A acusação era gravíssima. Quando *O Globo*, na edição de 23 de agosto, revelou os diálogos, a repercussão foi enorme. Lewandowski tentou se explicar. Não conseguiu. O mal-estar entre os ministros era grande. Grau chegou a designar o advogado José Gerardo Grossi para processá-lo por calúnia. Seria a primeira vez na história do Supremo que um ministro processaria o outro. Depois de alguns dias, a turma do "deixa-disso" acabou serenando os ânimos e o episódio foi encerrado.

Mas Lewandowski se meteu em outra enrascada. Na noite de 28 de agosto, na terça-feira em que o STF tinha acabado de receber a denúncia contra José Dirceu de formação de quadrilha, o ministro foi visto em um restaurante em Brasília por uma repórter da *Folha de S.Paulo*, falando nervosamente pelo telefone com um certo Marcelo. Dizia que "a tendência era para amaciar para o Dirceu". E "que todo mundo votou com a faca no pescoço". Na conversa de dez minutos também disse que a revelação do seu diálogo com a ministra Cármen Lúcia influenciou a votação anti-PT. Falou que se não fosse a divulgação dos diálogos iria divergir ainda mais de Barbosa: "Não tenha dúvida. Eu estava tinindo nos cascos".[6]

Foram confirmados os quarenta nomes da denúncia, agora réus na Ação Penal 470 (denominação indicada para todas as comunicações oficiais do STF sobre o caso, por determinação do presidente, que

6 No julgamento, Ricardo Lewandowski foi o que mais divergiu de Barbosa: 12 vezes.

considerou o uso da expressão "mensalão" uma espécie de pré-julgamento). A repercussão do recebimento da acusação foi enorme. Lula, profundamente irritado, quando perguntado – dois dias depois do final do julgamento – sobre o que tinha achado da ação do STF, respondeu que a oposição tinha tentado atingi-lo com o escândalo, mas "61% do povo deu a resposta na eleição do ano passado". Fazia referência à eleição presidencial de 2006, como se um fato tivesse relação com o outro, ou, ainda pior, como se uma eleição significasse uma espécie de anistia aos crimes cometidos pelo governo e seus asseclas. Na verdade, o grande vencedor do processo, no âmbito interno do STF, foi o ministro Joaquim Barbosa. Das 112 votações, ele ganhou todas, das quais 96 por unanimidade.

Com a denúncia recebida, iniciou-se a ação penal. Ao longo de pouco mais de quatro anos, foram interrogados todos os réus, dezenas de testemunhas, provas foram produzidas – sempre preservando o contraditório. Sob a direção do ministro Joaquim Barbosa, relator do processo do mensalão, as investigações foram realizadas pelo Ministério Público Federal. Não foi um trabalho fácil, principalmente pela amplitude do que a PGR chamou de "sofisticada organização criminosa", e pelo número elevado de réus.

Era voz corrente que a ação penal seria julgada no segundo semestre de 2010. Contudo, estendeu-se até dezembro de 2011, quando a ação foi encaminhada para o ministro revisor, Ricardo Lewandowski. O noticiário político desses últimos anos está recheado de críticas à morosidade do processo e às ações protelatórias dos advogados de defesa. O receio era de que as penas, eventualmente aplicadas aos réus, estivessem prescritas no momento do julgamento. E, com o passar dos anos, o significado do mensalão foi se apagando da lembrança popular.

Na batalha política da memória, Lula estava vencendo. Daí sua insistência de empurrar o julgamento para 2013. Sabia que o tempo ajudava a diminuir a importância do mensalão. O reaparecimento nas manchetes das mazelas que envolveram a liderança petista enfraqueceria seu discurso de que tudo não tinha passado de uma conspiração das elites. E mais ainda: de que o mensalão nunca teria existido. Essa estratégia, digna de um Ministério da Verdade orwelliano, estava dando certo. Se Barbosa não era alguém de confiança do ex-presidente, o mesmo não poderia ser dito do ministro revisor. Quanto mais demorasse a "revisão", mais tempo haveria para pressionar ministros e até recompor a formação do STF com as aposentadorias de possíveis adversários e a nomeação de outros de estrita confiança petista, especialmente de Lula. Em outras palavras, o mensalão era um excelente paradigma para o entendimento do método petista de tomada e apressamento do Estado.

A delonga na revisão foi logo percebida. A pressão dos próprios colegas – e, em especial, do ministro Ayres Britto – emparedou Lewandowski. O relatório de revisão foi entregue no primeiro semestre deste ano (2012) e o julgamento, marcado logo no reinício dos trabalhos da Corte, após as férias de julho. Em represália, o ministro não compareceu à reunião que estabeleceu o calendário do julgamento (Dias Toffoli também não – estava numa festa de casamento de um banqueiro, em São Paulo). O desespero tomou conta dos petistas. Lula procurou ministros do STF e, abertamente, os pressionou. Queria porque queria transferir o julgamento para 2013, sob o argumento de que não seria bom, para o PT, a coincidência com as eleições municipais. Em um desses encontros, com o ministro Gilmar Mendes, chegou a insinuar que poderia envolvê-lo com a rede do crime organizado liderado por Carlinhos Cachoeira e que estava sendo investigada por uma CPMI. A reação pública do ministro expondo a chantagem virou um escândalo nacional. Dessa forma, o julgamento iria ocorrer justamente durante o processo eleitoral de outubro, o que Lula queria evitar, mas não conseguiu.

No domingo, 29 de julho, os principais jornais e revistas do país deram amplos espaços – alguns com cadernos especiais – para o processo. Na segunda-feira, a defesa tentou mais uma manobra protelatória. Márcio Thomaz Bastos, advogado de José Roberto Salgado, diretor do Banco Rural, anunciou que pediria o desmembramento do processo, ou seja, que somente fossem julgados pelo STF os réus que tinham foro privilegiado; os restantes, inclusive o seu cliente, responderiam na Justiça Federal de primeira instância. Não era novidade esse tipo de argumentação, que, inclusive, já havia sido rejeitado pelo STF. Fazia parte da guerra de guerrilha, de desgaste, usada pelos defensores dos réus.

Na terça-feira, o senador Pedro Taques (PDT-MT) fez um duro pronunciamento na tribuna do Senado, exigindo que Dias Toffoli se considerasse impedido de julgar o processo do mensalão, pois tinha sido advogado de um dos réus e seu subordinado na Casa Civil (José Dirceu), entre 2003 e 2005, quando exerceu a função de subchefe de Assuntos Jurídicos; durante anos, foi advogado do Partido dos Trabalhadores, como na campanha de 2002, que teve Delúbio Soares, um dos réus, como tesoureiro. Sua atual namorada, Roberta Rangel, tinha defendido um dos réus (Professor Luizinho) quando da aceitação da denúncia, em 2007 – e também fora advogada de Paulo Rocha, outro réu. E, pior, em 2006, como advogado do PT, Toffoli tinha argumentado junto do Tribunal Superior Eleitoral, reivindicando direito de resposta para o partido, que o mensalão jamais tinha sido comprovado. O senador Taques se dizia estarrecido com o silêncio do ministro. Foi recordado que, em 2009, durante a sabatina realizada no Senado, Toffoli, quando perguntado pelo senador Álvaro Dias sobre um possível impedimento seu para julgar o mensalão, respondeu:

> Se, eventualmente, tiver alguma hipótese na qual eu tenha atuado, aconselhado, tenha tido algum tipo de orientação, é evidente que, pelas normas de impedimento,

tenho obrigação de me declarar impedido ou suspeito de atuar.

Seu próprio colega de STF, o ministro Marco Aurélio, relembrou que no julgamento do ex-presidente Fernando Collor, em 1994, ele, de quem é primo em quarto grau, se julgou impedido e não participou do julgamento:

> Para o Supremo, é um pouco triste ter que deliberar se um colega que insiste em participar do julgamento – já que pode haver, como ocorreu no meu caso, o afastamento espontâneo – está ou não impedido. E constrangimento também para ele próprio, se a decisão for positiva, ou seja, de que ele não pode participar.[7]

Em meio a esse bombardeio, a PGR insinuava que poderia pedir a suspeição, mas deixava o caso em aberto dizendo que ainda estava estudando a possibilidade do pedido. Em meio à polêmica, foi até citada uma estranha frase – estranha porque dava a entender que havia mais coisas envolvidas do que um simples cidadão poderia saber – do prefeito de São Bernardo do Campo, o petista Luiz Marinho, de que Toffoli "não tinha o direito de não participar do julgamento". Por quê? Do outro lado, o ex-advogado do PT dava sinais – até pelo silêncio – de que participaria do julgamento.

O último acontecimento importante da quente quarta-feira foi uma liminar concedida pelo Tribunal de Contas da União suspendendo os efeitos

7 Francisco Rezek, do STF, que foi ministro das Relações Exteriores de Collor, optou por se julgar impedido de participar no julgamento.

de uma estranha decisão da ministra Ana Arraes, ex-deputada federal e que tinha chegado, no ano anterior, ao TCU pelas mãos do seu filho, o governador Eduardo Campos (PSB-PE). A ministra tinha considerado legais os contratos do réu Marcos Valério com o Banco do Brasil (BB). A acusação da PGR era de que a agência DNA, de Marcos Valério, tinha se apropriado indevidamente de 2,9 milhões de reais que pertenciam ao BB. Esses recursos seriam referentes aos "bônus de volume", uma comissão recebida dos meios de comunicação que veicularam anúncios do banco. Ainda de acordo com a PGR, a DNA, em vez de repassar o dinheiro para o BB, teria desviado os recursos para o esquema do mensalão. Surpreendentemente, a ministra Arraes usou uma lei de 2010 – que teve como autor o deputado petista José Eduardo Martins Cardozo – como instrumento legitimador da sua decisão. O pior foi que a ministra retroagiu a aplicação da lei, o que é absolutamente inconstitucional e ilegal. Dessa forma, acabou permitindo legalizar as operações da agência DNA e do BB. A repercussão da medida foi péssima, dando a impressão de uma manobra que retiraria da PGR uma das suas acusações contra o esquema do mensalão.

O dia terminou tenso, recheado de boatos. Todos aguardavam que, na quinta-feira, finalmente, tivesse início o julgamento do século. O ex-presidente Lula fez questão de desqualificar a importância do momento. Quando perguntado sobre o que faria na quinta-feira, respondeu que não assistiria à sessão, pois "tenho mais o que fazer".[8] Claro que não passou de mais uma bazófia. Ele passou todo o segundo mandato dizendo que o mensalão nunca tinha existido, que não tinha passado de uma conspiração golpista da oposição e de setores da imprensa. Falou em absoluta dissonância com os fatos e, indiretamente, desrespeitando o STF, que tinha recebido a denúncia, o Congresso Nacional, que fez uma CPI, e a ação das demais autoridades, que recolheram centenas de provas, colheram dezenas de depoimentos, tudo registrado em milhares de páginas. Mas o "policial da verdade" fracassou, para o bem da democracia brasileira.

Para o PT, o julgamento tinha uma enorme importância e a liderança partidária estava mobilizada. O governo fingia indiferença. Mas quando o deputado Osmar Serraglio, vice-líder do governo na Câmara, e que na CPMI dos Correios ocupou a relatoria, declarou que a "tropa de choque" do PT havia impedido o avanço das investigações que estavam levando à Casa Civil, comandada por José Dirceu, pois "a gente estava amarrado, não tínhamos liberdade", a pressão contra a sua permanência no cargo foi enorme. Teve de sair de circulação, ficar calado e não dar mais entrevista; tudo para se manter na vice-liderança.

Brasília estava tensa. Os hotéis, lotados – só de advogados diretamente envolvidos com o processo eram 150. Especulava-se que o conjunto da defesa receberia 60 milhões de reais – só um dos réus pagaria ao seu defensor 20 milhões de reais.

8 Em 2007, Lula disse: "Eu tenho que trabalhar". *Folha de S.Paulo*, 24 ago. 2007.

Nos restaurantes do roteiro gastronômico político – na maioria das vezes de qualidade sofrível –, o tema era um só: o julgamento do mensalão. Foram ouvidos, na Ação Penal 470, ao longo de cinco anos, mais de seiscentas testemunhas e realizadas 34 perícias. Todo o processo estava registrado em 235 volumes, com quinhentos apensos, somando um total de 50.508 páginas.

O sentimento de justiça estava no ar. Mas também o da impunidade. Afinal, em dezembro de 1994, quando Fernando Collor de Mello foi julgado, dos nove acusados no processo, apenas quatro acabaram condenados.[9] Seguindo a velha (e triste) sina nacional, o ex-presidente acabou se livrando de qualquer pena. Foi absolvido por falta de provas por cinco votos a três da acusação de corrupção passiva[10] – um dos votos inocentando o ex-presidente foi de Celso de Mello, o único dos ministros daquele julgamento que permanece no STF. Paulo César Farias, seu antigo tesoureiro de campanhas políticas, foi condenado a sete anos de prisão – dos quais cumpriu dois. Dois "laranjas" de Farias pegaram um ano e dois meses de reclusão – mas cumpriram a pena em liberdade. E uma simples secretária, Rosinete Melanias, dois anos e quatro meses de detenção – passou pouco mais de um mês na cadeia. A pergunta que todos se faziam é se o STF agiria da mesma forma. A história iria se repetir?

9 À época foi muito criticada a denúncia – considerada fraca – apresentada pelo procurador-geral da República Aristides Junqueira.

10 Para entender o que significa o crime de corrupção passiva, consulte o Segundo Recesso, no final deste capítulo.

Segundo recesso: os crimes do mensalão

Corrupção passiva, artigo 317 do Código Penal, é "solicitar ou receber, para si ou para outros, direta ou indiretamente, ainda que fora da função ou antes de assumi-la, mas em razão dela, vantagem indevida, ou aceitar promessa de tal vantagem".

Crime de peculato, artigo 312 do Código Penal: "Apropriar-se o funcionário público de dinheiro, valor ou qualquer outro bem móvel, público ou particular, de que tem a posse em razão do cargo, ou desviá-lo, em proveito próprio ou alheio".

Formação de quadrilha está tipificada no Código Penal, no artigo 288: "Associarem-se mais de três pessoas, em quadrilha ou bando, para o fim de cometer crime".

De acordo com a Lei nº 9.613 de 3 de março de 1998 – alterada recentemente pela Lei de 9 de julho de 2012 –, **LAVAGEM DE DINHEIRO** consiste em "ocultar ou dissimular a natureza, origem, localização, disposição, movimentação ou propriedade de bens, direitos ou valores provenientes, direta ou indiretamente, de crime".

CORRUPÇÃO ATIVA, de acordo com o Código Penal, artigo 333, consiste em "oferecer ou prometer vantagem indevida a funcionário público, para determiná-lo a praticar, omitir ou retardar ato de ofício".

Crime previsto no artigo 22 da Lei nº 7.492/1986, a **EVASÃO DE DIVISAS** é cometida por quem promover, "sem autorização legal, a saída de moeda ou divisa para o exterior, ou nele mantiver depósitos não declarados à repartição federal competente".

GESTÃO FRAUDULENTA de instituição financeira (artigo 4º) é um dos crimes contra o sistema financeiro nacional definido na Lei nº 7.492, de 16 de junho de 1986.

dias de fúria

O sol se apresentou logo cedo, às 6h37. O céu estava claro. A temperatura às 9 horas da manhã alcançava os 22 °C. Tendia a aumentar no decorrer do dia, como que prenunciando o clima da sessão à tarde. Finalmente, depois de 1.951 dias após o recebimento da denúncia, o julgamento iria começar. E a atenção do país estava voltada para Brasília.

O belo e desconfortável prédio do STF estava cheio. Logo na entrada, o busto de Rui Barbosa – que, vale lembrar, não foi ministro daquela Corte – estaria indicando algum sinal de mau agouro para os réus? Afinal, ao longo da sua extensa carreira política, Rui foi um defensor da moralidade e da ética. Na sua última campanha presidencial, em 1919, afirmou:

> O Brasil é este comício imenso de almas livres. Não são os comensais do erário. Não são as ratazanas do tesouro. Não são os mercadores do Parlamento. Não são as sanguessugas da riqueza pública. Não são os falsificadores de eleições. Não são os compradores de jornais. Não são os corruptores do sistema republicano. Não são os oligarcas estaduais. Não são os ministros de tarraxa. Não são os presidentes de palha. Não são os publicistas de aluguel. Não são os estadistas de impostura. Não são os diplomatas de marca estrangeira. São as células vivas da vida nacional. É a multidão que não adula, não teme, não corre, não recua, não deserta, não se vende.[1]

Mas, diria o descrente, o Senado também tem no seu plenário um busto de Rui – que foi senador durante três décadas –, mas o comportamento dos senadores... Bem, retornando ao julgamento, o público começou a se dirigir ao plenário. Para evitar algum tipo de tumulto, a Corte concedeu 152 assentos aos acusados e seus defensores (um para o acusado e três para seus representantes legais) – a capacidade do auditório é de 246 lugares. Porém, nenhum acusado compareceu, o que acabou permitindo que outros interessados – e eram muitos – pudessem assistir ao primeiro dia do julgamento do século.

Outra ausência notada foi a da oposição. Nenhum parlamentar compareceu à sessão. Foram credenciados quinhentos jornalistas de 65 veículos de comunicação, mas somente quatro de cada empresa tinham permissão para estar no prédio e, destes, apenas dois poderiam permanecer no auditório.

1 BARBOSA, Rui. *Pensamento e ação de Rui Barbosa.* Brasília: Senado Federal, 1999, p. 371.

E até um manual de boas maneiras foi distribuído pelo tribunal com recomendações de comportamento (não falar alto, não atender ao celular, não comer durante a sessão etc.). A preocupação com o formalismo, também, levou a equipe de segurança a distribuir paletós aos visitantes mais desavisados.

Às 14h27 – portanto, atrasados em quase meia hora – entraram em fila indiana os onze ministros, tendo à frente o presidente Carlos Ayres Britto. Todos com a indefectível toga preta, que dá um ar caricato a cada um deles, assemelhando-se às fantasias dos antigos carnavais. É verdade que não usam aquelas ridículas perucas brancas, como em alguns países do hemisfério Norte. Causa sempre certa estranheza o apego aos rituais, mas a nossa Justiça tem em alta conta o formalismo. Em um palco – acaba sendo um palco, pois todas as atenções estão dirigidas a eles – em formato de U, de cada lado ficam cinco ministros e, numa posição privilegiada, de frente para todos, estão o presidente do tribunal, do seu lado direito o procurador-geral da República e do seu lado esquerdo o secretário da sessão. No interior do U, há uma mesa, que ficou vazia, e de frente para o presidente está a tribuna, que será ocupada sucessivamente pelos defensores de cada um dos 38 réus.

Depois de os ministros ocuparem seus assentos – sempre de acordo com o regimento, artigo 144, que estipula o lugar de cada juiz, seguindo a ordem de antiguidade –, tendo um funcionário para puxar a cadeira, hábito muito pouco republicano existente naquela Corte, o presidente Ayres Britto, com suas espessas sobrancelhas lobatianas, deu por iniciada a sessão. Parecia satisfeito. No que estaria pensando? No fundo sabia que estava entrando para a história política brasileira. E de que forma? Como agiria o ministro, que também é poeta? Docemente, como no seu poema "Conselho":

Namore bem com a vida
Deixe que ela seduza você.
Permita-se ter um caso de amor
Com ela,
Mas não pare por aí.
[...]
Faça tudo isso e prove da vida
Como do néctar das flores
Prova o colibri,
Sem se perguntar se existe outro céu
Fora daqui.

Ou com o tom panfletário de "Pena de morte":

O capital reduz
Homem do povo a animal,
E quando o homem do povo
Se comporta como animal,
O capital exige contra ele
A pena capital?

Um minuto depois, Ayres Britto passou a palavra para o secretário. A ata foi lida como se estivesse narrando uma corrida de cavalos. Dificilmente, algum ministro entendeu o que foi lido. A sessão começou atrasada. Mas não muito, para os nossos padrões sempre tão elásticos. Logo a sensação de calor, daquele abafado tão típico dos edifícios projetados por Oscar Niemeyer, tomou conta do ambiente, e a plateia começou a demonstrar os primeiros sinais de desconforto. Ayres Britto tomou a palavra e brevemente lembrou que a Ação Penal 470 procedia de Minas Gerais. Começou a ler a relação de réus e seus advogados. Nervoso, confundiu quem era advogado e quem era réu. Pediu desculpas. Mas, em seguida, ao voltar a ler a relação, chamou José Genoino de doutor, confundindo-o com algum dos defensores (será que algum é doutor – com tese defendida – ou simplesmente bacharel em Direito?).

Quando iria iniciar efetivamente a sessão, o advogado Márcio Thomaz Bastos, defensor do réu José Roberto Salgado, um dos diretores do Banco Rural, dirigiu-se à tribuna e pediu a palavra. Disse que desejava fazer uma questão de ordem. Foi autorizado pelo presidente. Argumentou em defesa do desmembramento do processo, ou seja, somente três dos réus seriam julgados pelo STF (os deputados federais João Paulo Cunha, Pedro Henry e Valdemar Costa Neto), pois tinham prerrogativa de foro. Os outros 35 deveriam ser julgados pela Justiça Federal. De acordo com ele, havia um dano ao direito de defesa, em caso de condenação, pois não caberia a possibilidade de recurso a nenhum outro tribunal. Bastos falou por dez minutos, o que não é usual para uma simples questão de ordem, demonstrando, mais uma vez, a excessiva parcimônia de Ayres Britto na direção dos trabalhos. Marcelo Leonardo, advogado de Marcos Valério, foi à tribuna e reforçou a solicitação. Joaquim Barbosa pediu a palavra para encaminhar contra o desmembramento. Defendeu seu trabalho, citou a Súmula 704 do STF, segundo a qual "não viola as garantias do juiz natural, da ampla defesa e do devido processo legal a atração por continência ou conexão do processo do corréu ao foro por prerrogativa de função de um dos denunciados". Para concluir, pediu que o processo fosse julgado sem delongas.

Parecia que a questão estava resolvida. Ledo engano. O ministro Ricardo Lewandowski pediu a palavra e, surpreendentemente, disse que era favorável ao desmembramento. Concordou com Bastos: "Esse salutar exame e reexame está sendo sonegado aos réus". Estabeleceu-se a confusão. Um clima de botequim tomou conta do plenário. E o diálogo entre os dois – relator e revisor – foi quente:

JOAQUIM BARBOSA – Vossa Excelência é revisor desse processo. Dialogamos ao longo desses dois anos e meio em que Vossa Excelência é revisor. Causa-me espécie se pronunciar agora pelo desmembramento do processo, quando poderia tê-lo feito há seis, oito meses. Vossa Excelência poderia ter pedido, eu traria em questão de ordem.

RICARDO LEWANDOWSKI – Eu, como revisor, ao longo deste julgamento, farei valer o meu direito de me manifestar sempre que entender que isso seja necessário.

BARBOSA – É deslealdade!

LEWANDOWSKI – Eu acho que é um termo um pouco forte que Vossa Excelência está usando, e já está prenunciando que este julgamento será muito tumultuado.

BARBOSA – Vossa Excelência é revisor desse processo. Vossa Excelência não concorda com o julgamento do processo pelo tribunal?

LEWANDOWSKI – A questão de ordem foi levantada por um dos mais ilustres advogados deste país, um dos maiores especialistas em Direito Penal, ex-ministro da Justiça deste país, que muito honrou o cargo. Temos que levar a sério e não podemos deixar de lado uma questão de ordem arguida com a maior seriedade. [...]

BARBOSA – Eu fiquei vencido, ministro. Para mim, tenho sempre em mente o princípio da colegialidade. Eu propus o desmembramento há seis anos. Mas fiquei vencido, acabou, eu toquei a ação até o final.

LEWANDOWSKI – Também fiquei vencido. Agora pretendo mostrar que a matéria foi ventilada sob outro enfoque. [...]

BARBOSA – O ministro Lewandowski, no final da sua fala, de uma certa forma colocou em questão a legitimidade desta Corte para julgar esta ação penal. Ele disse claramente que os réus estariam em risco, por serem submetidos a um órgão jurisdicional que não é competente para julgá-los.

LEWANDOWSKI – Estou defendendo apenas o duplo grau de jurisdição, apenas isso. Jamais faltarei com respeito à Corte que com muita honra integro.

BARBOSA – Nós temos tudo gravado. Vossa Excelência disse isso. Agora, eu pergunto: Sua Excelência é revisor dessa ação há exatos dois anos. Por que não trouxe essa questão nesses dois anos? Por que exatamente no dia marcado para o julgamento?

LEWANDOWSKI – Estou sendo atacado pessoalmente. Vossa Excelência se atenha aos fatos, e não à minha pessoa.

BARBOSA – Eu acho que o que está em jogo é a credibilidade deste tribunal. O Código de Processo Civil diz que uma questão não será julgada três, quatro, cinco vezes. E essa questão já foi debatida aqui três vezes. Esta é a quarta! Esta é a quarta! Por que isso? [...] O ministro Lewandowski me acompanhou em todas as discussões pelo indeferimento dessas questões. No dia do julgamento, coloca em jogo a legitimidade desse processo, que já nos deu tanto trabalho!

Para surpresa e estranheza geral, Lewandowski começou a ler um calhamaço expondo as razões da aceitação da questão de ordem proposta por Bastos. A leitura modorrenta foi se estendendo e causando desconforto. Às 15h20, foi interrompido pelo presidente Ayres Britto, que solicitou ao ministro que resumisse sua sustentação. Lewandovski fez ar de ofendido e ignorou o pedido. Mais uma vez, o presidente teve sua autoridade arranhada.

O revisor seguiu em frente com a leitura. Insistiu que a Corte em outras ocasiões já havia adotado o desmembramento. Foi interrompido por Barbosa, que lembrou que tinha sido voto vencido nesta questão e assumido a posição majoritária do colegiado. O revisor respondeu citando – como já fizera Bastos quando solicitou a questão de ordem – o Pacto de São José da Costa Rica, do qual o Brasil é signatário e que estabelece o princípio do duplo grau de jurisdição, garantindo ao acusado o direito de recorrer a um tribunal ou autoridade diversa e hierarquicamente superior àquela que o julgou; como se um simples acordo internacional fosse superior ao texto constitucional. Tentou mostrar erudição e claudicou ao ler (ou melhor, tentar ler) uma pequena frase em latim. Mas nada segurou o jurista de São Bernardo do Campo. Para Lewandowski, "os que não têm foro especial serão julgados em primeira e última instâncias. Os ministros, embora tenham saber notório, são humanos". E arrematou com sua costumeira perspicácia acaciana: "Nesta ação, os integrantes do STF vão julgar pessoas de carne e osso". Depois de uma hora e 23 minutos encerrou a sua intervenção para satisfação de todos – ou quase todos.

Em três minutos, o ministro Joaquim Barbosa respondeu a Lewandowski. Estava alterado. Com forte dores na coluna, uma doença crônica, falou, como sempre, de pé, apoiado em sua cadeira. Próximo ao plenário foi instalada uma sala especial com um fisioterapeuta para atendê-lo durante o julgamento. Neste dia passou boa parte da sessão nesta sala, deitado numa maca, de bermuda e camiseta, realizando o trabalho de fisioterapia e assistindo ao desenrolar do julgamento. Barbosa demonstrou profunda irritação ao ouvir os argumentos de Lewandowski. Primeiro, questionou o ministro: "Por que não trouxe essa questão há dois anos?" Lembrou que estava sendo colocada em questão a legitimidade da Corte, citou dados do processo e encaminhou pela rejeição da questão de ordem. Rosa Weber, a ministra mais jovem daquela Corte, rapidamente, votou acompanhando o relator e lembrando que "não se pode, no mesmo processo, voltar atrás". O mesmo fez Luiz Fux. Dias Toffoli pediu a palavra, falou por dez minutos, acompanhou o relator (recordou que um pacto internacional não tem prevalência sobre a Constituição) e criou um sério problema jurídico para o julgamento, pois solicitar seu impedimento, como estava pensando fazer o procurador-geral depois dessa votação, poderia até anulá-la. O silêncio do procurador-geral permitiu que Toffoli rejeitasse o desmembramento. Foi seguido por Cármen Lúcia. Para Cezar Peluso, "não há fato novo, não há enfoque novo", e votou acompanhando o relator. O mesmo fez Gilmar Mendes, que apoiou o foro privilegiado: "Esse caso só está chegando a julgamento por causa do modelo de prerrogativa de foro. Senão seu destino era a prescrição". Marco Aurélio, como esperado, seguiu o revisor. O decano, Celso de Mello, depois, como de hábito, de um longo arrazoado histórico, também votou de acordo com a maioria. Ayres Britto, por fim, votou contra e citou também a Súmula 704, segundo o presidente, "de clareza meridiana". O placar foi de nove votos a favor da rejeição da questão de ordem contra apenas dois pela aceitação. Parecia que Bastos tinha perdido de goleada. Mas conseguiu atrasar em mais um dia o julgamento. E, mais importante, tirou o foco de um possível pedido de suspeição do ministro Toffoli, considerado voto certo pela absolvição dos réus vinculados ao PT, especialmente José Dirceu, seu ex-chefe e colega de partido durante muitos anos.

Somente às 18h47, a palavra retornou ao relator, que fez uma síntese dos fatos contidos no processo. Barbosa apresentou brevemente os argumentos da acusação: "Todos os graves delitos têm início com a vitória do PT no plano nacional" e "[isso] teria como objetivo garantir a permanência do partido no poder". Depois historiou a instrução do processo. Lembrou que:

> o réu Silvio Pereira aceitou proposta de suspensão condicional do processo, oferecida pelo procurador-geral da República com base no artigo 89 da Lei nº 9.099/95. Por tal razão, o processo não foi iniciado contra ele. Relativamen-

te ao réu José Mohamed Janene, foi decretada a extinção da sua punibilidade, tendo em vista seu falecimento em 14 de setembro de 2010.

E encerrou sua sustenção oral de quarenta minutos, apresentando uma síntese das defesas.

Lewandowski, desta vez, concordou celeremente com o teor do relatório, deixando no ar dúvidas das razões que o levaram a ficar seis meses com o processo para revisão e não ter apresentado, mesmo que de forma sucinta, para os padrões daquela Corte, algum comentário mais substancioso. Eram 19h35. Imediatamente, Ayres Britto ensaiou encerrar a sessão. Porém, ainda teve de resolver uma questão de ordem colocada por Alberto Toron, advogado de João Paulo Cunha. Dessa vez, foi resolvida de pronto e somente pelo presidente do STF.

A prometida solicitação do procurador-geral de questionar a participação do ministro Dias Toffoli não ocorreu. Segundo o procurador-geral, isso poderia atrasar ainda mais o início do julgamento. Não deu para entender por que mais algumas horas de discussão – em outra sessão – fosse trazer mais prejuízo ao andamento do processo, que estava previsto para mais de quarenta dias corridos. Principalmente porque se sabia que os ministros estavam divididos e um voto – o de Dias Toffoli – poderia decidir o julgamento. Contudo, Gurgel insistiu que ponderando aspectos técnicos e também estratégicos, a conclusão da Procuradoria-Geral da República foi a de que não convinha ao Ministério Público tomar uma iniciativa que provocaria o adiamento do julgamento ou, até mesmo, a inviabilização do julgamento, pelo menos num prazo relativamente curto. O objetivo do Ministério Público é exatamente o oposto, de que o julgamento aconteça no menor tempo possível.

A sessão foi encerrada às 19h35. Foi um anticlímax. O julgamento começou sem começar. E prenunciava que os trabalhos iriam se desenvolver com lentidão e cercados de formalismo vazio. Mas – e é um paradoxo – através das assessorias de imprensa continuou o embate entre Barbosa e Lewandowski. Estc último, no início da noite, espalhou que tinha ficado "perplexo e estupefato". Ao saber, Barbosa respondeu: "Quem ficou estupefato fui eu". O dia terminou como começou: tenso.

No dia 3, a sessão teve início às 14h25. Os ministros entraram em fila indiana. O último a pisar no plenário foi a grande figura do dia, o procurador-geral da República, Roberto Gurgel. Gordo, com passos lentos, apelidado pelos advogados de defesa de Papai Noel, o cearense caminhou tranquilamente para a sua cadeira. Está com o braço esquerdo lesionado por causa de uma queda, mas o uso de um iPad facilitou a leitura do alentado relatório. Sentou-se, como dispõe o regimento, ao lado direito do presidente Ayres Britto. Gurgel foi duramente atacado nas últimas semanas na CPMI do Cachoeira pelo senador Fernando Collor e pelos blogueiros de aluguel do PT. No relatório, aproveitou para recordar que havia sido vítima de ataques "grosseiros e mentirosos".

Ainda repercutiam a troca de acusações entre os ministros Ricardo Lewandowski e Joaquim Barbosa. Mas as atenções estavam agora concentradas no procurador-geral. A leitura do relatório – que se estendeu por 278 minutos, quase cinco horas – teve apenas uma interrupção, por solicitação do presidente, de trinta minutos, também como reza o regimento. O procurador-geral até tentou continuar por mais alguns minutos a leitura do relatório, que já durava duas horas e onze minutos, mas o ministro Marco Aurélio, sempre irônico, observou que "talvez não tenhamos resistência fisiológica".

Gurgel leu calmamente as dezenas e dezenas de páginas do relatório. A forma de exposição, mesmo com a contundência da acusação, acabou ficando enfadonha. Em alguns momentos – poucos – Gurgel fez de improviso brevíssimos comentários. Ficou a sensação de que seria muito mais racional, na sustentação oral, destacar o que considerava mais importante para a acusação, pois os ministros iriam receber o texto completo da acusação. A mera leitura acabou levando ao desinteresse, bastou observar os ministros: a maioria deles não acompanhou na íntegra a fala do procurador. Alguns, inclusive, se ausentaram longamente do plenário.

Antes de entrar diretamente no processo, Gurgel passou por Nicolau Maquiavel, Norberto Bobbio, Max Weber e Raymundo Faoro. Deste último, que presidiu a Ordem dos Advogados do Brasil (OAB) nos anos 1975-1977, e autor do clássico *Os donos do poder*, o procurador-geral chamou a atenção para a conceituação de Estado patrimonial, uma triste característica nacional:

> Que nasce e se desenvolve com o propósito de manter um círculo impermeável de comando, uma camada dirigente que atua em nome próprio, servida de instrumentos políticos derivados de sua posse do aparelhamento estatal.

E, numa crítica direta ao projeto de poder do PT, disse que o patrimonialismo é "um modelo a partir do qual são mutuamente concedidos favores e vantagens, e se asseguram, de um lado, a perenidade de projetos políticos pessoalizados e de tênue ou nenhum conteúdo republicano".

Como esperado, a acusação dividiu o que chamou de "sofisticada organização criminosa" em três núcleos (político, operacional e financeiro) e insistiu na inter-relação entre eles, o que reforçou a correção da decisão do dia anterior do STF ao recusar o desmembramento do processo. No núcleo político, concentrou as acusações em José Dirceu, que considerou a "principal figura", o "autor intelectual", aquele que "estava rigorosamente em todas". Segundo Gurgel, "nada, absolutamente nada, acontecia sem o consentimento de José Dirceu". Ele foi "o mentor" do mensalão, do esquema que envolvia recursos públicos para obter uma base parlamentar fiel ao governo – demonstrou, com detalhes, a relação entre saques, pagamentos e votações de interesse do governo no Congresso Nacional, como a reforma da Previdência oficial. Grande parte das acusações contra Dirceu teve como base provas testemunhais. Recordou principalmente os depoimentos dos líderes partidários do PTB, PL e PP, respectivamente Roberto Jefferson, Valdemar Costa Neto e Pedro Corrêa. Sabedor que este é um ponto que poderá ser explorado pela defesa, Gurgel invocou a teoria do domínio do fato. Para ele:

> o autor intelectual, quase sempre, não fala ao telefone, não envia mensagens eletrônicas, não assina documentos, não movimenta dinheiro por suas contas, agindo por intermédio de "laranjas", e, na maioria dos casos, não se relaciona diretamente com os agentes que ocupam os níveis secundários da quadrilha. Lida apenas com um ou outro que atua como seu interlocutor, não deixando rastros facilmente perceptíveis da sua ação. Assim, nesses casos, a prova da autoria do crime não é extraída de documentos ou de perícias, mas essencialmente da prova testemunhal, que tem, é claro, o mesmo valor probante das demais provas.

Insistiu que muitos encontros ocorreram no próprio Palácio do Planalto, onde fica o gabinete do chefe da Casa Civil. O que pode ser considerado uma sutil insinuação de que o presidente Lula deveria ter conhecimento, se não de todo, ao menos de parte do esquema do mensalão. Concluiu os 26 minutos dedicados a José Dirceu afirmando que ele era a "principal figura de todo o apurado", o "líder do grupo criminoso", e que, sem sombra de dúvidas,

> comandava de fato o esquema ilícito que resultou no escândalo do mensalão. Sabia da cooptação dos políticos para a composição da base parlamentar de apoio ao governo, sabia que essa base de apoio estava sendo formada à custa de pagamento de vantagens indevidas e, acima de tudo, sabia de onde vinha o dinheiro que era utilizado para pagamento de parlamentares.

José Genoino, Delúbio Soares e Silvio Pereira formariam o segundo escalão do núcleo político, sempre de acordo com Gurgel. Eram meros cumpridores das ordens do "chefe da quadrilha". Delúbio seria "o elo entre Dirceu e os núcleos publicitário e financeiro". Teria movimentado altas quantias. Era ele que indicava a Marcos Valério os beneficiários do esquema e os valores a ser recebidos "dentro da engrenagem de lavagem disponibilizada pelo Banco Rural". Para o ex-professor de Matemática do Ensino Médio, o dia não se mostrou dos mais favoráveis. Entre 1994 e 1998, Delúbio passou mais de cem meses consecutivos sem lecionar; foi exonerado do cargo. E pior: condenado pelo Tribunal de Justiça de Goiás a devolver para o Estado 164 mil reais recebidos indevidamente durante esses anos. Já Genoino, de acordo com a PGR, assinava em nome do partido diversos empréstimos e representava Dirceu nas negociações políticas. Silvio Pereira, secretário-geral do PT, "agia nos bastidores do governo negociando, em nome de José Dirceu, as indicações políticas que, em última análise, proporcionariam o desvio de recursos em prol de parlamentares, partidos políticos e particulares". A *troika* havia sido desnudada. Gurgel acertou ao centrar as investigações no núcleo dirigente do PT. Dessa forma recolheu provas irrefutáveis, como os documentos nos quais Genoino avalizou diversos empréstimos bancários contraídos em nome de Marcos Valério.

Marcos Valério foi citado 197 vezes por Roberto Gurgel e considerado o "cabeça" do núcleo operacional – principal articulador dos empréstimos e transferências de recursos dos bancos para os partidos (só Valdemar Costa Neto, de acordo com Gurgel, teria recebido 8,8 milhões de reais; a Roberto Jefferson foi prometido 20 milhões de reais, mas pagos somente 4,54 milhões). Foi exposto didaticamente como Marcos Valério, de acordo com a acusação, teria efetuado empréstimos bancários (nos bancos Rural e BMG) e pagamentos fictícios de trabalhos não realizados para desviar milhões de reais para o PT e seus apoiadores no Congresso Nacional. Se Dirceu "foi o mentor do esquema", Valério "foi o seu principal operador" e "homem de confiança" do ex-chefe da Casa Civil. Gurgel explicou o esquema no que chamou de "apertadíssima síntese":

> [...] efetuados os acordos com os partidos políticos e os parlamentares, a cargo de José Genoino e sob firme comando de José Dirceu, cabia a Delúbio Soares transmitir a Marcos Valério os valores a serem repassados e os nomes dos respectivos beneficiários. Com a informação, Marcos Valério, valendo-se da colaboração de Simone Vasconcelos e Geiza Dias, providenciava o dinheiro e a sua entrega ao beneficiário. A entrega do dinheiro era feita em agências bancárias e, também, em quartos de hotel.

Destacou que os pagamentos eram de valores elevados e que Simone disse que

> tinha verdadeiro pavor em sair da agência bancária portando grandes quantias em dinheiro. Certa vez, solicitou que um carro-forte fosse levar 650 mil reais para o prédio da Confederação Nacional do Comércio, local onde funcionava a filial da SMP&B em Brasília (DF).

Para Gurgel, Marcos Valério só poderia ter realizado as funções atribuídas pelo esquema com a colaboração dos seus sócios Cristiano Paz, Ramon Hollerbach e Rogério Tolentino, que transformaram as empresas em instrumentos para facilitar e encobrir as ações criminosas mediante de fraudes contábeis:

> [...] a condição de sócio das empresas era apenas um aspecto formal de fachada. Na prática, todos, indistintamente, geriam as empresas, do mesmo modo que, também juntos, geriam o esquema ilícito de corrupção, desvio de recursos públicos e lavagem de dinheiro.

Foi através da SMP&B que o publicitário Duda Mendonça recebeu o pagamento de 11,2 milhões de reais pelos serviços prestados na campanha eleitoral à presidência de 2002. Como de hábito, foi usada uma agência do Banco Rural, neste caso, em São Paulo, onde foram pagos 400 mil reais. Os 10,8 milhões, de acordo com Gurgel, foram depositados em uma conta nas Bahamas, por exigência do publicitário, com o objetivo de

> dissimular a natureza, origem, localização, movimentação, propriedade e destinação final dos valores provenientes de organização criminosa dedicada à prática de crimes contra a administração pública e contra o sistema financeiro nacional.

No final da longa exposição, Gurgel não pediu a condenação de Luiz Gushiken e Antonio Lamas. Argumentou que não havia provas suficientes para enquadrá-los.

Dessa forma, o processo ficaria reduzido a 36 acusados. Mesmo assim, todos os 38 acusados seriam julgados pelo STF. Fechou a dura acusação aos réus afirmando que o mensalão "foi o mais atrevido e escandaloso caso de corrupção, de desvio de dinheiro público flagrado no Brasil. Maculou gravemente a República". E solicitou a expedição de mandados de prisão imediatamente após o julgamento, impedindo, dessa forma, que pudessem recorrer em liberdade. Terminou, ironicamente, citando alguns versos da música "Vai passar", de Chico Buarque,

que é de todos conhecido como apoiador entusiasta das duas presidências petistas: "Dormia/a nossa Pátria mãe tão distraída/sem perceber que era subtraída/em tenebrosas transações".

Antes de encerrar a sessão, o advogado Marcelo Leonardo, que defendia Marcos Valério, solicitou mais uma hora, além da que já fora concedida pelo tribunal, para expor suas razões. Pedido certamente marcado pelo exagero. Gurgel teve, em média, sete minutos para acusar cada um dos réus, enquanto para os advogados de defesa estava estabelecido um tempo oito vezes superior. Como esperado, a questão foi negada de pronto por Ayres Britto. Parecia que o presidente estava querendo efetivamente assumir com firmeza a direção dos trabalhos. Tinha sido muito criticado pela tibieza demonstrada no dia anterior.

Como seria de esperar, os boatos tomaram conta de Brasília. Um deles era de que o ministro Cezar Peluso não teria tempo hábil para votar, pois se aposentaria obrigatoriamente no dia 3 de setembro, quando completaria setenta anos, o que poderia, de acordo com os advogados de defesa, favorecer os réus, pois ele tenderia a condenar os mensaleiros. Outro boato é de que, caso fossem condenados, advogados de alguns mensaleiros iriam recorrer à Corte Interamericana de Direitos Humanos da Organização dos Estados Americanos (OEA), argumentando que o STF teria violado garantias e direitos individuais.

A divulgação de uma grotesca nota assinada por trinta advogados do PT deu um tom ameaçador à continuidade do julgamento e à cobertura da imprensa. Segundo eles, a expressão "mensalão" exprimia um juízo de valor pejorativo. Melhor seria usar a designação para o escândalo de "Ação Penal 470". E ameaçaram tomar medidas judiciais se não fosse adotada a nova terminologia. Mas, como não estamos na Venezuela, a "determinação" virou piada. Para fechar o dia, e em temperatura bem alta, Joaquim Barbosa, por meio de sua assessoria de imprensa, divulgou uma nota, sem citar nomes, mas claramente dirigida a Marco Aurélio, que tinha criticado Barbosa, considerando que ele não teria agido em relação a Lewandowski com urbanidade. Barbosa escreveu:

> Em qualquer atividade humana, urbanidade e responsabilidade são qualidades que não se excluem. Mas, às vezes, a urbanidade presta-se a ocultar a falta de responsabilidade. A propósito, é com extrema urbanidade que muitas vezes se praticam as mais sórdidas ações contra o interesse público.

É, a semana que iria se iniciar com as defesas prometia ainda muitas emoções. E nada indicava que a "urbanidade" iria reinar entre os ministros.

Terceiro recesso: réus, crimes e penas previstas

RÉU	CRIMES	PENAS
José Dirceu de Oliveira e Silva	Formação de quadrilha	Reclusão, de 1 a 3 anos.
	Corrupção ativa (9x)	Reclusão, de 2 a 12 anos, e multa.
José Genoino Neto	Formação de quadrilha	Reclusão, de 1 a 3 anos.
	Corrupção ativa (9x)	Reclusão, de 2 a 12 anos, e multa.
Delúbio Soares Castro	Formação de quadrilha	Reclusão, de 1 a 3 anos.
	Corrupção ativa (9x)	Reclusão, de 2 a 12 anos, e multa.
Sílvio José Pereira – acordo de transação penal	Formação de quadrilha	Reclusão, de 1 a 3 anos.
Marcos Valério Fernandes de Souza	Formação de quadrilha	Reclusão, de 1 a 3 anos.
	Corrupção ativa (11x)	Reclusão, de 2 a 12 anos, e multa.
	Peculato (6x)	Reclusão, de 2 a 12 anos, e multa.
	Lavagem de dinheiro (65x)	Reclusão, de 3 a 10 anos, e multa. A pena será aumentada de um a dois terços, se os crimes definidos nesta Lei forem cometidos de forma reiterada ou por intermédio de organização criminosa.
	Evasão de divisas (53x)	Reclusão, de 2 a 6 anos, e multa.
Ramon Hollerbach Cardoso	Formação de quadrilha	Reclusão, de 2 a 12 anos, e multa.

RÉU	CRIMES	PENAS
Ramon Hollerbach Cardoso	Corrupção ativa (11x)	Reclusão, de 1 a 3 anos.
	Peculato (6x)	Reclusão, de 2 a 12 anos, e multa.
	Lavagem de dinheiro (65x)	Reclusão, de 3 a 10 anos, e multa. A pena será aumentada de um a dois terços, se os crimes definidos nesta Lei forem cometidos de forma reiterada ou por intermédio de organização criminosa.
	Evasão de divisas (53x)	Reclusão, de 2 a 6 anos, e multa.
Cristiano de Mello Paz	Formação de quadrilha	Reclusão, de 1 a 3 anos.
	Corrupção ativa (11x)	Reclusão, de 2 a 12 anos, e multa.
	Peculato (6x)	Reclusão, de 2 a 12 anos, e multa.
	Lavagem de dinheiro (65x)	Reclusão, de 3 a 10 anos, e multa. A pena será aumentada de um a dois terços, se os crimes definidos nesta Lei forem cometidos de forma reiterada ou por intermédio de organização criminosa.
	Evasão de divisas (53x)	Reclusão, de 2 a 6 anos, e multa.
Rogério Lanza Tolentino	Formação de quadrilha	Reclusão, de 1 a 3 anos.
	Corrupção ativa (11x)	Reclusão, de 2 a 12 anos, e multa.

RÉU	CRIMES	PENAS
Rogério Lanza Tolentino	Lavagem de dinheiro (65x)	Reclusão, de 3 a 10 anos, e multa. A pena será aumentada de um a dois terços, se os crimes definidos nesta Lei forem cometidos de forma reiterada ou por intermédio de organização criminosa.
Simone Reis Lobo de Vasconcelos	Formação de quadrilha	Reclusão, de 1 a 3 anos.
	Lavagem de dinheiro (65x)	Reclusão, de 2 a 12 anos, e multa.
	Corrupção ativa (9x)	Reclusão, de 3 a 10 anos, e multa. A pena será aumentada de um a dois terços, se os crimes definidos nesta Lei forem cometidos de forma reiterada ou por intermédio de organização criminosa.
	Evasão de divisas (53x)	Reclusão, de 2 a 6 anos, e multa.
Geiza Dias dos Santos	Formação de quadrilha	Reclusão, de 1 a 3 anos.
	Lavagem de dinheiro (65x)	Reclusão, de 2 a 12 anos, e multa.
	Corrupção ativa (9x)	Reclusão, de 3 a 10 anos, e multa. A pena será aumentada de um a dois terços, se os crimes definidos nesta Lei forem cometidos de forma reiterada ou por intermédio de organização criminosa.
	Evasão de divisas (53x)	Reclusão, de 2 a 6 anos, e multa.

RÉU	CRIMES	PENAS
Kátia Rabello	Formação de quadrilha	Reclusão, de 1 a 3 anos.
	Lavagem de dinheiro (65x)	Reclusão, de 3 a 10 anos, e multa.
	Gestão fraudulenta	Reclusão, de 3 a 12 anos, e multa.
	Evasão de divisas (27x)	Reclusão, de 2 a 6 anos, e multa.
José Roberto Salgado	Formação de quadrilha	Reclusão, de 1 a 3 anos.
	Lavagem de dinheiro (65x)	Reclusão, de 3 a 10 anos, e multa.
	Gestão fraudulenta	Reclusão, de 3 a 12 anos, e multa.
	Evasão de divisas (27x)	Reclusão, de 2 a 6 anos, e multa.
Vinícius Samarane	Formação de quadrilha	Reclusão, de 1 a 3 anos.
	Lavagem de dinheiro (65x)	Reclusão, de 3 a 10 anos, e multa.
	Gestão fraudulenta	Reclusão, de 3 a 12 anos, e multa.
	Evasão de divisas (27x)	Reclusão, de 2 a 6 anos, e multa.
Ayanna Tenório Torres de Jesus	Formação de quadrilha	Reclusão, de 1 a 3 anos.
	Gestão fraudulenta	Reclusão, de 3 a 12 anos, e multa.
João Paulo Cunha	Corrupção passiva	Reclusão, de 2 a 12 anos, e multa.
	Lavagem de dinheiro	Reclusão, de 3 a 10 anos, e multa.
	Peculato (2x)	Reclusão, de 2 a 12 anos, e multa.

RÉU	CRIMES	PENAS
Luiz Gushiken – pedido de absolvição em alegações finais, com base no art. 386, inciso VII do Código de Processo Penal. O pedido foi acatado pelos ministros.	Peculato (4x)	Reclusão, de 2 a 12 anos, e multa.
Henrique Pizzolato	Peculato (5x)	Reclusão, de 2 a 12 anos, e multa.
	Corrupção passiva	Reclusão, de 2 a 12 anos, e multa.
	Lavagem de dinheiro	Reclusão, de 3 a 10 anos, e multa.
Pedro da Silva Corrêa de Oliveira Andrade Neto	Formação de quadrilha	Reclusão, de 1 a 3 anos.
	Corrupção passiva	Reclusão, de 2 a 12 anos, e multa.
	Lavagem de dinheiro (15x)	Reclusão, de 3 a 10 anos, e multa.
José Mohamed Janene - falecido	Formação de quadrilha	Reclusão, de 1 a 3 anos.
	Corrupção passiva	Reclusão, de 2 a 12 anos, e multa.
	Lavagem de dinheiro (15x)	Reclusão, de 3 a 10 anos, e multa.
Pedro Henry Neto	Formação de quadrilha	Reclusão, de 1 a 3 anos.
	Corrupção passiva	Reclusão, de 2 a 12 anos, e multa.
	Lavagem de dinheiro (15x)	Reclusão, de 3 a 10 anos, e multa.
João Cláudio de Carvalho Genu	Formação de quadrilha	Reclusão, de 1 a 3 anos.
	Corrupção passiva (3x)	Reclusão, de 2 a 12 anos, e multa.
	Lavagem de dinheiro (15x)	Reclusão, de 3 a 10 anos, e multa.

RÉU	CRIMES	PENAS
Enivaldo Quadrado	Formação de quadrilha	Reclusão, de 1 a 3 anos.
	Lavagem de dinheiro (11x)	Reclusão, de 3 a 10 anos, e multa.
Breno Fischberg	Formação de quadrilha	Reclusão, de 1 a 3 anos.
	Lavagem de dinheiro (11x)	Reclusão, de 3 a 10 anos, e multa.
Carlos Alberto Quaglia	Formação de quadrilha	Reclusão, de 1 a 3 anos.
	Lavagem de dinheiro (7x)	Reclusão, de 3 a 10 anos, e multa.
Valdemar Costa Neto	Formação de quadrilha	Reclusão, de 1 a 3 anos.
	Corrupção passiva	Reclusão, de 2 a 12 anos, e multa.
	Lavagem de dinheiro (41x)	Reclusão, de 3 a 10 anos, e multa.
Jacinto de Souza Lamas	Formação de quadrilha	Reclusão, de 1 a 3 anos.
	Corrupção passiva	Reclusão, de 2 a 12 anos, e multa.
	Lavagem de dinheiro (40x)	Reclusão, de 3 a 10 anos, e multa.
Antônio de Pádua de Souza Lamas – pedido de absolvição em alegações finais, com base no art. 386, inciso VII do Código de Processo Penal. O pedido foi acatado pelos ministros.	Formação de quadrilha	Reclusão, de 1 a 3 anos.
	Lavagem de dinheiro	Reclusão, de 3 a 10 anos, e multa.
Carlos Alberto Rodrigues Pinto (Bispo Rodrigues)	Corrupção passiva	Reclusão, de 2 a 12 anos, e multa.
	Lavagem de dinheiro (2x)	Reclusão, de 3 a 10 anos, e multa.
Roberto Jefferson Monteiro Francisco	Corrupção passiva	Reclusão, de 2 a 12 anos, e multa.

RÉU	CRIMES	PENAS
Roberto Jefferson Monteiro Francisco	Lavagem de dinheiro (7x)	Reclusão, de 3 a 10 anos, e multa.
Emerson Eloy Palmieri	Corrupção passiva (3x)	Reclusão, de 2 a 12 anos, e multa.
	Lavagem de dinheiro (10x)	Reclusão, de 3 a 10 anos, e multa.
Romeu Ferreira Queiroz	Corrupção passiva	Reclusão, de 2 a 12 anos, e multa.
	Lavagem de dinheiro (4x)	Reclusão, de 3 a 10 anos, e multa.
José Rodrigues Borba	Corrupção passiva	Reclusão, de 2 a 12 anos, e multa.
Paulo Roberto Galvão da Rocha	Lavagem de dinheiro (8x)	Reclusão, de 3 a 10 anos, e multa.
Anita Leocádia Pereira da Costa	Lavagem de dinheiro (7x)	Reclusão, de 3 a 10 anos, e multa.
Luiz Carlos da Silva (Professor Luizinho)	Lavagem de dinheiro	Reclusão, de 3 a 10 anos, e multa.
João Magno de Moura	Lavagem de dinheiro (4x)	Reclusão, de 3 a 10 anos, e multa.
Anderson Adauto Pereira	Corrupção ativa (2x)	Reclusão, de 2 a 12 anos, e multa.
	Lavagem de dinheiro (16x)	Reclusão, de 3 a 10 anos, e multa.
José Luiz Alves	Lavagem de dinheiro (16x)	Reclusão, de 3 a 10 anos, e multa.
José Eduardo Cavalcanti de Mendonça (Duda Mendonça)	Lavagem de dinheiro (53x)	Reclusão, de 3 a 10 anos, e multa.
	Evasão de divisas	Reclusão, de 2 a 6 anos, e multa.
Zilmar Fernandes Silva	Lavagem de dinheiro (53x)	Reclusão, de 3 a 10 anos, e multa.
	Evasão de divisas	Reclusão, de 2 a 6 anos, e multa.

CRIMES COMETIDOS

- Formação de quadrilha (artigo 288 do Código Penal)
- Falsidade ideológica (artigo 299 do Código Penal)
- Peculato (artigo 312 do Código Penal)
- Corrupção ativa (artigo 333 do Código Penal)
- Corrupção passiva (artigo 317 do Código Penal)
- Lavagem de dinheiro (artigo 1º, incisos V, VI e VII, da Lei nº 9.613/98)
- Gestão fraudulenta (artigo 4º da Lei nº 7.492/86)
- Evasão de divisas (artigo 22, parágrafo único, da Lei nº 7.492/86)

Fonte: MPF

o destino bate à porta

Na segunda-feira, 6 de agosto, Brasília amanheceu aguardando o primeiro dia das sustentações orais de cada defesa. Todas as atenções estavam voltadas para o prédio do Supremo Tribunal Federal. Às 14h31 foi aberta a sessão. O primeiro réu da lista dos 38 era o todo-poderoso José Dirceu, ex-chefe da Casa Civil e homem forte do PT, controlador da máquina partidária – muito mais um homem dos bastidores do que um líder de massas. Ao longo de quatro décadas, construiu uma série de historietas inverossímeis acerca de sua militância contra a ditadura. Depois do banimento, em 1969, permaneceu dois anos em Cuba. Teria voltado ao Brasil e, pouco depois, regressado a Cuba, feito uma operação plástica (não há nenhuma testemunha do fato) e voltado novamente ao Brasil. Para quê? Para combater a ditadura? Não. Instalou-se em Cruzeiro do Oeste, uma cidadezinha do oeste do Paraná, e lá acabou vivendo com uma moça, pequena empresária, que tinha uma loja chamada Magazine do Homem. Passava os dias no ócio. Não teve qualquer participação política. Em agosto de 1979, após a aprovação da Lei de Anistia, abandonou a mulher, um filho pequeno de um ano e teria voltado a Cuba para fazer nova cirurgia plástica. De regresso ao Brasil, começou a militar no PT.

Se a história de José Dirceu é marcada pela fantasia, sua defesa no processo do mensalão não ficou atrás. Era acusado de formação de quadrilha (o "chefe", no entender da PGR) e de corrupção ativa (neste caso, nove vezes). José Lins de Oliveira Lima, o Juca, não fazia parte da seleta lista dos principais criminalistas do país. Mas tinha um bom padrinho: era sobrinho de José Carlos Dias. Pouco antes, Dirceu tinha "plantado" na imprensa que desejava fazer a própria defesa, como Fidel Castro, em 1953, quando foi processado pelo ataque ao quartel Moncada. Pura balela. Depois afirmou que pretendia liderar movimentos sociais para pressionar o STF. Mais uma balela. Sempre contando com generoso espaço na imprensa, não perdeu tempo ao ver o dia de sua defesa se aproximar: disse que a assistiria pela televisão, deitado numa rede – tudo, claro, para demonstrar que tinha nervos de aço.

Juca falou apenas por quarenta minutos. Não fez uma defesa consistente[1]. Perdeu cinco minutos

1 José Dirceu publicou no seu blog a íntegra da defesa. Disponível em: <www.zedirceu.com.br/a_94562986/memoriais.pdf>. Acesso em: 20 ago. 2012.

com as homenagens aos ministros (Celso de Mello e Marco Aurélio) – curiosa prática dos causídicos que se repetiu diversas vezes durante todo o período das sustentações orais. Falou que Mello "nunca se deixou pressionar, nunca vergou". Estranho se fosse o contrário... Recordou ainda que Mello tinha votado pela absolvição de Collor. O elogio era um sinal dos tristes tempos vividos pelo Brasil. Disse ainda que "não há nenhuma prova ou circunstância que incrimine o meu cliente". Não houve compra de votos. Citou testemunhas para dar sustentação à tese de que Dirceu não tinha tempo para cuidar do PT e que dedicava exclusivamente às tarefas de governo. As testemunhas: quase todas eram petistas e, quando não, pertenciam à chamada base aliada, como Michel Temer. Insistiu o advogado: "Não vou pedir a absolvição de Dirceu pelo seu passado, ele tem folha de serviços prestados ao país. Não estou em um debate político. Vou pedir a absolvição com base no que consta na Ação Penal 470". Considerou normal receber empresários no gabinete, mesmo quando acompanhados de Marcos Valério e Delúbio Soares. Afirmou que seu cliente não era chefe de quadrilha e que as indicações a cargos faziam parte do trabalho de coordenação política da base aliada. Dando um tom épico à sua fala e ironizando a fala de Gurgel, concluiu: "O pedido de condenação de Dirceu é o mais atrevido e escandaloso ataque à Constituição Federal". Ainda de acordo com a imprensa, ao sair da tribuna, teria recebido uma mensagem pessoal do seu cliente: "Sou teu devedor para o resto da tua vida".

Luiz Fernando Pacheco assumiu a tribuna para defender José Genoino. Com voz rouca, respiração pesada e a todo momento passando o dorso da mão direita no nariz, começou saudando, como um líder sindical, "a sofrida classe dos servidores do Judiciário". Voltando ao julgamento, manteve o tom político, afirmando que a "população está convencida de que o mensalão é uma farsa", e que o PT "tinha sido absolvido pelas urnas". Em seguida, gastou seis minutos para historiar a vida do seu cliente. Finalmente, começou a enfrentar as acusações contra Genoino, as mesmas de José Dirceu. Imputou a Delúbio Soares a responsabilidade pelos dois empréstimos, os quais Genoino avalizou como presidente do PT, explicando que seu cliente não era responsável pela área financeira do partido. Estava sendo processado só porque presidia o partido: "Foi presidente do PT, então vai para a cadeia. Não porque ele fez algo, mas porque foi". Citou vários petistas que reforçaram a idoneidade do ex-deputado. Voltou a fazer um discurso "de esquerda", lembrou que seu cliente era "uma verdadeira pessoa de esquerda" e que esperava que chegasse ao final "o calvário de um homem inocente". Por fim, considerou a denúncia uma extensão do direito penal nazista, o que é, convenhamos, um despropósito.

Até este momento, os advogados não tinham ocupado mais de quarenta minutos cada um para defender os réus. Às 15h59 chegou a hora de Delúbio Soares, o tesoureiro do PT.[2] Quem o defendia era o advogado Arnaldo Malheiros, o criador da

2 Delúbio Soares publicou em seu blog a sua defesa. Disponível em: <http://delubio.com.br/blog/2011/09/4758/>. Acesso em: 20 ago. 2012.

tese do caixa dois – um meio de minimizar os crimes transformando-os em algo rotineiro, típico das eleições tupiniquins. Portanto, se havia crime, era eleitoral. Falou pouco: 35 minutos. Diversamente de Genoino, "Delúbio nunca se envolveu com a questão do jogo político. A responsabilidade dele era procurar dinheiro para custear a campanha. Aí não há corrupção". Para Malheiros, "a verdade é que a prova é pífia, esgarçada e não se presta à condenação de Delúbio". Ele "não se furta a responder por aquilo que fez", mas "não corrompeu ninguém". Relembrou como o PT obteve o apoio do PL e de José Alencar para a chapa de Lula. Falou tranquilamente da compra do PL por 10 milhões. Tudo como se fosse algo absolutamente rotineiro, normal, da política.

Dos dezoito deputados citados pelo defensor, nenhum disse que era para compra de votos, nada disso, muito pelo contrário. O dinheiro era destinado a pagar gastos de campanha, mesmo quando o recebimento estava muito distante das eleições de 2002.

Malheiros reconheceu o ilícito do caixa dois, repetindo várias vezes o mesmo argumento, e descaracterizou a existência do mensalão – tudo para evitar o enfrentamento das duas acusações que pesavam sobre Delúbio: formação de quadrilha e corrupção ativa (esta por nove vezes). Não convenceu. Restou no final recordar até a crucificação de Jesus Cristo e associar, de forma livre – e haja liberdade! – a libertação de Barrabás pelo clamor popular à cobertura que a imprensa está realizando do julgamento.

Depois do intervalo de 48 minutos, foi a vez de se dirigir à tribuna o advogado Marcelo Leonardo. Defensor de Marcos Valério desde junho de 2005, definiu a tese do caixa dois como elemento explicativo central do escândalo e acompanhou Valério na CPMI dos Correios. Estava presente em 2007, quando veio à tona a denúncia. Atacou as provas obtidas na CPMI e sua utilização na ação penal. Não tinha tarefa fácil. Muito pelo contrário. Seu cliente era acusado de formação de quadrilha, corrupção ativa (onze vezes), peculato (seis vezes), lavagem de dinheiro (65 vezes) e evasão de divisas (53 vezes). Das "figuras de expressão" do processo, era certamente o mais enroscado. Dificilmente sairia sem uma condenação exemplar. Tentou desqualificar as provas ("criação mental do acusador"), defendeu as empresas do cliente, justificou os encontros com acusados no processo e buscou uma defesa articulada com outros réus. Foi o primeiro a ocupar todo o tempo da defesa (e ainda reclamou: "Tenho ainda três minutos, isso parece tortura psicológica"). Sabia que seu cliente seria condenado. Restou encerrar bombasticamente, como já tinham feito outros colegas: "Marcos Valério não é troféu ou personagem a ser sacrificado em palco midiático. Foi julgado e condenado sem direito à defesa".

O auditório estava esvaziado. O cansaço tomou conta de todos. Os ministros manifestavam o desejo de ver logo encerrada a sessão. Porém, ainda faltava um réu: Ramon Hollerbach Cardoso, sócio de Marcos Valério. Era acusado dos mesmos crimes, desde 2005, quando o escândalo foi revelado, mas não teve a importância dada a Valério. Para o grande público, era um desconhecido. Seu advogado, Hermes Vilchez Guerrero, simpático, bem articulado, lembrou que seu cliente "era discreto", que em sua empresa havia uma divisão de funções e ele era responsável pela criação; desconhecia o que corria no setor financeiro – responsabilidade de Valério – e só teria desenvolvido atividades lícitas. Resolveu encerrar – e já eram 19h11 – citando uma passagem muito conhecida de Alexandre Herculano: "Debaixo dos pés de cada geração que passa na terra dormem as cinzas de muitas gerações que a precederam". Mas ficam duas indagações: que relação há entre a citação e o processo contra Hollerbach? E o que Herculano tem a ver com o mensalão? Restou ao paciente Ayres Britto encerrar a sessão.

Como de praxe, a sessão do dia 7 começou com 28 minutos de atraso. O único ministro que chegou no horário – na verdade, dois minutos antes do início marcado para trabalhos – foi Marco Aurélio. Depois de aberta a sessão, a palavra foi dada ao advogado Castelar Modesto Guimarães

Filho, que defende o réu Cristiano de Mello Paz, sócio de Marcos Valério na SMP&B e na Graffiti. Também como está virando tradição, o advogado fez questão de citar o ministro Celso de Mello, que, se não é vaidoso, tem tudo para ser após o final do julgamento, depois de tantos elogios e loas à sua sapiência jurídica.

Guimarães estava resfriado. Parecia que o clima de Brasília andava conspirando contra os advogados de defesa. Falou por 38 minutos. Insistiu que seu cliente de nada sabia e que nas empresas SMP&B e Graffiti só desempenhava funções lícitas: "As atividades de Cristiano não se mesclavam porque eram inteiramente lícitas". Era um *workaholic*: o primeiro a chegar e o último a sair da agência. Trabalhava na área de criação. Nada sabia do que se passava na área financeira. Implicitamente, estava transferindo para Valério a responsabilidade dos crimes. Contudo, o advogado reconheceu que seu cliente foi avalista dos empréstimos para o PT efetuados no BMG e no Banco Rural. E até explicou a razão: queria ganhar a conta publicitária do partido. Esse reconhecimento acabou enfraquecendo a tese de que nada sabia, como afirmou seu defensor.

O clima da sessão era de *siesta*, de certo desinteresse, como se os ministros estivessem repousando após o almoço. Nenhum chegou a cochilar, como no dia anterior, mas não demonstravam estar acompanhado com atenção a sustentação oral. Porém, a defesa de Rogério Tolentino – sócio informal de Marcos Valério, segundo a PGR –, realizada pelo advogado Paulo Sérgio Abreu e Lima, certamente despertou os ministros. Foi agressiva, irônica em excesso e até deselegante. Abreu e Lima quis ser gentil com a ministra Cármen Lúcia, mas meteu os pés pelas mãos. Recordou que os dois haviam sido professores da PUC-MG e mostrou-se admirado com a posição da colega, que tinha chegado a tão alto posto. O elogio acabou passando um certo ar de galhofa. Em determinado momento clamou: "Prestem atenção, ministros!", como se estivesse numa sala de aula com alunos travessos.

Atacou duramente a PGR, considerando a denúncia "um roteiro para as novelas das oito". E mais: "Eu acho e já afirmei, algum auxiliar do eminente procurador, que sustentou esta denúncia, que tenho para mim como ruim e fraca, teve preguiça mental de ler os autos". Teve de reconhecer, porém, que seu cliente fez um empréstimo de 10 milhões no Banco BMG, recebeu da SMP&B 1,49 milhão de reais em recursos não declarados e que "entregou três cheques em branco à SMP&B e, por ordem de Marcos Valério, Simone Vasconcelos os preencheu para a Bônus Banval". Os cheques foram repassados para três políticos do PP (Pedro Henry, Pedro Corrêa e José Janene). Falou com naturalidade sobre os cheques, como se fosse algo rotineiro. Repetiu a tese da existência do caixa dois – pedra de toque de vários defensores –, diminuindo ao máximo o papel de seu cliente no escândalo. Chegou a ridicularizar a acusação da PGR a respeito da viagem a Portugal com o objetivo de obter recursos para o mensalão. Negou. Tolentino teria realizado apenas "turismo remunerado. Deve ter comido um belo bacalhau, pastel de Belém; vinho, não, porque não bebe". E encerrou a histriônica defesa em 49 minutos.

Leonardo Yarochewsky iniciou sua defesa homenageando – haja homenagens! – um dos ministros julgadores. Desta vez não era Celso de Mello – que, com tantas loas já devia estar se sentindo um Rui Barbosa redivivo, e, não seria exagero imaginar, que até o final do julgamento pudesse ainda ser chamado de "Águia de Tatuí". O "homenageado" seria Ayres Britto. Do simpático presidente do STF foi pinçada uma espécie de pensamento matinal. Leu, então, o advogado – diga-se, em tempo, não estava resfriado:

> Abro as janelas do Direito para o mundo circundante, não para fugir do fundamento técnico, científico, mas meu olhar sobre o dispositivo jurídico é influenciado pela vida vivida. O Direito é vida pensada pelo legislador, mas a decisão tem de ser vida vivida.

Como foi corriqueiro nesse julgamento, o pensamento não teve qualquer relação com a defesa, mas isso parecia pouco relevante para os causídicos. O defensor de Simone Vasconcelos descreveu detalhadamente as atribuições da sua cliente. E seus atributos também. Ressaltou que sua beleza levou a que fosse lembrada por muitos dos depoentes. Destacou que ela era simplesmente uma funcionária, que "o dinheiro não lhe pertencia. Muitas das pessoas para quem ela entregou o dinheiro, ela identificava por roupa, na hora". Continuou:

> Ela não conhecia, não sabia quem eram os parlamentares [que recebiam o dinheiro]. Ela sabia que era um empréstimo, que era para o PT. O que o patrão faz com o dinheiro, ainda que seja jogar no lixo, não cabe ao funcionário questionar.

Justificou a utilização dos carros-fortes com a maior naturalidade, como meio de se proteger dos "ladrões":

> Ela tinha verdadeiro pavor de sair com o dinheiro, porque o dinheiro não era dela. Ela pegou um carro-forte, sim. E como sair da agência com aquele monte de dinheiro, em caixa? Tinha que ser em carro-forte mesmo, e era ordem do patrão. Uma vez ela perguntou: por que não mandar em doc? E Marcos Valério respondeu: "Porque tinha de ser".

Yarochewsky até mesmo destacou o perigo que sua cliente havia corrido ao movimentar tão altas quantias – falou até das "saidinhas", denominação popular dada aos assaltos realizados próximos às agências bancárias, onde, geralmente, os mais visados são os idosos. Ainda no capítulo que poderia ser chamado de condições inadequadas de trabalho, falou várias vezes que a sala onde Simone trabalhava era conhecida como "porão", e que não tinha sequer uma mesa exclusiva para trabalhar. Dividia a mesa com outra funcionária. Só faltou dizer que poderia entrar com um processo na justiça trabalhista, dadas as condições quase insalubres de trabalho a que sua cliente era submetida.

O advogado se esmerou na defesa. Foi da novela global *Avenida Brasil* – comentando que até no folhetim os personagens falam de bando e quadrilha: "Virou moda, porque é bonito falar" – até tentativas de dar um ar histórico às suas palavras: "Isso remonta à idade medieval, em que o indivíduo era punido por aquilo que era, isso remonta ao Código de Hamurabi" – exemplos distanciados no tempo por mais de vinte séculos e absolutamente díspares. Em certo momento da sustentação oral, seis ministros se ausentaram do plenário: o menor quórum até então. Mesmo Ayres Britto – o que julga, como foi lembrado por Yarochewsky, pela "vida vivida" – transferiu a direção da sessão para o decano Celso de Mello, pois o vice-presidente, Joaquim Barbosa, também tinha se ausentado. Desinteresse? Enfado? Cansaço (mas era apenas a segunda sustentação)? Contudo, o pior ainda estava por vir. O encerramento da defesa ganhou uns versos da música "Apesar de você", de Chico Buarque, com olhar dirigido ao procurador-geral, como se ele fosse o representante de um poder discricionário, tal qual o ministro da Justiça de Costa e Silva, Gama e Silva, para quem havia sido dirigida originalmente a música. Não custa imaginar o que estaria pensando um observador estrangeiro ao ver citado duas vezes Chico Buarque em julgamento de tal relevância. É o Shakespeare brasileiro? Ou as citações são exemplos do empobrecimento cultural tupiniquim? O otimista lembraria que, ao menos, o advogado só leu e não cantou para os ministros, a plateia e os milhares de telespectadores.

A defesa de Simone Vasconcelos encerrou a sustentação antes do prazo regulamentar de uma hora. Ayres Britto então informou que a sessão seria interrompida por trinta minutos, mas, antes de formalizar a suspensão, foi interrompido pela ministra Cármen Lúcia, presidente do Tribunal Superior Eleitoral, que comunicava sua ausência na segunda parte da sessão, pois tinha compromissos no Tribunal. Para se justificar, alegou que ouviria no dia seguinte a gravação da sustentação dos dois advogados que defendiam Geiza Dias dos Santos e Kátia Rabello. Era a primeira ausência de um ministro no julgamento e causou estranheza dada a importância do momento: será que não era possível adiar por algumas horas – não mais que duas, pois faltava apenas o pronunciamento de dois defensores – os compromissos do TSE? Mas, como o que é ruim pode piorar, o ministro Marco Aurélio comunicou a seus pares que também se ausentaria de uma sessão do julgamento, no dia 10, pois já havia assumido um compromisso antes de o STF estabelecer o calendário dos trabalhos.

Logo após o intervalo – sempre superior aos trinta minutos, como anunciado pelo presidente e disposto no regimento –, José Carlos Dias, advogado da ré Kátia Rabello, solicitou uma questão de ordem. Argumentou que sua sustentação oral estaria prejudicada pela ausência da ministra, que não ouviria seus argumentos. Em pouco mais de dez minutos, os ministros resolveram a questão, indeferindo-a por dez votos a zero. Em seguida, dirigiu-se à tribuna novamente o advogado Paulo Sérgio Abreu e Silva, agora para defender a funcionária da SMP&B, Geiza Dias dos Santos. Manteve o estilo "deixa que eu chuto". Disse que sua cliente era apenas subalterna de Simone Vasconcelos, uma moça pobre, que recebia mensalmente 1.700 reais e que não passava de "uma funcionária mequetrefe". Isso mesmo, mequetrefe. Poderia ser pior, pelo que informou no dia posterior: "Pensei em referir-me a ela como funcionária 'baranga', mas seria muito deselegante e inapropriado. Estava lá em casa, semana passada, tomando uma cerveja e o 'mequetrefe' apareceu, como uma luz. Falei: é esse". Segundo ele, sua cliente telefonou, após a sustentação oral, e "dava risada. Disse que adorou".

Geiza, de acordo com seu defensor, simplesmente "cumpria ordens, trabalhava no terceiro ou quarto escalão". Ela "não tinha poder de gestão ou qualquer autonomia para agir na empresa". Então, qual era a sua função? Respondeu: "A função dela era bater cheques". Isto é: "Ela nunca emitiu um cheque por vontade própria, e nem podia. Porque os cheques eram assinados por dois diretores". Abreu e Silva, percebendo a perplexidade dos ministros, disse que tinha sido alertado pela esposa, antes de sair de casa de que deveria moderar o verbo ("Cuidado com o seu palavrório", teria dito ela). Desobedeceu. Basta citar o comentário que fez sobre o processo: "O artigo 155 do Código de Processo Penal [o que dispõe sobre a prova produzida judicialmente] foi degolado, destruído, aniquilado, porque o então procurador-geral da República não sabe redigir uma denúncia". Com a mais absoluta certeza, é possível supor que teve sérios problemas ao regressar ao lar...

Abreu e Silva falou por pouco mais de meia hora. Às 18h24 foi chamado à tribuna o advogado José Carlos Dias, que, durante o regime militar, destacou-se na denúncia das violações dos direitos humanos e na defesa de presos políticos. Usou 45 minutos para defender sua cliente, a presidente do Banco Rural,[3] Kátia Rabello, acusada de formação de quadrilha, lavagem de dinheiro (65 vezes), gestão fraudulenta e evasão de divisas (27 vezes). Do que a PGR chamou de "núcleo financeiro", foi a primeira sustentação oral. Entrevistado, antes de começar a sessão, Dias disse que a defesa dos réus desse "núcleo" estava "entrosada", ou seja, os advogados tinham estudado uma defesa organizada, sem contradições, diferentemente do que se tinha visto, até então, em relação ao que também a PGR chamou de "núcleo operacional", que havia transferido a conta de todos os malfeitos – usando uma linguagem rousseffiana – para Marcos Valério.

3 Dias antes do julgamento, o Banco Rural tinha sido condenado e multado pelo Banco Central por simular transferência de Certificados de Depósitos Bancários (CDB) para o Banco Simples, controlado pelo Rural, em 2004. A operação fictícia teria permitido a redução dos passivos do Banco Rural. Por causa dessa operação, o banco pagará uma multa no valor de 200 mil reais.

Segundo Dias, as

> agências [de Marcos Valério] eram clientes dos bancos e os bancos eram clientes delas. Existia essa relação mineira. E quem era o contato? Era José Augusto Dumont.[4] E não estamos jogando no morto a responsabilidade. Não estamos dizendo que ele praticou delito, mas é importante dizer que os fatos foram praticados sob a gestão dele.

E continuou:

> Kátia ocupava a função de superintendente na área de marketing do banco. Ela é uma bailarina, sua vocação nunca foi o banco. E essa é a paixão da vida dela. Ela é uma artista. De repente, o que acontece é que sua irmã, vocacionada e preparada pelo pai, faleceu em um desastre de helicóptero. O velho pai, no desespero, reassumiu a presidência do banco, que não poderia ficar acéfalo. E trouxe Kátia, que não entendia do assunto.

No site criado pelo Banco Rural – uma novidade nesse tipo de processo – exclusivamente para apresentar sua defesa, a versão é ligeiramente distinta:

> Desde 2004, o Banco Rural atravessa o período mais difícil de sua história. Pouco antes da crise política, morre José Augusto Dumont, homem forte do Banco por quinze anos. Kátia Rabello, embora já presidente desde 2001, assume, de fato, o comando do banco e dá início a um amplo processo de reformas gerenciais.[5]

4 Dumont morreu em um acidente automobilístico, em 2004.
5 Ver íntegra da versão. Disponível em: <www.defesa.bancorural.com.br>. Acesso em: 8 ago. 2012.

Foram três empréstimos no valor total de 32 milhões de reais, um para a SMP&B, outro para a Grafitti e mais um para o PT. De acordo com Dias, os empréstimos não tinham sido fictícios, como afirmava a PGR. "Não há prova técnica que incrimine a Kátia. Ela não participou de nenhuma concessão de empréstimo, só da renovação de um deles", explicou o advogado. E mais: a ré teria se encontrado somente uma vez com Marcos Valério. Não informou quando, nem onde. Mas teve de admitir que sua cliente fez um pedido a José Dirceu sobre os créditos referentes à liquidação do Banco Mercantil de Pernambuco, do qual o Rural tinha ações. Segundo Dias, "houve o pleito. Não sei se foi ela pessoalmente ou se outra pessoa [o] fez. Mas não há ilegalidade alguma nisso. Foi uma reunião pública". A "reunião pública" teria sido em um hotel de Belo Horizonte, segundo a acusação.

Dias encerrou sua defesa de forma surpreendente. Relembrou o caso de um cliente, no início dos anos 1970, no auge da ditadura militar, que tinha sido condenado pela Auditoria Militar de São Paulo e recorrido ao Superior Tribunal Militar e depois ao STF. As provas tinham sido obtidas por tortura. Ele usou desse argumento no STF e obteve o cancelamento da pena. Comparou o jovem torturado com Kátia Rabello e deixou implícito que os métodos da PGR tinham sido semelhantes ao do DOI-Codi, onde o jovem havia sido barbaramente torturado, em São Paulo, e que o processo seguia os "métodos" utilizados durante a ditadura. Provavelmente, percebendo a infeliz analogia, resolveu relativizar, dizendo que os tempos eram outros. Tem razão, Dias, os tempos são muito – mas muito mesmo – distintos. Vivemos, com todos os defeitos, numa democracia e com amplas liberdades. Mas José Carlos Dias também não é o mesmo.[6]

Às 19h12, Ayres Britto encerrou a sessão e convocou a próxima sessão para o dia seguinte, às 14 horas (horário meramente protocolar, nunca cumprido) para mais cinco sustentações orais. Os ministros saíram em direção a seus gabinetes e o público – bem menor que o que estava presente no início da sessão – foi se dispersando. Os advogados, as grandes estrelas do espetáculo, desde segunda-feira, puseram-se a dar entrevistas aos ávidos jornalistas. Alguns dos advogados, como na noite anterior, foram ao restaurante Piantella, conhecido reduto político brasiliense. O restaurante, dias antes do início do julgamento, tinha divulgado novos pratos (como o "supremo corte") e anunciado a oferta de desconto aos advogados envolvidos na AP-470. Na noite do dia 6, além de um bom número de advogados, o restaurante recebeu o ex-senador Demóstenes Torres. O político, cassado recentemente pelos seus pares, acusado de envolvimento com a quadrilha de Carlos Cachoeira, confraternizou-se com os advogados dos réus. Fez e recebeu elogios. Estava alegre, mas muito alegre mesmo. Tanto que fez questão de cantar duas músicas no piano-bar do restaurante. Primeiro atacou de "Minha namorada", de Vinícius de Moraes e Carlos Lyra. Não sabia a

6 Quando a denúncia foi recebida, em 22 de agosto de 2007, Dias usou argumento muito parecido, mas não tão explícito: "Lembro-me de quando defendíamos os perseguidos políticos. Eram denúncias dispersas e que pecavam pelas generalizações. Me desculpe, procurador, mas sua denúncia é um pouco assim". *Folha de S.Paulo*, 23 ago. 2007.

letra inteira e foi socorrido pelo iPad. Não satisfeito, minutos depois, retornou ao microfone. Deixou de lado a MPB e foi de Frank Sinatra – curiosa escolha, pois o cantor americano acabou sendo acusado de vinculações com a máfia. Tentou cantar "Let me try again". Quis insinuar algo? Queria tentar novamente? Tentar o quê? Luiz Fernando Pacheco, advogado de José Genoino, foi mais discreto. Não cantou, somente pediu ao pianista que tocasse o tema principal da trilha sonora de *O poderoso chefão*, clássico filme dirigido por Francis Ford Coppola e que teve Marlon Brando como protagonista. Também fica a pergunta: qual foi a razão da escolha? Era uma homenagem a algum réu do mensalão? Estranha essa obsessão com a máfia e os mafiosos...

Definitivamente, pontualidade não é o forte do STF. Mais uma vez a sessão começou com atraso. Desta vez, de 25 minutos. No terceiro dia das defesas, o foco foi o Banco Rural e dois políticos vinculados ao Partido dos Trabalhadores. Após a abertura da sessão, foi chamado à tribuna o advogado Márcio Thomaz Bastos, defensor de José Roberto Salgado, vice-presidente do Banco Rural. A expectativa era grande. No início do processo, em 2007, quando se aceitou a denúncia, Bastos tinha saído fazia pouco tempo do Ministério da Justiça e acabou assumindo a defesa de Salgado. Do chamado "núcleo financeiro" da quadrilha, Salgado nem era dos membros mais relevantes, porém, dada a fama que cercava o advogado, sua participação era considerada a mais importante – basta observar o destaque dado pela imprensa e o número de entrevistas que concedeu antes e durante o julgamento, sem esquecer que foi o advogado mais bem remunerado do processo: teria recebido 20 milhões de reais.

Foi ouvido com atenção pelos ministros. Ricardo Lewandowski estava com uma vistosa gravata vermelha. Inseguro, como se ainda estivesse na Câmara Municipal de Cruzeiro, no Vale do Paraíba, onde foi vereador pela Arena – partido da ditadura militar –, Bastos começou dizendo que os ministros não deveriam esperar "uma defesa sintética, uma defesa brilhante". Estranha ponderação. No minuto anterior, ainda na fase introdutória, ralhou com os ministros pela decisão contrária à sua questão de ordem no primeiro dia do julgamento, no dia 2. Como um mestre-escola de velho tipo, advertiu: "Tenho certeza de que cada um de vossas excelências há de julgar isso com duplo cuidado. É um julgamento de bala de prata". Curiosamente, a mesma expressão tinha sido usada dois dias antes por Alberto Toron, seu discípulo, numa entrevista aos jornalistas que estavam cobrindo o julgamento.

Segundo a Procuradoria-Geral da República, Salgado agiu na liberação de empréstimos fictícios no valor de 32 milhões de reais, que teriam sido destinados a Marcos Valério, que, por sua vez, os havia repassado para políticos da base governamental.

Esses empréstimos teriam o objetivo de facilitar a participação do Rural na liquidação do Banco Mercantil de Pernambuco, um negócio de 1 bilhão de reais que dependia do governo federal. De acordo com a acusação, os empréstimos seriam pagos. Por fim, Salgado foi incriminado nos mesmos crimes que Kátia Rabello, a presidente do banco: formação de quadrilha, lavagem de dinheiro, gestão fraudulenta e evasão de divisas.

Para Bastos, a acusação era "absolutamente desprovida de senso", "uma construção mental que não tem sentido, que não se sustenta". E insistiu que a acusação havia tomado como base o depoimento de uma testemunha "ocupante de um cargo de terceiro escalão dentro do banco", que não passaria de uma falsária. Desqualificou a acusação de que o banco teria ganhado 1 bilhão de reais, ao afirmar que seria como "ganhar na loteria esportiva", o que acabou mostrando certo desconhecimento do mundo real, pois essa loteria nem existe mais – foi substituída pela Timemania, e os grandes prêmios são pagos pela Mega-Sena. Mas, deixando de lado o mundo dos jogos de azar, Bastos buscou um argumento frágil: o "fato de ele ser responsável por uma instituição financeira não significa que seja responsável pelos delitos cometidos no âmbito dela". E, tal como havia feito José Carlos Dias, no dia anterior, transferiu a responsabilidade para Dumont, o executivo falecido em 2004: "Todo o comando, cem por cento das operações, estava na mão de José Augusto". E como Dumont não podia se defender...

Bastos reiterou ainda diversas vezes que os empréstimos tinham sido pagos. Porém, contraditoriamente, afirmou que aqueles realizados pela SMP&B e Graffiti não se haviam saldado devido à grave situação das empresas após a revelação do escândalo do mensalão. À época, portanto, sem atualização monetária, essa soma chegava a 29 milhões de reais. No caso do PT, o empréstimo de 3 milhões teria sido "pago com muita dificuldade", esquecendo-se de citar a data, quase uma década após terem sido contraídos. Foi caminhando, com certo enfado, para o final da sustentação. Disse que sua defesa era "fastidiosa" e que "para o bem de todos nós" iria terminar. Não sem antes, claro, fazer uma citação de Rui Barbosa, que, na verdade, é de segunda mão, pois trata-se de uma passagem de Ésquilo: "Eu instituo este tribunal venerando, severo, incorruptível, guarda vigilante desta terra através do sono de todos, e o anuncio aos cidadãos, para que assim seja de hoje pelo futuro adiante".

Convenhamos, a citação era vazia para o processo em tela. Inclusive porque podia dar vezo a várias interpretações, como a passagem "eu instituo este tribunal". Como é sabido, dos atuais onze ministros, Bastos teve participação direta na nomeação de oito deles. *God* (Deus, em inglês) – como Bastos é carinhosamente chamado pelos seus discípulos (muitos deles atuantes neste processo) – sabe que em um julgamento com esse formato as comparações são inevitáveis. Estavam presentes três gerações de advogados criminalistas. Alguns defensores se destacaram; outros, não. Uns ganharam; outros perderam. Ele perdeu.

Logo em seguida, a tribuna foi ocupada pelo advogado Maurício de Oliveira Campos Júnior, defensor de Vinicius Samarane, também dirigente do Banco Rural. Falou durante exatamente uma hora. Começou mal, com uma ode ao regionalismo mineiro, "terra da liberdade", e dissertou brevissimamente sobre as "características da mineiridade". Melhorou quando resolveu defender seu cliente. Calmo e didático, tentou descaracterizar as quatro acusações contra seu cliente (as mesmas de Kátia Rabello e José Roberto Salgado). Expôs que o banco realizou milhares de operações de crédito, e apenas três delas eram tratadas como gestão fraudulenta, o que, convenhamos, não inocentava seu cliente. Insistiu que Samarane não era o gestor, portanto, não podia lhe ser imputada qualquer responsabilidade pelo ocorrido. Disse – já era o terceiro a seguir esse caminho – que Kátia não tinha vocação para o posto, desde quando assumira a diretoria de marketing, e, como havia exposto José Carlos Dias, era uma artista, uma bailarina, não uma executiva financeira. Campos Júnior ainda agregou: "É uma mineira séria". Porém, estava à frente do banco desde 2001, dois anos após a morte da sua irmã, Júnia, que teria sido preparada pelo pai para dirigir a instituição – Sabino, o pai, morrera em 2005.

O percurso da argumentação e a conclusão já eram conhecidos: José Augusto Dumont foi o responsável pelas operações. O azar de Samarane foi ter chegado na hora errada, na função errada: "Todos os recém-chegados são arrastados pela conveniência do processo. Não que Dumont tivesse feito algo errado". E os saques milionários nas agências do banco? Respondeu o advogado: "Não há um só saque que não tenha sido comunicado ao Banco Central. Não há um só. Todos foram comunicados". Mas e a não identificação dos sacadores de quantias milionárias? "O preenchimento é do próprio sacador."

O advogado fez o possível para defender seu cliente e teve um trabalho extra: responder a uma indagação do ministro Dias Toffoli. Era a primeira vez no processo que um ministro fazia uma pergunta a um advogado de defesa, o que é permitido regimentalmente: "Nesse período [o ministro fazia referência ao período da relação do Rural com Marcos Valério], o banco se socorreu de algum sistema tipo Fundo Garantidor de Crédito ou algo assim?" O advogado respondeu objetivamente:

> Em uma das ocasiões especialmente críticas, o banco negociou parte de seus créditos junto ao Fundo Garantidor. Não obteve, por assim dizer, um favor. Socorreu-se, sim, do Fundo Garantidor. Todos os créditos foram performados. Estão nos autos, inclusive, os depoimentos referentes a tal assunto.

Com a resposta rápida e elegante, o que causou maior estranheza foi o desconhecimento do ministro Toffoli, pois, como havia dito Campos Júnior, essas operações "estão nos autos".

Antonio Carlos Mariz de Oliveira foi à tribuna às 16h25. Em 49 minutos, buscou fazer uma defesa na linha dos outros advogados do "núcleo financeiro". Sua cliente, Ayanna Tenório Torres de Jesus, de nada sabia. Diferentemente de outros réus, Ayanna está sendo acusada de dois crimes: formação de quadrilha e gestão fraudulenta. Sua especialidade, segundo ele, é a área de recursos humanos, e jamais havia exercido "qualquer função relacionada ao mundo financeiro". Ficou difícil compreender as razões que haviam levado o Banco Rural a designar tal funcionária para o setor de "compliance", responsável pela verificação das regras internas e pelo cumprimento dos procedimentos legais. Para isso, nenhum banco – e o Rural era um banco médio – nomearia uma funcionária que desconhecesse o "mundo das finanças". Mariz encerrou afirmando que era "kafkiana a acusação contra ela".

Depois de uma pausa de trinta minutos, que, na curiosa matemática do STF, foi de 47 minutos, retomaram-se os trabalhos. O defensor Alberto Toron ocupou a tribuna. Começou mal. Resolveu citar Oswald de Andrade. Como demonstração de erudição? Mas o que o célebre modernista teria com o mensalão? E com o mundo da justiça? Não foi um bom aluno da Faculdade de Direito do Largo São Francisco. Fez o curso em dez anos, o dobro do tempo normal. E odiou o curso "com seus lentes idiotas, seus velhos alunos cretinos, sua tradição de miserável atraso colonial, me provocava o mais justo dos desprezos".[7] O advogado citou um trecho

7 ANDRADE, Oswald de. *Um homem sem profissão.* Rio de Janeiro: Civilização Brasileira, 1974. p. 49.

do Manifesto Antropofágico (de 1928), como espécie de epígrafe: "Perguntei a um homem o que era o Direito. Ele me respondeu que era a garantia do exercício da possibilidade. [...] Comi-o". Toron omitiu uma passagem essencial, a do parênteses: "Esse homem chamava-se Galli Mathias". É um trocadilho criado pelo modernista com a palavra "galimatias", que significa discurso verborrágico, esquisito, hermético, ininteligível, de acordo com o Dicionário Houaiss da Língua Portuguesa.[8] E Toron foi o Galli Mathias da sessão.

O defensor abusou de uma linguagem gestual pesada, chegou até a bater palmas várias vezes. Comunicou que era candidato à presidência da OAB-SP, como se esse fosse um tema de relevância para aquele tribunal e, mais ainda, naquele momento. Fez referências às artes marciais e pediu a concordância do ministro Luiz Fux, conhecido pela sua prática. Convenhamos, a busca de um clima de intimidade não era adequada àquela Corte, e a nenhuma outra. Talvez fosse uma estratégia armada pelo advogado.

Toron defendia o deputado petista João Paulo Cunha, acusado pela PGR de corrupção passiva, lavagem de dinheiro e peculato. Não era tarefa fácil defendê-lo, pois, durante a CPMI dos Correios, sua mulher tinha ido a uma agência do Banco Rural e sacado 50 mil reais. Quinze dias depois, a SMP&B venceu uma concorrência na Câmara. João Paulo era o presidente da Casa. Pode ter sido uma coincidência, porém, no ano anterior, a mesma agência tinha sido desclassificada numa licitação. Des-

8 Reinaldo Azevedo, em seu blog (www.veja.com.br/reinaldo), identificou imediatamente o equívoco da citação. Ver postagem de 8 ago. 2012, às 18h36.

se contrato, João Paulo, segundo a PGR, desviou 252 mil reais, pois teria obrigado a empresa de Marcos Valério a subcontratar uma empresa jornalística que já prestava serviços para ele. E também é acusado de ter desviado, do mesmo contrato, 536 mil reais para Marcos Valério. O deputado chegou a se livrar de um processo de cassação, em 2006, quando foi derrotado no Conselho de Ética, mas venceu no plenário: foram 256 votos pela absolvição e 209 votos pela perda do mandato.

Toron incorporou a tese já apresentada na segunda-feira, no primeiro dia das defesas, de que o dinheiro recebido – os 50 mil reais – era do caixa dois do PT e tinha sido destinado ao pagamento de pesquisas pré-eleitorais. E não teria origem em recursos públicos. Negou as outras acusações, como a de que a empresa IFT – Ideias, Fatos e Textos, do jornalista Luiz Carlos Pinto – trabalhasse para Cunha e não para a Câmara, como sustenta a PGR. Só fez uma concessão: "Pode até ser que ele olhava mais o presidente". E concluiu sua intervenção às 19 horas.

Se fosse possível sugerir uma citação para encerrar a fala de Toron, poderia ser do próprio *Manifesto Antropofágico*: "Nunca fomos catequizados. Vivemos através de um direito sonâmbulo. Fizemos Cristo nascer na Bahia. Ou em Belém do Pará. Mas nunca admitimos o nascimento da lógica entre nós".[9]

A Corte já estava exausta. Não só ela. Qualquer um que estivesse assistindo àquela sessão não aguentaria mais a linguagem rebuscada e vazia dos

9 ANDRADE, Oswald de. *Do pau-brasil à antropofagia e às utopias.* Rio de Janeiro: Civilização Brasileira, 1972. p.14-15.

advogados, o latinório primário, os gestos aprendidos em algum cursinho, a dicção e seus falsetes de indignação, em suma, todos os recursos usados habitualmente em um tribunal do júri, então sendo repetidos em pleno STF.

Finalmente, às 19h01, Luís Justiniano de Arantes Fernandes foi à tribuna defender Luiz Gushiken. A PGR, por falta de provas, pediu sua absolvição nas alegações finais. Mas a defesa "pede mais. Pede que seja reconhecida a sua inocência". E por mais meia hora apresentou sua argumentação. Em seguida, foi substituído por José Roberto Leal de Carvalho, que falou por mais meia hora, insistindo na mesma tese, de que não será um favor a absolvição, "ele busca o justo restabelecimento de sua honra". Era, até o momento, o único réu com dois advogados em plenário fazendo a sua defesa. A mistura de enfado e cansaço por fim havia contaminado o tribunal. Até o presidente Ayres Britto estava ausente do plenário quando do término da intervenção de Leal de Carvalho. Quem encerrou a sessão foi Joaquim Barbosa. Dos três dias, tinha sido o único em que os advogados haviam usado todo o tempo estipulado para a defesa. Daí a extensão da sessão.

Na quinta-feira, dia 9, a sessão foi aberta às 14h29. O auditório estava esvaziado. Um minuto depois, após a habitual leitura meteórica – e incompreensível – da ata, foi chamado à tribuna o advogado Marthius Sávio Cavalcante Lobato. A tarefa não era das mais fáceis: a defesa de Henrique Pizzolato, que à época do escândalo ocupava o cargo de diretor de marketing do Banco do Brasil, acusado pela PGR, entre outros crimes, de ter desviado dinheiro público do banco para a Visanet e de lá para as contas do esquema de Marcos Valério. Os valores eram muito altos: em maio de 2003, a Visanet depositou 23,3 milhões de reais e, em março do ano seguinte, colocou mais 35 milhões na conta da agência DNA do Banco do Brasil, perfazendo o total de 58,3 milhões de reais. Essa era apenas uma das acusações, mas, pela relação com um suposto desvio milionário de recursos públicos, acabou recebendo destaque especial.

Lobato distribuiu as costumeiras homenagens. Escolheu, inicialmente, a ministra Rosa Maria Weber, pela qual teria "profunda admiração". O advogado centrou a argumentação na teoria de que as decisões de Pizzolato não eram pessoais: "Não há um único dirigente que possa tomar decisões isoladas. É tudo por colegiado". Ele "coordenava um comitê de marketing, depois [a decisão] seguia para um comitê de comunicação e então ao diretor do banco". Insistiu que o Fundo Visanet era "uma empresa privada"; que seu cliente "não detinha poderes para determinar os pagamentos". Considerou a denúncia da PGR "um ilusionismo jurídico", mas a explicação que deu para o envelope com 326 mil reais, portanto, bem recheado e volumoso, que Pizzolato recebeu de Marcos Valério para entregar a um emissário do PT foi fantástica: "Ele pegou o pacote e guardou porque iria ser entregue a um mensageiro do PT. Toca o telefone e alguém diz: 'Eu sou do PT e vim buscar a encomenda'. Ele não tinha conhecimento que era dinheiro". Imaginou que fosse o quê?

Quando estava encerrando a defesa, Lobato foi questionado pelo ministro Joaquim Barbosa, o qual destacou algumas questões. Era a primeira vez que o relator fazia perguntas a um dos defensores, o que também é regimentalmente permitido. A primeira tratou da relação DNA-Visanet:

> Como se dava o mecanismo de transferência de dinheiro desse Fundo Visanet para a agência de propaganda [DNA]? Quem determinava o momento e o montante? Quem dizia? Havia algum comitê, algum órgão que tinha esse poder de dar ordens para que o dinheiro fosse transferido para a agência de propaganda?

Respondeu o advogado: "O Banco do Brasil, quando pensava em fazer uma divulgação de sua bandeira, ele fazia o projeto como está aqui [...]. E citava qual era o projeto". O relator emendou a segunda: "Quem era o responsável por isso dentro do Banco do Brasil?" O advogado retrucou: "Naquela época, era o comitê de marketing todo, era aprovado dentro do próprio comitê. Não era aprovado individualmente. Era aprovado no comitê, que fazia institucionalmente essa propaganda e era direcionado ao fundo". "De onde saía esse dinheiro para a propaganda dos cartões de bandeira Visa, inclusive o do Banco do Brasil, o Ourocard?", perguntou então o relator. De acordo com o advogado,

> cada banco tem sua bandeira Visa. Então, quando Vossa Excelência usa seu cartão Visa, faz uma compra, um percentual dessa sua compra é destinado a esse fundo, vai compor esse fundo para essa propaganda. Por isso é eminentemente privado.

Barbosa quis saber qual era o instrumento jurídico utilizado, e o advogado ressaltou que cada banco tinha o seu percentual e deste é que era feita uma previsão. O relator perguntou se Pizzolato alguma vez tinha feito essa determinação e o advogado respondeu de pronto: "Jamais, ele não era o representante". Barbosa repetiu o "jamais" com uma interrogação no final e o advogado concordou: "Jamais".

Ficou no ar que Barbosa guardava algum trunfo, especialmente quando insistiu na pergunta a respeito da possibilidade de que Pizzolato pudesse ter dado alguma autorização para os repasses, o que Lobato negara. A PGR enfatizou na acusação de que o Banco do Brasil era acionista da Visanet, portanto, havia dinheiro público. E Pizzolato era ligado ao PT, tinha contatos com Marcos Valério, teria autorizado as transferências de recursos milionários para o esquema etc. etc.

Se Lobato havia caído ou não em uma armadilha, só seria sabido no momento dos votos dos ministros. Mas saiu com um prêmio: foi o advogado que mais falou e extrapolou o tempo em cinco minutos – até porque teve de responder às questões de Barbosa.

As três próximas sustentações estavam intimamente ligadas, pois iriam tratar de deputados do Partido Progressista (PP), que tem como principal liderança nacional o impoluto Paulo Maluf. O jovem advogado Marcelo Leal, defensor de Pedro Corrêa – cassado em 2005 –, começou como se estivesse em um júri popular. Com um tom de voz um pouco acima do desejado, falou entusiasticamente por quase uma hora. Citou Umberto Eco, lembrou até Miguel de Cervantes. Enfatizou – e haja ênfase! – que o PP tinha princípios e só se havia aliado ao governo por razões programáticas. Deixando de lado essas questões, foi direto ao ponto: reconheceu que o PP tinha recebido dinheiro, sem qualquer registro legal, do PT, via corretoras Bônus Banval e Natimar, para a campanha municipal de 2004. Parte desses recursos destinava-se a pagar um advogado para o deputado Ronivon Santiago, do PP do Acre, que estava sendo processado. O suposto advogado cobrava honorários caríssimos (ainda mais pensando em valores de 2004, sem a devida atualização monetária): 700 mil reais! E, como os recursos provinham de caixa dois e não tinham como objetivo comprar apoio político no Congresso, concluiu: nunca houve mensalão.

Explicou didaticamente como os recursos eram recebidos, como eram entregues os recibos e por quem. Aí fez uma menção, meio de passagem, de que Simone Vasconcelos entregava esses valores aos emissários do PP: "Pode até ter ficado com os recursos para si". E seguiu em frente. Apresentou listas de votações para, segundo suas palavras, provar que o PP não tinha votado por dinheiro. Citou um dado curioso: em importantes votações, seu cliente não havia comparecido ao trabalho, ou seja, à Câmara. Não só: afirmou que seu comparecimento às sessões era muito raro, mesmo sendo presidente do partido. O absenteísmo virou prova de inocência. Coisas do Brasil, o país da piada pronta.

Na sequência, foi realizada a defesa do deputado Pedro Henry pelo advogado José Antonio Duarte Alvares. Henry, na época do escândalo, era líder do PP na Câmara, mas conseguiu escapar do processo de cassação. Como se tivessem combinado. Alvares começou sua defesa também afirmando que o mensalão nunca havia existido. Voltou a arrolar os mesmos argumentos, que o PP tinha princípios e que havia votado com o governo, porque a proposta estava de acordo com o programa. Teria apoiado uma aliança política e não financeira com o PT. Aproveitou para reforçar a versão de que o PP tinha mesmo recebido 700 mil reais para pagar a defesa de Ronivon Santiago. Alvares várias vezes se referiu diretamente a um ou outro ministro do STF, provavelmente por influência das sessões do Senado, quando oradores citam seus colegas, como forma de suavizar seus discursos e buscar a concordância dos pares. Contudo, fazer a mesma coisa no plenário do STF é algo muito distinto.

O cansaço dos ministros era evidente. Quando Alvares encerrou a sustentação, foi possível observar o ar de satisfação dos juízes. Era a hora do lanche. Depois de quarenta minutos de chá, petiscos, relaxamento e conversa, o julgamento recomeçou. Tinha chegado a hora da defesa de João Cláudio de Carvalho Genu, funcionário do Partido Progressista, que teria recebido 1,1 milhão de reais em nome dos três deputados acusados do PP – a defesa falava em 700 mil reais. O advogado argumentou que Genu não passou de um simples mensageiro, sem qualquer envolvimento com o esquema de corrupção, e não podia ser acusado como quem atuou com dolo. Ele somente havia cumprido ordens do deputado José Janene, falecido em 2010 (mais uma vez, um morto acaba sendo culpabilizado). Sustentou que a situação de Genu era semelhante a de Antonio Lamas, de quem a PGR pediu absolvição – Lamas seria defendido no dia seguinte.

O último réu do dia foi Enivaldo Quadrado. Sua defesa começou às 19 horas. Antonio Sérgio Pitombo, o defensor, chegou a reclamar que podia ser prejudicado por ser o último a falar na sessão, mas os trabalhos tiveram início. Quadrado era um dos sócios da corretora Bônus Banval, que, segundo a acusação, seria uma das responsáveis pela lavagem de dinheiro do esquema. O réu já responde outro processo em liberdade. Em 2008, foi detido no aeroporto de Guarulhos tentando desembarcar com 361 mil euros, não declarados, ocultados nas meias, cueca, cintura e numa pasta. Segundo a defesa, se houve lavagem de dinheiro, ela aconteceu no Banco Rural – fato comum no processo: imputar a outro réu a responsabilidade de um suposto crime. E até ironizou: "Aliás, essa tese é ótima para a acusação". No terreno das citações literárias, recordou Eugene Ionesco, dizendo que alguns versos nos autos lembram o teatro do absurdo. E, como se estivesse em uma peça do teatrólogo franco-romeno, dirigiu-se a Cezar Peluso:

> Com muito mau gosto, li no jornal que muitos pediam a aposentadoria de Vossa Excelência. Vossa Excelência tem conhecimento e é muito importante a sua apreciação sobre o fato. Torço para que Deus nos proteja e que o senhor vote.

Depois de tudo isso, até o sempre paciente Ayres Britto resolveu rapidamente encerrar a sessão: eram 19h54.

Dez de agosto. Sétimo dia do julgamento e quinto das sustentações orais de defesa. O dia foi dedicado aos diretores das corretoras Bônus Banval e Natimar, ao presidente do Partido Liberal (PL) e a dois representantes (um tesoureiro e um assessor parlamentar). Trinta e três minutos após o horário fixado, Ayres Britto abriu os trabalhos e comunicou que o ministro Marco Aurélio não compareceria à sessão porque já havia agendado um compromisso em São Paulo – era uma palestra na Associação Paulista dos

Magistrados. Era a primeira vez no julgamento, que um ministro se ausentaria de toda uma sessão.

Guilherme Alfredo de Moraes dirigiu-se à tribuna para defender Breno Fischberg, um dos donos da corretora Bônus Banval. Ao iniciar, não se esqueceu das indefectíveis "homenagens". Desta vez, o alvo foi Ayres Britto, elogiado como competente. Pesavam sobre Fischberg duas acusações: formação de quadrilha e lavagem de dinheiro. Alfredo de Moraes insistiu, durante 55 minutos, que seu cliente não sabia das operações ilegais, não conhecia Marcos Valério e não tinha vínculos com PT, PP ou qualquer outro partido político.

O dia reservava surpresas. O réu Carlos Alberto Quaglia, dono da corretora Natimar, estava sem advogado. Haman Córdova, da Defensoria Pública Federal, o representou. Criou-se um problema: o representante pediu então a nulidade do processo em relação ao seu cliente, argumentando que a defesa de Quaglia havia sido cerceada, pois em alguns momentos do processo foram ouvidas testemunhas sem a presença do seu advogado de defesa. Lembrou que seu cliente havia contado com dois advogados que acabaram deixando a causa. Três ministros fizeram rápidas perguntas ao defensor e o relator do processo fez questão de destacar que o réu tinha sido "intimado pessoalmente da renúncia dos seus dois advogados". A defesa insistiu na mesma tese do acusado anterior: não sabia de nada e não conhecia Marcos Valério.

O réu mais importante do dia – mais importante no processo, entenda-se – foi o deputado

Valdemar Costa Neto, presidente do PL. A PGR o acusava de três crimes: formação de quadrilha, corrupção passiva e lavagem de dinheiro. Ao iniciar a defesa, Marcelo Luiz Ávila Bessa usou a palavra "preliminarmente", que Ayres Britto entendeu como uma afirmação que pretenderia inviabilizar o julgamento de mérito. Alguns presentes sorriram, pois o advogado esclareceu que não era nada disso. Ele apenas disse "preliminarmente" para começar o início da defesa de seu cliente. Esclarecido o mal-entendido, a defesa acentuou que a aliança do PL com o PT era política – desde a campanha de 2002, quando se indicou o vice-presidente José Alencar para compor a chapa com Lula.

Segundo seu defensor, o acordo foi com o presidente do PL e não com o deputado Costa Neto. O acerto previa o recebimento pelo PL de 10 milhões de reais (teria recebido metade). Era o velho caixa dois de volta – um acordo eleitoral, sem compra de votos. Mas o PL estava cobrando o PT através de Delúbio Soares. Então Costa Neto teria sugerido que o PL tomasse um empréstimo, que seria pago depois, "como despesa de campanha". Valdemar tinha recebido o dinheiro para o partido e não para ele:

> A questão envolve fatos, sob o ponto de vista moral, no mínimo graves. Mas, sob o ponto de vista penal, nesse caso de Valdemar Costa Neto, está suficientemente provado que não há como se pretender ter ele praticado crimes de corrupção passiva.

A sessão foi interrompida para o intervalo de trinta minutos, que, como de hábito, foi maior: 42 minutos (sem esquecer que estavam sendo transmitidas, ao vivo, várias provas das Olimpíadas). Os dois próximos réus eram irmãos, caso também único no processo: os irmãos Lamas – a piada, óbvio, é inevitável, Jacinto e Antonio. Jacinto era tesoureiro do PL. Foi defendido por Décio Lins e Silva Júnior – sobrinho do famoso criminalista Evandro Lins e Silva. Começou dando um refrigério nos ministros: "Tranquilizo Vossas Excelências, não tomarei todo o tempo que me é permitido". Continuou argumentando: se o mensalão de fato existiu, Jacinto "não participou". Era necessário, segundo Lins e Silva, separar "mensageiros de mensaleiros" – mesmo argumento usado em 2007, quando da aceitação da denúncia.[10] Lamas não tinha "conhecimento dos saques ilícitos a mando de seu chefe Valdemar Costa Neto". De acordo com Lins e Silva,

> a verdade é que quem mandava e desmandava naquele partido como manda e desmanda até hoje era o deputado Valdemar Costa Neto, que controlava desde a compra de uma caneta ou café, até as reuniões políticas e votações.

E arrematou:

> Se entre quatro paredes do Palácio do Planalto eram feitas as tratativas, quem seria o maior beneficiário desse esquema? O chefe da nação, o presidente Lula. Algumas pessoas disseram que ele sabia de tudo, como Roberto Jefferson. Por que estou dizendo isso? Por que é fácil

10 "Advogados jogam a culpa em outros acusados". *Folha de S.Paulo*, 24 ago. 2007, p. A-4.

acreditar no presidente Lula, quando dizia que nada sabia, e não acreditar em Jacinto Lamas, quando ele diz que não sabia?

E encerrou bem a intervenção citando o padre Antônio Vieira, além de ter cumprido a promessa de que não falaria durante uma hora: usou apenas quarenta minutos.

O último réu do dia, Antonio Lamas, teve dois fatos originais ligados à sua defesa: o primeiro era que a PGR havia pedido a sua absolvição por falta de provas. O segundo, que seu defensor era o pai do advogado do seu irmão. O pedido de absolvição deixou o defensor com uma tarefa mais amena. Falou pouco (dezoito minutos). Mas também apontou o presidente do PL como responsável pelos saques, voltou a destacar o silêncio em relação ao presidente Lula e aproveitou para recordar o caso da esposa do deputado João Paulo Cunha, que havia feito um saque de 50 mil reais no Banco Rural: "Ela foi denunciada? Não, não foi. Agora, eu pergunto: o Ministério Público errou ao não ter denunciado a esposa de Paulo Cunha? Não. Ele errou ao ter denunciado Antonio Lamas". E concluiu: "Já pedimos que essa Casa proclame em bom som que Antonio Lamas não é mensaleiro, que a sua conduta, que não era atípica, não era criminosa".

Depois de 25 defesas, a semana se encerrou. Foi um espetáculo, na maior parte das vezes, grotesco. Se o telespectador da TV Justiça tivesse adormecido, na sexta-feira, assistindo a umas das defesas e acordado às 21 horas, do mesmo dia, quando estava sendo exibida a chanchada *Aviso aos navegantes*, estrelada por Grande Otelo e Oscarito, poderia até supor que o julgamento continuava. Porém, nenhum dos participantes daquelas sessões tinha a graça e a inteligência da maravilhosa dupla cômica.

A semana começou animada. Era muita aguardada a defesa do ex-deputado Roberto Jefferson, pivô do escândalo. Mas o primeiro réu do dia 13 era o bispo Rodrigues (Carlos Alberto Rodrigues Pinto). Rodrigues foi da Igreja Universal do Reino de Deus (IURD). Era, em 2002, o político ligado a IURD de maior relevância. À época do escândalo, era deputado federal pelo Partido Liberal (RJ). Pesavam sobre ele duas acusações: corrupção passiva e lavagem de dinheiro. Seu defensor dirigiu-se à tribuna às 14h28 (a sessão tinha começado dois minutos antes). Bruno Alves Pereira de Mascarenhas Braga defendeu a tese de que seu cliente "jamais negou o recebimento do dinheiro". Os 150 mil reais, em espécie, teriam sido usados para pagar gastos da campanha de 2002, do segundo turno, quando ele e seu grupo político apoiaram o candidato Luiz Inácio Lula da Silva – no primeiro turno tinham apoiado Anthony Garotinho. Disse que seu cliente não havia recebido o dinheiro prometido pelo presidente do PL, Valdemar Costa Neto. E só depois de muitas cobranças – quase um ano após a eleição – foi que os

150 mil chegaram, e ele então teria quitado os gastos de campanha (depois de até ter sofrido ameaça de morte por parte dos credores). Por fim, Rodrigues abandonou a política, foi afastado da IURD e deixou de ser bispo. Passou para a história como um dos que perderam com o mensalão – mas também esteve envolvido com outro escândalo, o da máfia dos sanguessugas (2006).

A defesa do ex-bispo foi rápida. Parecia que até seu advogado estava esperando – como todos – a chegada à tribuna de Luiz Francisco Corrêa Barbosa, o defensor de Roberto Jefferson Monteiro Francisco. O advogado tinha dado várias entrevistas antes do julgamento dizendo que iria colocar no centro do escândalo o ex-presidente Lula. Três dias antes tinha protagonizado um incidente quando estava querendo assistir ao julgamento sem estar devidamente vestido, de acordo com o regimento do STF. Barbosa cumpriu a promessa e incendiou o julgamento. Recontou a história tantas vezes repetida por Jefferson, que teria ficado sabendo do mensalão, impedido que o PTB entrasse no esquema, ido aos ministros denunciar o fato e, finalmente, ao então presidente Lula. O advogado afirmou que Jefferson havia recebido 4 milhões de reais de Marcos Valério, o que chamou de apoio do PT ao PTB para a eleição municipal de 2004, justificando que "a transferência de recursos entre partidos é autorizada por lei".

Em pouco mais de uma hora de julgamento, apareceram duas versões para o caixa dois: uma do "bispo" Rodrigues, de que foi para pagar gastos do segundo turno da eleição presidencial de 2002; outra, a de Roberto Jefferson, de que o dinheiro era para a campanha municipal de 2004, em um acordo entre as lideranças nacionais do PTB e do PT. O PTB, segundo Corrêa Barbosa, não conhecia a origem do dinheiro. Posteriormente, o PT teria dito que era proveniente de empréstimos bancários. Até então, a defesa seguia os passos dos outros advogados e, no máximo, assumia a existência do caixa dois. Mas, no décimo sexto minuto da sustentação oral, Barbosa mudou de direção (e até de tom) e mirou no ex-presidente Lula: "Sim, ele ordenou. É claro que o procurador-geral não poderia afirmar aqui que o presidente da República era um pateta, que ele não sabia de nada". O "presidente da República é o mandante dessa história". E foi em frente:

> O ministro Marco Aurélio usou para o presidente Lula a expressão carioca: 'é safo', é esperto. É doutor *honoris causa* em universidades brasileiras e de fora do país. Mas é um pateta? Não, é safo. Não só sabia, como ordenou o desencadeamento de tudo isso que essa ação penal escrutina. Sim, ele ordenou. Aqueles ministros eram apenas executivos dele. Mas, recebida a denúncia, a PGR deixou o dono fora da ação. Esta oração tem sujeito.

Fez uma acusação grave ao ex-presidente Lula, o qual teria editado uma Medida Provisória para favorecer o Banco BMG – que desejava operar com crédito consignado – e, em troca, dos empréstimos para abastecer o esquema:

> Dirigentes do Banco BMG pedem audiência com o presidente. Concedida a audiência, o presidente, poucos dias depois, emite uma Medida Provisória permitindo que todos os bancos do país operassem crédito consignado. [...] Em dois meses, o BMG entrou no mercado. Em seguida, o PT obteve empréstimos do Rural e do BMG, esses tais empréstimos a que se refere a Ação Penal. É evidente a relação, o entrelaçamento entre esses fatos.

Em seguida, disparou também contra o procurador-geral: "Sua excelência é pioneiro. Cometeu crime de omissão". E fez um ataque duplo, ao procurador-geral e a Lula: "Se o presidente da República só pode ser julgado pelo STF, peço que esse tribunal cumpra a lei e que o procurador chame o presidente Lula para esta Corte, porque ele é o mandante de todo esse crime".[11] E encerrou 41 minutos após ter se dirigido à tribuna: "Roberto Jefferson foi acusado para ser silenciado, para não abrir aquela boca enorme".

Corrêa Barbosa deixou a tribuna com ar de vitorioso. Reconheceu o óbvio, que tinha sido negado pelos seus antecessores: o mensalão existiu. Colocou o dedo na ferida principal do processo: a ausência do ex-presidente Lula. E até acusou o ex-presidente de ter comandado o esquema, sem contar que atacou duramente o procurador-geral. Até então, era a defesa mais polêmica.

Em seguida foi a vez do réu Emerson Palmieri, também vinculado ao PTB e defendido por Itapuã Prestes de Messias, negar participação de seu clien-

11 No dia seguinte, o ministro Marco Aurélio deu mais uma entrevista e disse que o "procurador-geral da República é o titular exclusivo da ação penal pública. O STF é um órgão inerte, não adita denúncia para incluir este ou aquele investigado. O Judiciário não tem a iniciativa em ação penal pública contra quem quer que seja. Não podemos puxar a orelha dele [do procurador-geral]". Evitou responder, quando perguntado, se Gurgel teria sido ou não omisso.

te no esquema. Ressaltou que Palmieri não havia realizado saques. Segundo ele, outro funcionário do partido havia feito os saques e, assim, a responsabilidade seria do então presidente do PTB, José Carlos Martinez, já falecido. Mais uma vez, no processo, era o morto que teria de arcar com a acusação. De acordo ainda com Messias, Palmieri só teria entrado no processo para "desestabilizar Roberto Jefferson". O advogado, já próximo do final, iniciou as "homenagens". Primeiro falou do presidente: "Essa Casa, com o senhor, ficou mais poética". Depois homenageou o ministro Dias Toffoli, elogiando sua presença no STF, o que seria "um prenúncio" (prenúncio do quê?). Estranha homenagem, pois o grande assunto do dia tinha sido uma postagem do jornalista Ricardo Noblat, em seu blog, relatando que havia sofrido agressão verbal e moral do ministro Toffoli numa festa em Brasília.

Acabo de sair de uma festa em Brasília. Na chegada e na saída cumprimentei José Antônio Dias Toffoli, ministro do Supremo Tribunal Federal.

Há pouco, quando passava pelo portão da casa para pegar meu carro e vir embora, senti-me atraído por palavrões ditos pelo ministro em voz alta, quase aos berros.

Voltei e fiquei num ponto do terraço da casa de onde dava para ouvir com clareza o que ele dizia.

Toffoli referia-se a mim.

Reproduzo algumas coisas que ele disse (não necessariamente nessa ordem) e que guardei de memória:

"Esse rapaz é um canalha, um filho da puta."

Repetiu "filho da puta" pelo menos cinco vezes. E foi adiante:

"Ele só fala mal de mim. Quero que ele se foda. Eu me preparei muito mais do que ele para chegar a ministro do Supremo." E acrescentou:

"Em Marília não é assim."

Foi em Marília, interior de São Paulo, que o ministro nasceu em novembro de 1967. Por mais de cinco minutos, alternou os insultos que me dirigiu sem saber que eu o escutava:

"Filho da puta, canalha." Depois disse:

"O Zé Dirceu escreve no blog dele. Pois outro dia, esse canalha o criticou. Não gostei de tê-lo encontrado aqui. Não gostei." Arrematou:

"Chupa! Minha pica é doce. Ele que chupe minha pica."[12]

Na fase de encerramento, o defensor se dirigiu ao procurador-geral de forma desrespeitosa – e era a segunda vez numa só sessão – e disse: "O que a defesa faz aqui não é em relação a Vossa Excelência. Não é em relação ao senhor, que tem uma aparência leve e lembra até o Jô Soares".

Depois do intervalo, um dos mais longos do processo até aquele momento (cinquenta minutos), começou a defesa do deputado Romeu Queiroz, que teria recebido inicialmente 102 mil reais do esquema. O defensor insistiu que tudo havia sido legal: "O dinheiro tinha uma aparência sadia". E José Borba já tinha, inclusive, sido absolvido pela Câmara

12 Fonte: "Dias Toffoli, ministro do STF, me agride com palavrões e baixarias". Blog do Noblat, portal do jornal *O Globo*. Disponível em: <http://oglobo.globo.com/pais/noblat/posts/2012/08/11/dias-toffoli-ministro-do-stf-me-agride-com-palavroes-baixarias-459803.asp>. Acesso em: 29 out. 2012.

dos Deputados. O deputado havia de fato recebido os recursos da empresa Usiminas através de Marcos Valério ("foi o rito de passagem"), mas não tinha conhecimento de que eram ilícitos. O dinheiro seria usado nos gastos de campanha.

Já eram 18h20 quando o último orador foi à tribuna. Era Inocêncio Mártires Coelho, procurador-geral da República entre 1981 e 1985. Percebendo o cansaço dos ministros, o defensor disse: "Entendo que a brevidade deve ser a cortesia do orador". Fez uma defesa acadêmica: "Todo e qualquer inquérito é uma peça de ficção. É apenas uma narrativa, não é uma realidade". Citou até Michel Foucault (quem diria que um dia Foucault acabaria no STF?). Coelho defendia José Borba, ex-deputado e atual prefeito de Jandaia (PR). Atacou duramente a PGR: "A denúncia é uma incompetência técnica", não "passam de meras ilações" e "as provas são anêmicas". Negou que Borba tivesse recebido quantias milionárias, como era acusado. A defesa encerrou às 19h06. O presidente Ayres Britto ainda tentou realizar mais uma sustentação, mas encontrou resistência entre os ministros. Encerrou os trabalhos e convocou nova sessão para o dia seguinte.

A nona sessão do julgamento começou (mais uma vez) atrasada. Às 14h28, Ayres Britto deu por iniciada a sessão. Era uma tarde quase toda petista:

dos cinco acusados, quatro tinham ligação com o PT. O réu era Paulo Rocha, deputado federal petista pelo Pará, um dos que renunciaram ao mandato com receio da cassação, mas acabou eleito em 2006, voltando ao Congresso. Seu advogado, João Gomes Filho, chamou a atenção, não pela defesa mas pelo número de homenagens (e, diga-se, não saudou Celso de Mello). Com um ar bonachão, passou boa parte do tempo homenageando os ministros: foi o recordista em todo o processo. Proferiu tantos que chegou a dizer: "Não sei mais a quem saudar". Um dos "homenageados" deve ter ficado com a pulga atrás da orelha: foi o ministro Marco Aurélio, escolhido por ter concedido *habeas corpus* a um acusado de transportar oitenta quilos de cocaína. Falou obviedades: "Esta Corte tem vocação constitucional". Justificou com o caixa dois. O deputado tinha recebido o dinheiro, não negava, mas para pagar gastos de campanha. Fez até uma curiosa digressão. Disse que seu cliente tinha o dever jurídico de pagar as dívidas mesmo sabendo que eram recursos do caixa dois. Era um ato de justiça social. Não se fez de rogado. Continuou: "Não consigo abandonar a ideia de que o que nós discutimos aqui é uma miséria". Caixa dois é "uma prática recorrente no modelo eleitoral brasileiro".

Gomes Filho fez uma defesa bem-humorada, transformando seu cliente em um mero instrumento do PT (e, no fundo, de Delúbio Soares). Lembro que o acordo de 2002 entre o PT e o PL foi definido no apartamento funcional de Paulo Rocha. Mas, a "participação de Paulo naquela reunião se resumiu a sentar ao lado do presidente e dar uma cachacinha pequeninha". Sempre deslocando o foco da defesa, resolveu criticar a corregedora do Conselho Nacional de Justiça na época, Eliana Calmon, que teria dito que o STF seria julgado pelo resultado desse processo. E finalizou com uma frase enigmática:

> Sob a fé do meu grau, sob a confiança que me fez advogar uma causa, que nós deixemos as ilusões pueris de buscar um mundo melhor para os poetas e nos concentremos naquilo que é mais caro ao processo penal, que é tangear a decência do cidadão e protegê-lo das investidas fatais.

O encerramento da defesa de Paulo Rocha foi recebida com certa satisfação. Agora era a vez da secretária de Paulo Rocha, Anita Leocádia Pereira da Costa. Ficou uma curiosidade: qual a origem do nome? Seu pai era simpatizante do PCB, daí ter (será?) desejado homenagear a filha de Luís Carlos Prestes com Olga Benário, chamada Anita Leocádia, que nasceu em 1942 em um campo de concentração nazista? Seu advogado, desafortunadamente, fez uma cobrança indevida. Queria a presença no plenário do ministro Joaquim Barbosa. Todos que estavam acompanhando o julgamento sabiam dos problemas de saúde do ministro, e que, quando não estava no plenário, acompanhava a sessão de uma sala ao lado pela televisão. Depois de receber a devida resposta por parte do presidente, tentou justificar o que levou Anita Leocádia a receber o dinheiro (e quem pediu que ela fosse). Disse uma frase de difícil compreensão: "Nós precisamos aqui de um choque de serenidade, que produza calma, que produza jurisprudência e tranquilidade". Independentemente do significado dessa "bomba", o importante foi o que o defensor, Luiz Maximiliano Leal Mota, expôs sobre Anita: "Estava cumprindo uma ordem superior". Subitamente, no encerramento da defesa, olhou fixamente para o procurador e disse que não iria citar Chico Buarque ("já deu o que tinha de dar") e lascou Cazuza: "Procurador, sua piscina está cheia de ratos. As tuas ideias não correspondem aos fatos. O tempo não para".

Depois de certo estupor – mais que justificável –, dirigiu-se à tribuna Pierpaolo Cruz Bottini, advogado de Luiz Carlos da Silva, mais conhecido como "professor Luizinho". Tal qual Delúbio, Luizinho, durante alguns anos, foi professor de Matemática no Ensino Médio. Político poderoso, em 2005, quando da eclosão do escândalo, era o líder do governo na Câmara. Era agora acusado de ter recebido 20 mil reais do esquema. O saque, de acordo com o advogado, destinava-se ao pagamento do designer de camisetas para a campanha eleitoral de 2004. Nesse instante, Bottini apresentou para o Brasil um novo personagem da nossa história: o Zé Linguiça. Trabalhava no gabinete do deputado. Certo dia, Luizinho recebeu um telefone de Delúbio: "Avise o Zé Linguiça que o dinheiro chegou". E dessa forma o dinheiro foi recebido pelo deputado, mas para pagar os gastos de campanha, como insistiu o seu defensor. Bottini, a fim de demonstrar a legitimidade do saque, disse: "O dinheiro não foi colocado ao corpo, ele não pegou na calada da noite. Ele foi ao banco buscar". É, o ilícito foi às claras; e por que não ser legal, justamente por isso?

Depois de um intervalo de 48 minutos, a sessão foi retomada. O réu era mais um deputado do PT, João Magno. Ficou conhecido quando conseguiu se salvar da cassação, numa votação da Câmara, numa noite em que a deputada petista Ângela Guadagnin, alegre com o resultado da votação, inovou a história da dança ocidental, com passos e coreografia originalíssimos. A performance ficou conhecida como a "dança da pizza". O deputado era do baixo clero petista. Fez uma defesa errática. Atacou a imprensa ("essa imprensa também pratica alguns conluios e faz conchavos com pessoas que respondem por crimes") e defendeu José Dirceu ("só falta ser responsabilizado pela morte de Odete Roitman e do Bin Laden"). A sempre presente tese do caixa dois voltou. E encerrou dizendo que o "julgamento não pode ser a resposta a um apelo popular por um país sem corrupção".

Em seguida, foi à tribuna o segundo defensor do deputado, o advogado Wellington Valente. Repetiu as mesmas teses do primeiro defensor, com pequenas variações estilísticas. E acrescentou:

> Se alguém está participando de uma organização criminosa para ocultar dinheiro, vai receber na sua conta corrente? Eu acho que não. Eu acho muito difícil. Só se fosse um pateta, que ele não é.

Registre-se: era a segunda vez no julgamento que se usava a palavra "pateta", quase como um conceito.

O cansaço dos ministros já se mostrava evidente. O público foi abandonando o auditório no decorrer da sessão. O último réu era Anderson Adauto, que tinha sido ministro dos Transportes no início do governo Lula e depois eleito duas vezes prefeito de Uberaba (2004 e 2008). Sobre ele pesavam as acusações de corrupção ativa e de lavagem de dinheiro. Teria recebido 950 mil reais.

Roberto Garcia Lopes, o defensor, admitiu que seu cliente havia procurado Delúbio, mas para ajudar a saldar as dívidas eleitorais do PTB. Na época o acusado fazia parte do PL. Garcia Lopes foi logo dizendo: "Não vou superar o brilhantismo de todos os advogados que me antecederam". E cumpriu. A defesa foi breve: 23 minutos. Negou todas as imputações. Às 19h16, nem Ayres Britto estava mais no plenário. Quem encerrou a sessão foi Joaquim Barbosa.

Ufa, havia chegado o dia 15, o décimo dia do julgamento. E mais importante: o último dia das sustentações orais. Melhor ainda: nesse dia restavam somente três defesas!

A sessão até começou mais cedo que o habitual, com somente catorze minutos de atraso. Na segunda parte, teria início a apresentação do voto do ministro Joaquim Barbosa, que estava sendo muito aguardado.

A tensão pairava no ar. O presidente Ayres Britto abriu a sessão dizendo: "Vamos conhecer hoje uma sessão mesclada: com sustentações orais e outra com votos". Imediatamente o ministro Marco Aurélio fez uma observação criticando o que chamou de "pressa no julgamento". O presidente lembrou que na primeira sessão tinha ocorrido um incidente processual e que o calendário havia sido aprovado por consenso. O ministro Ricardo Lewandowski fez então questão de dizer: "Se houve incidente processual, este não se deu a nenhum ato do revisor". O cenário de guerra estava se desenhando, mais uma vez.

A discussão, com a participação de outros ministros, estendeu-se por vinte minutos. Quando o clima esfriou, Ayres Britto solicitou que fosse à tribuna o defensor de José Luiz Alves. O réu tinha ocupado o cargo de chefe de gabinete de Anderson Adauto, então ministro dos Transportes, e era acusado de ter realizado quatro saques no Banco Rural. A argumentação da defesa foi semelhante à de réus anteriores. Alves não sabia que os recursos eram de fonte ilícita e, com eles, teria efetuado pagamentos referentes aos gastos da campanha de 2002. Em vinte minutos, foi resumida a defesa.

Mas todos estavam aguardando as duas próximas defesas, dos réus Duda Mendonça e Zilmar Fernandes, responsáveis pela propaganda do então candidato presidencial, em 2002, Luiz Inácio Lula da

Silva. Ainda estava na memória o bombástico depoimento de Duda, na CPMI dos Correios, quando confessou, por livre e espontânea vontade, ter recebido o pagamento pelo seu serviço em uma conta aberta no exterior para este fim. Luciano Feldens tinha uma tarefa difícil. Mas desempenhou bem sua missão, com um discurso educado, raciocínio lógico e sem os vícios de oratória de seus colegas que o precederam. Disse que falaria em nome dos dois sócios. Historiou a campanha de 2002, destacou o papel de Duda Mendonça – com certo exagero, registre-se, chegando a imputar o *slogan* "Lula lá" ao publicitário baiano, quando na verdade ele foi criado para a eleição de 1989 –, tudo para demonstrar que eles haviam recebido o pagamento por um trabalho realizado. Mostrou o contrato entre a empresa e o PT e fez questão de afirmar que seus clientes nunca tinham sido "mensaleiros".

E continuou, insistindo que não tinha havido lavagem de dinheiro, nem nenhuma dissimulação. Eles tinham de receber pelo trabalho realizado: "Se receberam dinheiro limpo, então por que estão na Ação Penal? Exclusivamente em razão da forma como receberam os valores. Termina a eleição, o PT sai vitorioso e quem paga Duda e Zilmar? Foram mais de trezentos funcionários trabalhando na campanha, viagens, transportes, pesquisas. Duda auxiliava o candidato a presidente até nos debates". Mostrou documentos da conta Dusseldorf para provar que não houve qualquer tipo de ocultamento. Disse que "Duda errou e pagou", e "recolheu mais de 4 milhões de reais aos cofres da Fazenda Nacional". Foi uma defesa convincente dos dois clientes, mas deixou muito mal Luiz Inácio Lula da Silva. Por quê? O principal responsável pelos gastos de uma campanha eleitoral é o candidato. E o candidato era Lula. Portanto, houve, no mínimo, um crime eleitoral. Mas, como o pagamento foi realizado em 2003, quando Lula já era presidente, poderia configurar um crime de responsabilidade – e, nesses casos, a Constituição é muito clara, no artigo 85, que trata dos crimes de responsabilidade.

Mas Feldens não estava lá para defender Lula. Fez o seu papel – e bem. Após o término da sua sustentação, foi à tribuna Antonio Carlos de Almeida Castro, mais conhecido por Kakay, um dono de restaurante, em Brasília, que exerce ainda a profissão de advogado. Também fez a defesa de Duda e Zilmar. Só que deixou as questões técnicas de lado. Se as defesas tiveram momentos ruins, este, curiosamente, o último a encerrar 38 sustentações, era certamente o pior. Foi quando a vulgaridade chegou ao ápice. O advogado, inicialmente, deixou de lado seus clientes. Fez elogios entusiásticos a Lula e José Dirceu ("homem sério", que estava combatendo a corrupção existente nos Correios). Disse que "não existiu o mensalão". Reclamou que não podia comer sequer uma barra de cereal no recinto do julgamento, enquanto Roberto Gurgel tomava café com os ministros. Atacou a imprensa e o funcionamento das CPIs. Mas o pior estava por vir. Falou que Lula o teria consultado para indicar, em 2003, o procurador-geral e que ele teria dito que o nome ideal era "o do vascaíno Cláudio Fonteles", do grupo que está até hoje comandando a PGR. Em outras palavras, sugeriu que Gurgel devia a ele (Kakay) estar na Procuradoria-Geral. Um despropósito, mais ainda dito em juízo, e no plenário da nossa Suprema Corte. O término da sua intervenção foi recebido com alívio.

Foram quarenta minutos de intervalo. A sessão foi reiniciada. Depois de cinquenta horas, entre questões de ordem e sustentações da acusação e da defesa – todas, sem exceção, realizadas por homens, e que teriam, no total, recebido 60 milhões de reais –, finalmente, chegava a hora do julgamento propriamente dito, de conhecer as sentenças de cada ministro. A palavra foi então transferida ao relator do processo. O ministro Joaquim Barbosa disse que iria começar pelas questões preliminares enviadas pelas defesas. Eram dezoito. Antes de iniciar a discussão das preliminares, o ministro Marco Aurélio voltou a tocar na questão do desmembramento do processo, que foi negado, novamente, pelo presidente Ayres Britto, desta vez de forma peremptória. A sessão – a mais longa do julgamento até aquele momento – estendeu-se até 20h30. Das dezoito questões preliminares, todas foram rejeitadas, excetuando a referente ao réu Carlos Alberto Quaglia, dono da Natimar, que teve considerado o pedido da Defensoria Pública de que houve cerceamento de defesa. Ficou decidido que o réu deveria responder ao processo na primeira instância na Justiça Federal de Santa Catarina, onde reside.

Mas o que marcou o final da sessão foi o pedido do ministro Joaquim Barbosa ao STF para que encaminhasse à OAB uma representação contra os advogados Antonio Sérgio de Moraes Pitombo, Leonardo Magalhães e Conrado Almeida Gontijo. Os advogados tinham solicitado o afastamento do relator do processo, acusando-o de ter agido de forma parcial, "midiática". Para o ministro, eles "ultrapassaram o limite da deselegância e da falta de lealdade que se exige de todos os atores do processo, se aproximando da pura ofensa pessoal". Durante cinquenta minutos, as discussões tiveram como ponto central o pedido de Barbosa; a maioria dos ministros destacou a importância das prerrogativas constitucionais dos advogados (conforme artigo 133), e a preliminar acabou sendo rejeitada por unanimidade. Já a solicitação do relator também foi rejeitada, neste caso por nove votos contra dois. No debate, mais uma vez ficou patente a animosidade entre os ministros. O ódio estava estampado em muitos dos "eminentes juízes". E a prolixidade, a vontade de falar a qualquer preço, a qualquer momento, tomou conta da sessão.

Mais uma vez ficou patente que o STF não conseguia agir como um colegiado. Cada ministro era um tribunal. A imprensa era utilizada para um ministro atacar o outro. E durante o julgamento do mensalão isso ocorreu diversas vezes. No dia anterior à finalização das defesas, Marco Aurélio deu uma entrevista falando do clima tenso na Corte, que não deveria ser assim, insistiu que a "discussão deveria ser de ideias", mas aproveitou para cutucar Joaquim Barbosa: "O relator tem poder, mas ele não é um todo-poderoso no processo. Ele não dita as regras". Daí que pode ser considerada natural a reação do ministro Joaquim Barbosa quando foi anunciada a negação da representação à OAB. Ele teceu ácidas críticas:

> Cada país tem o modelo e o tipo de justiça que merece. Justiça que se deixa ameaçar e agredir por uma guilda ou o modelo de uma guilda, eu lamento o fim que terá. [...] Lamento muito que nós, como brasileiros, tenhamos que carregar certas taras antropológicas, como essa do bacharelismo. A Corte Suprema do país, diante de uma agressão clara contra um dos seus membros, entende que isso não tem significância.

E continuou irritado. Lendo uma das preliminares disse: "Quero eliminar as abobrinhas para a gente discutir o que é importante. Trouxe tudo a esse tribunal para evitar qualquer mambo jambo". Foi neste clima bélico que o país ficou aguardando o voto do ministro Joaquim Barbosa no dia seguinte, quinta-feira, 16 de agosto. Em todo o processo, e já tinham ocorrido onze sessões, de tudo um pouco foi visto no STF ou nas suas imediações. Passeatas de funcionários públicos em greve, manifestações

– pequenas, é verdade – de populares criticando os mensaleiros, e até um senhor que se considera a reencarnação de Jesus Cristo deu as caras. Garantiu que os acusados poderão ir para o céu. Só quem não apareceu foi a oposição. Nenhum líder, deputado ou senador oposicionista teve interesse de comparecer ao centro das atenções nacionais.

a qualquer preço

No décimo primeiro dia do julgamento finalmente ia começar... o julgamento. Coisas do Brasil. Com 49 minutos de atraso, Ayres Britto deu por iniciada a sessão. Joaquim Barbosa preparou-se para iniciar a leitura do seu voto. Não falou mais que três minutos. Logo foi interrompido pelo revisor. Lewandowski argumentou que não aceitaria o fatiamento do voto, como propunha Barbosa, dada a extensão das acusações contra os 38 réus, agora 37 com a exclusão de Quaglia. O problema é que era absolutamente inviável e inexequível – usando uma linguagem ao gosto dos eminentes juízes – que o relator lesse 1.200 a 1.500 páginas e o revisor, aproximadamente esse mesmo número (a extensão desses votos já tinha sido anunciada), para, só aí, os outros nove ministros iniciarem a apresentação dos seus votos, seguindo o mesmo procedimento. Seria impossível estabelecer algum tipo de debate. Cada voto levaria uma semana, no mínimo. E quem iria se lembrar, quando um ministro, na sétima semana, fosse fazer referência ao primeiro voto? A proposta de Barbosa de fatiar o voto seguindo os itens apresentados pela acusação era a mais adequada, sendo adotada na aceitação do inquérito 2245, que se transformou na Ação Penal 470.

Diversamente do ocorrido em 2007, o presidente Ayres Britto não fez nenhuma reunião administrativa nessa fase do processo. Assim, a intervenção de Lewandowski poderia ser entendida como uma forma protelatória, que atrasaria o andamento do processo. Era sabido que o ministro Cezar Peluso – contado como um dos votos certos que condenariam os mensaleiros – se aposentaria em 3 de setembro e, portanto, com o atraso dos trabalhos, não poderia votar. Porém, em tese, o revisor não estava equivocado, pois o rito não tinha sido *a priori* definido. Se o relator teria a preferência, caberia aos ministros, de forma soberana, definir como seriam apresentados os votos.

A balbúrdia tomou conta do plenário. Foram vinte minutos de falas desencontradas, uma se sobrepondo à outra. Britto consultou os ministros e concluiu, sem contestação, que cada um deveria votar como bem entendesse, ou, para ser fiel a sua forma muito particular de falar e resolver as pendências: "O homem é o estilo, o estilo é o homem.

Fica a cargo de cada ministro adotar sua medida para a votação". A decisão era controversa. Como relator, Barbosa iria apresentar o seu voto fatiado, por partes – e não havia nada regimentalmente que o proibisse, diversamente do que havia argumentado Lewandowski. E os outros ministros? Uns leriam na íntegra o voto e outros por partes? Mas, como ler na íntegra, se o voto dos juízes deve, primeiro, ouvir o voto do relator, como dispõe o artigo 135 do regimento, para só então votar?

A solução adotada foi seguir adiante e ver o que aconteceria no decorrer dos trabalhos. Ao menos, o julgamento poderia continuar. O ministro Joaquim Barbosa começou, então, pelo item 3, referente aos desvios de recursos públicos, e disponibilizou o seu voto na rede; tinha, na parte inicial, 159 páginas. Explicou que o voto:

> segue a mesma estrutura lógica do acórdão de recebimento da denúncia, ou seja, inicia-se pelo julgamento dos crimes de corrupção ativa, corrupção passiva, lavagem de dinheiro e peculato narrados no capítulo III da inicial acusatória, relacionados aos contratos publicitários das agências vinculadas aos acusados MARCOS VALÉRIO FERNANDES DE SOUZA, CRISTIANO DE MELLO PAZ e RAMON HOLLERBACH CARDOSO com a Câmara dos Deputados e o Banco do Brasil. Esses contratos permitiram, segundo o procurador-geral da República, desvios dolosos de recursos públicos para as contas dos réus do chamado "núcleo publicitário" (folha 5.652). No caso da Câmara dos Deputados, MARCOS VALÉRIO, CRISTIA-

NO PAZ e RAMON HOLLERBACH respondem pela prática do crime de corrupção ativa (artigo 333 do Código Penal), materializado no pagamento de R$ 50.000,00 ao sr. JOÃO PAULO CUNHA, no dia 4 de setembro de 2003, em razão do cargo por ele ocupado. Por esse mesmo fato, o sr. JOÃO PAULO CUNHA é acusado da prática do crime de corrupção passiva (artigo 317 do Código Penal), por ter recebido vantagem indevida em razão do cargo de presidente da Câmara dos Deputados, e de lavagem de dinheiro (artigo 1, V, da lei 9.613/98), por ter se utilizado de mecanismos para ocultar a origem, movimentação, localização e propriedade dos R$ 50.000,00 recebidos em espécie. Ainda no tópico da Câmara dos Deputados (subitem III.1), os réus são acusados da prática de crimes de peculato por meio do contrato firmado entre a SMP&B e a Câmara dos Deputados, datado de 31 de dezembro de 2003, mediante licitação do tipo "melhor técnica". Dois são os desvios narrados na denúncia. O primeiro ocorreu pelo expressivo volume de subcontratações, baseadas em autorizações do sr. JOÃO PAULO CUNHA, que reduziram a participação da SMP&B a 0,1% do total contratado. Para o procurador-geral da República, essa foi a forma de transferir, indevidamente, recursos públicos para a agência dos réus MARCOS VALÉRIO, CRISTIANO PAZ e RAMON HOLLERBACH. O dispêndio contratual efetuado através da SMP&B somou R$ 10.745.902,25, embora a agência tenha prestado serviços referentes a apenas R$ 17.091,00. O procurador-geral da República concluiu ter havido desvio de R$ 1.077.857,81, equivalente ao montante de honorários pagos indevidamente à agência sobre serviços de terceiros.

O segundo desvio, imputado apenas ao sr. JOÃO PAULO CUNHA, deu-se pela contratação direta de seu assessor, sr. Luís Costa Pinto, no âmbito do contrato publicitário da SMP&B com a Câmara dos Deputados. O sr. Luís Costa Pinto havia prestado serviço de marketing político para JOÃO PAULO CUNHA, entre dezembro de 2002 e fevereiro de 2003, durante sua campanha para a presidência da Câmara. Acusa-se, no caso, o réu JOÃO PAULO CUNHA de, pelo mecanismo da subcontratação da empresa IFT, de propriedade do sr. Luís Costa Pinto, ter utilizado recursos públicos em proveito próprio, para manter o serviço de assessoria direta que lhe vinha sendo prestado.

Ainda no Capítulo III, serão objeto de discussão outras imputações de crimes de peculato, corrupção ativa, corrupção passiva e lavagem de dinheiro, desta feita em detrimento do Banco do Brasil. Os réus MARCOS VALÉRIO, CRISTIANO PAZ e RAMON HOLLERBACH e o ex-diretor de marketing do Banco do Brasil, HENRIQUE PIZZOLATO, são acusados de ter desviado valores concernentes ao bônus de volume, no âmbito do contrato firmado entre o Banco do Brasil e a agência DNA Propaganda, controlada por MARCOS VALÉRIO, CRISTIANO PAZ e RAMON HOLLERBACH. O desvio teria somado R$ 2.923.686,15 (subitem III.2 da denúncia). O segundo desvio envolveu verbas de publicidade do Banco do Brasil, oriundas do Fundo de Incentivo Visanet. No caso, o réu HENRIQUE PIZZOLATO, no exercício do cargo de diretor de comunicação e marketing do Banco do Brasil, comandou quatro repasses para a conta bancária da DNA Propaganda, que totalizaram R$ 73.851.536,18 (setenta e três milhões, oitocentos e cinquenta e um mil, quinhentos e trinta e seis reais e dezoito centavos), dois deles em 2003 (maio e novembro) e outros dois em 2004 (fevereiro e maio), antecipadamente à prestação de qualquer serviço pela agência e sem previsão da transferência desses recursos no contrato de publicidade da DNA com o Banco do Brasil. No caso, foi pedida a absolvição do sr. LUIZ GUSHIKEN. Ainda nesse último tópico, o sr. HENRIQUE PIZZOLATO foi acusado de ter recebido vantagem indevida, em razão do cargo, no montante de R$ 326.660,67, pagos pelos réus MARCOS VALÉRIO, CRISTIANO PAZ e RAMON HOLLERBACH, no dia 15 de janeiro de 2004. O mecanismo utilizado para o recebimento da vantagem materializou o crime de lavagem de dinheiro.[1]

Bem, depois dessa longa, mas indispensável, citação – necessária até para situar o roteiro das acusações e os caminhos percorridos pelo ministro-relator –, o foco se voltou novamente para Joaquim Barbosa. E ele não perdeu tempo. Começou a desmontar impetuosamente as argumentações da defesa ao comprovar que o dinheiro recebido pela esposa de João Paulo Cunha era da SMB&P e que o deputado tinha absoluto conhecimento da origem, ou seja, sabia que não era dinheiro do PT, como sustentado desde 2005.

Segundo Barbosa, um fax apreendido na empresa de Valério comprovou que havia uma autorização para o saque no Banco Rural dos 50 mil reais realizado pela esposa do deputado: "Não havia dúvida de que o dinheiro não era do PT, nem

1 A citação é uma transcrição literal de parte do voto disponibilizada na internet pelo gabinete do ministro Joaquim Barbosa com o título "Origens dos recursos empregados no esquema criminoso: crimes de corrupção (ativa e passiva), peculato e lavagem de dinheiro (capítulo III da denúncia)". A citação corresponde às páginas 2-7. Dias depois, o gabinete do ministro disponibilizou outra parte do seu voto com o título "Banco do Brasil: Crimes de peculato, corrupção ativa, corrupção passiva e lavagem de dinheiro (itens III.2 e III.3 da denúncia)". O documento tem 149 páginas.

de Delúbio Soares, mas dos sócios que realizaram a campanha de João Paulo Cunha à presidência da Câmara". E concluiu: "O réu conhecia a origem do dinheiro e aceitou a vantagem ilícita paga pela SMP&B". O relator foi desconstruindo tese por tese da defesa. Mostrou que o deputado e Marcos Valério haviam se encontrado várias vezes – inclusive na eleição de Cunha para a presidência da Câmara – e falou dos presentes recebidos pelo deputado e sua secretária, demonstrando uma relação próxima entre os dois.

O relator, porém, logo enfrentou uma questão sistematicamente levantada pela defesa do deputado (e de outros réus, também) sobre a prática de ato de ofício: "João Paulo Cunha assinou a portaria que dava início ao procedimento de licitação para a escolha de agência de comunicação". Tendo como base um relatório de auditoria, o relator deixou claro que a agência não poderia ter vencido a concorrência pela sua *expertise*, pois tinha profissionais considerados menos qualificados e uma pequena estrutura: "Senhores, vejam a natureza fraudulenta da licitação que levou à contratação da SMP&B". E arrematou:

> O pagamento da vantagem indevida foi um claro favorecimento privado oferecido pela agência que participou da licitação, em benefício próprio de João Paulo, uma vez que lhe cabia no cargo de presidente da Câmara formar a comissão de licitação.

E deu o golpe de morte: "Estão caracterizados, portanto, os crimes de corrupção ativa imputados a Marcos Valério e Ramon Hollerbach e de corrupção passiva imputados a João Paulo Cunha". Foram sessenta minutos acachapantes. Os acusados estavam nas cordas. Restou ao presidente Ayres Britto interromper a sessão para o famoso intervalo de trinta minutos.

Cinquenta e três minutos depois – ah, Ayres Britto, não eram apenas trinta minutos? –, o relator voltou na mesma toada. Foi, por meio de provas irrefutáveis, retirando toda a sustentação da defesa, ponto por ponto, desmontando a tese do caixa dois, criada em 2005 e repetida *ad nauseam* desde então. O relator destacou que a "SMP&B recebeu recursos públicos para, basicamente, contratar serviços de terceiros, tornando-se depositária de quase 11 milhões de reais, dos quais tirou honorários líquidos de mais de 1 milhão de reais". E mais: "Além disso, as empresas eram subcontratadas para realizar serviços que não tinham pertinência com o objeto da licitação". Então, concluiu: "João Paulo tinha poder para determinar a execução de dezenas de serviços no âmbito do contrato da SMP&B e o fez. A agência foi remunerada sem quase nenhuma contrapartida na criação de peças publicitárias". Portanto, segundo o relator, "o dolo da prática criminosa fica assim caracterizado. A SMP&B foi contratada, sobretudo, para receber honorários". Pouco antes ressaltou o estranho contrato entre a Câmara dos Deputados e a empresa Vox Populi para a realização de uma campanha no valor de 347 mil reais. Mas o que chamou a atenção foram algumas perguntas que nada tinham a ver com o objetivo da contratação como: "Você acredita que José Dirceu tem culpa no cartório no caso Waldomiro Diniz?"

Cansado, o ministro Joaquim Barbosa foi tentando resumir o voto. Condenou por peculato pelas "graves e reiteradas irregularidades de Marcos Valério, Cristiano Paz e Ramon Hollerbach" e "em detrimento da Câmara dos Deputados". Depois passou a analisar o caso da contratação da IFT (Ideias, Fatos e Textos) pela Câmara dos Deputados. Segundo a acusação, a contratação da IFT foi apenas um artifício para que a empresa continuasse assessorando Cunha, e tudo, claro, com dinheiro público. Consequentemente, Barbosa também condenou o deputado por mais um peculato. No final da sessão resumiu suas condenações: "Por todo o exposto, condeno João Paulo Cunha por corrupção passiva, lavagem de dinheiro e dois crimes de peculato. Condeno ainda Marcos Valério, Cristiano Paz e Ramon Hollerbach por corrupção ativa e peculato".

Quando tudo indicava que a sessão terminaria – e já eram 19h16 –, Barbosa resolveu insistir na tese de que cada ministro deveria analisar os réus por item, de acordo com a denúncia – ou seja, após a exposição do relator, o revisor deveria seguir o mesmo caminho, assim como os demais ministros. No final do julgamento, se daria a proclamação final das penas, com o estabelecimento da dosimetria entre os ministros. Mas o ministro Lewandowski protestou de imediato: "Fiz 38 votos distintos, minha abordagem é completamente diferente da do ministro relator". O adiantado da hora desempenhou um importante papel dissuasório. Foram somente dez minutos de bate-boca, principalmente entre os ministros relator e revisor, até Ayres Britto encerrar a sessão e convocar a próxima para o dia 20, segunda-feira – não sem antes o ministro Marco Aurélio insistir que esperava que a sessão começasse pontualmente às 14 horas, no que tinha absoluta razão. Tudo indicava que a semana iria começar bem agitada, pois relator e revisor continuavam em rota de colisão.

O pedido de Marco Aurélio não foi atendido, como seria de esperar. Afinal, a Suprema Corte tem de representar o espírito tupiniquim e, dessa forma, começou o décimo segundo dia do julgamento com atraso de 35 minutos. A modorrenta leitura do voto do ministro Joaquim Barbosa continuou. Não por falta de esforço do ministro, mas é muito chato e pouco produtivo ficar ouvindo horas e horas a leitura de um voto que poderia ser resumido e disponibilizado na íntegra na página do STF. O início dos trabalhos com a palavra transferida imediatamente para o relator evitou mais uma discussão inútil que tinha sido prenunciada na sessão anterior sobre a necessidade da apresentação seguida do voto do revisor. Ficou implícito que o revisor só falaria após a conclusão do voto do relator do item 3, o que foi (mais) uma vitória de Barbosa.

Para surpresa geral, logo notou-se uma mudança de mobiliário. Afinal, todos os olhares estavam concentrados no ministro Joaquim Barbosa (o que será que os ministros ficam fazendo durante todo esse tempo? Será que não cansa ficar ouvindo o que eles já têm nas mãos – ou seja, o voto de Barbosa? E ficar imobilizados nas cadeiras, como verdadeiras estátuas de cera?). Mas eis que apareceu uma cadeira nova, de madeira, com o encosto alto, que o ministro usou para se apoiar, de pé, durante a leitura do voto. Durante toda a sessão, os funcionários tiveram de trocar a cadeira do ministro várias vezes: para sentar, tinham que providenciar a tradicional cadeira do mobiliário da Corte – tombado pelo patrimônio histórico e que não pode ser mudado –; quando o ministro ficava em pé, era preciso colocar rapidamente a outra cadeira – sem esquecer a ortopédica, posicionado um pouco mais atrás. Não é fácil a vida dos "capinhas", como são chamados os funcionários que auxiliam os ministros no plenário.

O foco do voto do ministro foram as ações atribuídas ao réu Henrique Pizzolato, diretor de marketing do Banco do Brasil, acusado de ter desviado 73 milhões de reais do banco, via Visanet, para a agência de propaganda DNA de Marcos Valério. Esse dinheiro teria abastecido o "valerioduto" e financiado o mensalão. Pizzolato era acusado de lavagem de dinheiro, corrupção passiva e cinco vezes por peculato. O relator foi apresentando seu voto e demonstrando como a DNA apossou-se de recursos do Banco do Brasil via bônus de volume:

> A apropriação dos valores pela DNA Propaganda consistiu, portanto, crime de peculato. Se os acusados tivessem aplicado, na prática, o que alegaram durante o projeto, a DNA Propaganda teria entregado como bônus de volume para o BB pelo menos 2,5 milhões de reais.

E continuou: "Os bônus de volume de que a DNA Propaganda se apropriou estão expressamente relacionados ao BB e não a outros clientes da agência, como sustentaram as defesas em peças enviadas a essa corte".

De acordo com Barbosa, a "defesa pretendeu criar uma controvérsia interpretativa entre as expressões bônus de volume e bonificações, afirmando que uma seria para o banco e outra para as agências. Puro jogo de palavras, diria eu". Para o relator, o ex-diretor do BB Henrique Pizzolato cometeu crime de peculato:

> O réu não exerceu seu dever funcional de exigir o cumprimento do contrato e permitiu o desvio dos valores em proveito particular da DNA Propaganda. Pizzolato procurou transferir sua responsabilidade a terceiros, alegando que só manteve os contratos porque assim foi orientado por superiores. O seu poder de disposição sobre as verbas de marketing não permite que se aceite a alegação de obediência hierárquica. Não se tratava de funcionário

qualquer do Banco do Brasil, mas do diretor de marketing e comunicação.

E não só ele: "Cristiano e Ramon Hollerbach também praticaram o crime de peculato. Os dois vinham auxiliando Marcos Valério na obtenção de empréstimo para o pagamento em dinheiro de pessoas apontadas por Delúbio Soares".

Barbosa estruturou seu voto de tal forma que cada argumento da defesa foi sendo desconstruído, não deixando pedra sobre pedra:

> Mesmo que os recursos fossem privados, os réus estariam cometendo o mesmo crime de peculato. Se o agente público desviou, em benefício próprio, dinheiro em razão do seu cargo, está configurado crime de peculato, seja o dinheiro público ou privado. Daí a fragilidade, a meu ver, do principal argumento da defesa.

Apesar da eficiência na apresentação do voto, o ministro demonstrou profunda irritação, ora com seus auxiliares – reclamando da demora na entrega do voto aos outros ministros –, ora com o papel, isto mesmo, o papel, reclamando da espessura das folhas, que dificultavam o manuseio, especialmente porque ele estava em pé, tendo de esticar o braço para virar cada folha lida, ora com a mão direita, ora com a esquerda. O incômodo do ministro era evidente. Às 16h28, Ayres Britto comunicou a interrupção da sessão por trinta minutos. Foi um meio de permitir que o ministro descansasse. Afinal, não tinha sido nada fácil ler dezenas e dezenas de páginas, em pé, numa posição incômoda, e com claras manifestações de desconforto físico.

Quase uma hora depois foram reiniciados os trabalhos. Ayres Britto comunicou aos ministros que tinha recebido uma petição dos advogados de defesa, a qual seria apreciada no final da sessão. Barbosa continuou a leitura. Relatou que o banco tinha realizado auditoria interna e constatado, antes da eclosão do escândalo, que não estavam sendo tomadas as providências cabíveis por parte de Pizzolato. Mas o cerne da argumentação do ministro estava por vir: "A defesa alega que seria impossível para o réu, sozinho, decidir sobre o repasse de quase 74 milhões de reais do BB para a DNA". E continuou:

> Porém, digo eu, como demonstraram os relatórios de auditoria do BB, o senhor Pizzolato, com as antecipações de depósito para a DNA determinadas diretamente a Visanet, evitou que suas ações passassem pelo crivo das alçadas superiores.

Esses recursos da DNA, via empréstimos que não teriam ocorrido, tinham sido ocultados por fraudes contábeis: "Os empréstimos obtidos pelos sócios foram destinados a pessoas indicadas por Delúbio Soares", afirmou o relator. E prosseguiu: "Os documentos não permitiram concluir que houve prestação de serviços por parte da agência com aqueles recursos". Para o relator, portanto, era indiscutível que o esquema de corrupção tinha no desvio de recursos do Banco do Brasil a sua principal fonte. Recursos que, posteriormente, eram repassados para os partidos e parlamentares: "Os empréstimos simultâneos serviram para dissimular os desvios de recursos do BB para os fins privados dos acusados Marcos Valério, Cristiano Paz e Ramon Hollerbach, e para as pessoas indicadas por Delúbio Soares". Faltavam cinco minutos para as 19 horas quando o relator terminou a leitura do seu voto: "Condeno também os réus Marcos Valério, Ramon Hollerbach e Cristiano Paz por corrupção ativa e peculato", sentenciou o ministro, que absolveu Luiz Gushiken por falta de provas. Em resumo, o relator aceitou todas as acusações da PGR.

A palavra retornou ao presidente, que comunicou ao plenário a petição dos advogados de defesa, considerando "obscura" a ordem estabelecida pelo julgamento e expondo a "perplexidade" em relação ao método adotado pelo ministro relator – segundo os signatários, uma "afronta ao postulado do devido processo legal". A petição era assinada, entre outros, por Arnaldo Malheiros, Antonio Cláudio Mariz de Oliveira e, claro, por Márcio Thomaz Bastos. Ayres então se pronunciou: "Essa matéria eu tenho como vencida. Já discutimos sobre isso e não vejo como o princípio da ampla defesa pode estar prejudicado nesse caso".

Quando tudo indicava que a sessão terminaria em relativa paz, após o voto devastador de Barbosa, eis que o relator pediu a palavra. Barbosa, que tinha vencido todos os embates do julgamento, parecia não estar satisfeito com as vitórias. Queria porque queria ganhar de goleada. É claro que Lewandowski respondeu criticando novamente o fatiamento, dizendo que não era "compatível com o regimento". Mas, dessa vez, Ayres Britto exerceu plenamente suas atribuições de presidente, encerrando a discussão e a sessão. Ufa!

O dia terminou com uma curiosa notícia. Na madrugada, um dos restaurantes do advogado Antonio Carlos de Almeida Castro, o Kakay, defensor de Duda Mendonça, foi assaltado. Os ladrões levaram da adega algumas garrafas de vinho. O proprietário reclamou: "Brasília está ficando perigosa". Ah, como seria bom se os mais perigosos ladrões brasilienses fossem os do restaurante de Kakay...

Era muito aguardado o voto do revisor, o ministro Ricardo Lewandowski. Afinal, ele tinha ficado seis meses com o processo para revisar o trabalho do relator, seguindo o disposto no regimento do STF. Porém, pelo brevíssimo voto que tinha dado no segundo dia, parecia não ter feito qualquer revisão, tornando muito difícil a avaliação de seu trabalho.

Ao começar a sessão – com quarenta minutos de atraso –, Ayres Britto transferiu a palavra para Lewandowsky.

O ministro revisor então disse que seguiria a metodologia determinada pelo colegiado, apresentando, portanto, seu voto fatiado – ou segmentado, como definira o presidente do STF. Mas, nas entrelinhas, deixou claro novamente que discordava daquele procedimento, aproveitando para insinuar que ninguém poderia avançar o voto além do que havia sido exposto pelo relator e pelo revisor – ou seja, estava sinalizando que não aceitaria o depósito completo do voto por parte do ministro Cezar Peluso antes de sua aposentadoria – o que deveria ocorrer necessariamente em 3 de setembro, quando Peluso completaria setenta anos.

Começou por Henrique Pizzolato, réu sobre o qual Barbosa tinha encerrado o item 3, deixando transparecer uma leve discordância, mas também uma demonstração de que seguiria o fatiamento forçadamente, ficando, meio de pirraça, no item 3, como aprovado, mas começando de trás para frente. Em seguida, detalhou as relações entre Pizzolato e as empresas e os sócios de Valério. Fez uma exposição consistente:

> Apesar de Henrique Pizzolato ter negado o recebimento de dinheiro afirmando que não tinha conhecimento do conteúdo do envelope trazido do Banco Rural, e tenha dito que havia feito apenas um "favor" ao corréu Marcos Valério e que posteriormente repassou a encomenda para uma pessoa, a verdade é que a versão de Henrique Pizzolato não condiz com as provas constantes dos autos.

E mostrou a tibieza dos argumentos da defesa sobre o destino do dinheiro, citando indícios do crime:

Essas constatações são suficientes para concluir que a "encomenda" (pacote de dinheiro) estava preparada e tinha destino certo". Meia hora após o início do voto, o revisor deu sua sentença: "Voto pela condenação do réu Henrique Pizzolato no delito de corrupção passiva".

Em seguida, passou para a acusação de peculato. Mostrou que

a gestão de Pizzolato foi marcante porque alterou a forma de repasse do fundo Visanet para possibilitar os desvios. A partir de 2003, as antecipações de pagamento não observavam qualquer procedimento que possibilitasse a fiscalização dos recursos repassados pelo fundo.

Insistiu que só utilizou de provas produzidas em juízo – uma crítica indireta à utilização de informações da CPMI dos Correios ou da Polícia Federal. Disse que a área de marketing do banco era uma "total balbúrdia". E concluiu:

As irregularidades apontadas pela auditoria interna do Banco do Brasil foram corroboradas por perícia realizada pela Polícia Federal, que indicou que os serviços contratados pela Visanet não foram efetivamente prestados, tendo a DNA emitido notas fiscais falsas para ludibriar a fiscalização. Ultrapassamos o limite da mera irregularidade administrativa e entramos na seara do crime.

Assim, a condenação foi uma consequência óbvia: "Voto pela condenação de Henrique Pizzolato pelo crime de peculato".

Houve um longo intervalo: 58 minutos. Seria apreciado o segundo peculato atribuído pela acusação a Pizzolato. Era a questão dos bônus de volume (a comissão recebida pelas agências de propaganda). Pela argumentação que estava apresentando, o revisor indicava que iria inocentar o réu, pois não haveria irregularidade no repasse. Contudo, subitamente, mudou o rumo do voto:

> Eu estava convencido até ontem à noite. Voltando da posse da ministra Assusete Magalhães, do STJ, revendo a espécie probatória, me deparei com documentos que me fizeram dar uma guinada de 180 graus para acompanhar o voto do ministro Joaquim Barbosa.

A afirmação foi recebida com risos, porque Barbosa já estava pronto para fazer a réplica. Mas causou estranheza o revisor ter permanecido seis meses com o processo e desconhecer tão importante documento – no seu entender, fundamental para o seu voto –, condenando o réu pelo segundo peculato. Cinco minutos depois o condenaria novamente, dessa vez por lavagem de dinheiro. Em cerca de dez minutos condenou Marcos Valério por corrupção ativa e duplo peculato. Depois, dedicou mais quarenta minutos para condenar pelos mesmos crimes os sócios Ramon Hollerbach e Cristiano Paz. Em seguida, fez questão de proferir um desagravo a Luiz Gushiken, cuja absolvição tinha sido solicitada pela PGR. Por fim, às 19h20, Ayres Britto encerrou a sessão.

A participação de Lewandowski na sessão anterior tinha sido muito elogiada. E, para alguns, havia causado certa perplexidade, pois o revisor acabou seguindo *in totum* o voto de relator. Tinha faltado o voto sobre as acusações que pesavam sobre João Paulo Cunha. Entre os quatro réus do primeiro segmento, era, politicamente, o mais importante. Havia ocupado no biênio 2003/2004 a presidência da Câmara dos Deputados e, mesmo após o escândalo, tinha se reelegido deputado em 2006 e em 2010, além de ter presidido a importante Comissão de Constituição e Justiça de março de 2011 a março de 2012. E, no momento do julgamento, era candidato do PT à prefeitura de Osasco, em São Paulo.

Com meia hora de atraso, Ayres Britto deu por iniciada a sessão. Pela primeira vez na abertura dos trabalhos, não estavam presentes os onze ministros. Ausentes: Cármen Lúcia (que chegou cinco minutos depois) e Dias Toffoli (que chegou com vinte minutos de atraso).

O revisor começou descaracterizando a denúncia de corrupção. O dinheiro recebido por Cunha, segundo Lewandowski, não tinha relação com o possível favorecimento à SMP&B: "O MP não logrou produzir uma prova sequer, nem indício, de que João Paulo Cunha atuou para dar tratamento privilegiado a SMP&B".

Seria – e aí incorporou ao seu voto a posição da defesa – para pagar uma pesquisa eleitoral. Teria solicitado os 50 mil reais para Delúbio e recebido a quantia sem saber de sua origem ilícita. Tanto que, ainda de acordo com o revisor, o deputado teria mandado a própria mulher retirar o dinheiro "sem nenhuma dissimulação, tudo às claras".

Assim,

> ficou largamente evidenciado que o recurso foi solicitado diretamente ao partido para a incontroversa realização de pesquisa eleitoral. Por isso, voto pelo absolvição de João Paulo Cunha da imputação de corrupção passiva.

E a primeira absolvição do deputado foi recebida com alegria pelos advogados presentes à sessão. Mas o ministro não parou por aí:

> Com base nos motivos expostos, rejeito completamente essa primeira acusação de peculato, com base nas provas do TCU e da Polícia Federal, de que a SMP&B subcontratou 99% dos serviços previstos no contrato com a Câmara, por meio do qual João Paulo Cunha teria desviado dinheiro. Por isso, absolvo o réu João Paulo Cunha da acusação de peculato.

Em seguida, veio o intervalo.

Nos 38 minutos de intervalo, o zum-zum tomou conta do público. Os advogados do núcleo político, assim considerado pela PGR, começaram a comemorar. Alberto Toron, defensor de João Paulo Cunha, proclamou aos quatro ventos que a decisão de Lewandowski tinha lavado "a alma do deputado" e posto "as coisas nos devidos lugares". Joaquim Barbosa, que tinha assistido à boa parte da sessão pela televisão colocada numa sala próxima ao plenário, pois estava sentindo fortes dores na coluna, retornou e se mostrou preocupado com o voto do revisor. Lewandowski passou a analisar o segundo peculato atribuído a Cunha. Atacou as provas apresentadas pela acusação, destacou os argumentos da defesa e considerou que não fazia "o menor sentido [...] a acusação de que haveria uma armação para prestar associação direta a João Paulo Cunha", no caso da IFT do jornalista Luiz Costa Pinto. Em dezenove minutos, absolveu o deputado de mais uma acusação: "Pelo meu voto, absolvo o réu por esse último crime de peculato que lhe foi imputado". E inocentou, na mesma acusação, Marcos Valério e seus dois sócios.

O clima esquentou. Barbosa pediu a palavra e exigiu direito à réplica. Lewandowski imediatamente disse que então faria a tréplica. O STF, por alguns minutos, viveu um clima de final de feira. Falas desencontradas e exaltadas tomaram conta da sessão. Ayres Britto garantiu para a próxima sessão, do dia 27, o direito à palavra de Barbosa, que era o relator do processo. Lewandowski protestou, e o presidente respondeu acentuando que ele e o ministro tinham uma concepção distinta sobre o papel do revisor e do relator. Para piorar, o revisor ameaçou não estar presente no momento da réplica ao seu voto. Ayres Britto fez o que deveria fazer: encerrou a sessão.

O gênio apaziguador do presidente do STF permitiu uma breve conversa ao final da sessão, reunindo relator e revisor. Era impossível manter o julgamento ao ritmo de um eterno ping-pong entre os dois. E já se estava no decimo quarto dia. Havia ministro, como Rosa Weber, que, naqueles catorze dias, tinha falado apenas no segundo dia e por alguns minutos. A impaciência de Ayres Britto era também a dos outros ministros. Caberia dar celeridade ao julgamento. Ficou acertado então que haveria a réplica e a tréplica, e que cada um encurtaria seu voto. Como numa briga de criança, a discussão terminou com a fala de Lewandowski: "Se você encurtar o seu, eu encurto o meu".

As avaliações do voto do revisor foram controversas. Uns insistiram que sua vinculação com Lula acabou influenciando na decisão de absolver Cunha, outros destacaram que o ministro teria feito um voto técnico. Márcio Thomaz Bastos – cujo cliente, José Roberto Salgado, não fazia parte do item 3 da ação penal – não perdeu nenhuma oportunidade para comentar os fatos. Numa concorrida festa em Brasília, o ex-ministro da Justiça tinha dito: "Não sei se chegamos ao Natal, mas isso ainda vai durar meses". Era mais uma previsão do profeta que, certamente, estava com a bola de cristal embaçada. Tudo o que tinha tentado prever sobre a Ação Penal 470 não havia se realizado. Mas a festa estava animadíssima, bem no estilo brasiliense. Estavam presentes advogados dos réus, ministros do STF e até o procurador-geral da República. José Dirceu, réu do mensalão, chamado por Roberto Gurgel de "chefe da quadrilha", tinha sido convidado, mas não pudera comparecer. Havia mandado a namorada, tudo em clima bem família. A festa terminou com um show de gaita ao som do tema de *O poderoso chefão*. É incrível como os envolvidos no processo do mensalão gostam dessa música. Estranha preferência?

A sessão do dia 27 de agosto, segunda-feira, prometia muita emoção. Outra vez, quando do seu início, com 28 minutos de atraso, não estavam presentes os onze ministros: naquele dia o atrasado foi Celso de Mello, que chegou doze minutos após o início dos trabalhos. Para surpresa geral, não teve réplica, nem tréplica. Ayres Britto deu por aberta a sessão e imediatamente transferiu a palavra para a ministra Rosa Weber, como dispõe o regimento, segundo a ordem decrescente de antiguidade naquela Corte. Falava-se que ela era voto certo pela inocência de João Paulo Cunha, assim como de todo o núcleo político. Até aquele momento, tinha falado muito pouco e não havia usado a imprensa – como outros ministros – para tentar, de alguma forma, influenciar o julgamento. Ficou, como seria dito nos anos 1970, "na sua".

Começou surpreendendo. Disse que usaria as provas obtidas na CPMI dos Correios: "Há de ser considerada no julgamento criminal quando utilizada sob o contraditório. Isso não significa que juiz não possa considerar para formação de sua livre convicção elementos informativos colhidos na fase de investigação". E logo se contrapôs ao revisor:

> A indicação do ato de ofício não integra o tipo legal da corrupção passiva. Basta que o agente público que recebe a vantagem indevida tenha o poder de cometer ato de ofício para constituir o crime. Também não importa o destino dado ao dinheiro, se foi gasto em despesas pessoais ou dívida de campanhas políticas. A vantagem não deixa de ser vantagem indevida.

E sintetizou o *modus vivendi* do corrupto: "Quem vivencia o ilícito procura a sombra e o silêncio". Vinte minutos de voto, e acompanhou o relator condenando o deputado por corrupção ativa e peculato. Deixou a lavagem de dinheiro para votar mais à frente. Com relação ao segundo peculato, considerou que os serviços tinham sido prestados. Acerca de Marcos Valério e os dois sócios, seguiu integralmente o relator. Fez um voto simples, sem exagero retórico. O que não ficou claro foram as razões de não ter votado a imputação de lavagem de dinheiro. Mas, no conjunto, seu voto foi considerado surpreendente.

Joaquim Barbosa pediu a palavra para defender seu voto sobre o segundo peculato. E teve a réplica de Lewandowski. Mas a ministra Weber pediu novamente a palavra para explicar por que havia condenado João Paulo no primeiro peculato. Disse que as notas fiscais de 10 e 30 de setembro e 19 de dezembro apresentavam indício de fraude: "O interessante é que as notas de série, a despeito dessa segmentação de tempo, têm numeração seguida: 151, 152, 153". Em seguida a palavra foi destinada ao ministro Luiz Fux. Começou bem: "Se estamos preocupados com a dignidade dos réus, temos de nos preocupar também com a dignidade da vítima que sofreu esse delito, que é toda a coletividade brasileira". Continuou pelo viés político: "Fomentado pela impunidade, esse crime causa pobreza atrás de pobreza para o enriquecimento de alguns". Defendeu o trabalho das CPIs e lembrou o artigo 58 da Constituição: "É importante que se destaque o valor das provas colhidas na CPI. Minha compreensão é exatamente com o escopo na Constituição, que diz que as Comissões Parlamentares de Inquérito terão poder de investigação equivalente no âmbito jurisdicional".

E arrematou: "Todas essas provas foram ratificadas em juízo". Um pouco prolixo e nem sempre claro, Fux foi conduzindo sua argumentação – que, imediatamente após sua exposição, disponibilizou na rede – e acabou acompanhando na íntegra o voto do relator. A situação estava começando a ficar ruim para os réus.

Após a interrupção da sessão por 45 minutos, tinha chegado a hora do voto de Dias Toffoli. Com 170 páginas, mostrava um certo exagero para o número de réus e de imputações desse segmento. Por fim, absolveu João Paulo Cunha de todas as acusações, condenou Marcos Valério e sócios por corrupção ativa e peculato e Pizzolato, por corrupção ativa, lavagem de dinheiro e peculato. Lembrou o voto de Lewandowski. Falou sem segurança e sem brilho. Em vinte minutos, a ministra Cármen Lúcia fez observações sobre a importância de o país enfrentar e combater a corrupção. Citou o jurista e ex-ministro do STF, Nelson Hungria: "A corrupção é um dos males deste século. O arrojo, a febre do fausto, o affairismo fazem que a corrupção campeie". E acompanhou totalmente o voto de Barbosa. O próximo a votar, o ministro Cezar Peluso, optou por fazê-lo no dia 29, quarta-feira, quando da próxima sessão. O dia terminou mais calmo para os ministros, mas muito ruim para João Paulo Cunha e, principalmente, para Marcos Valério, os sócios e o funcionário do Banco do Brasil, Henrique Pizzolato.

Era grande a expectativa, na quarta-feira, todos à espera dos votos dos quatro ministros restantes. Cezar Peluso estava dando adeus ao STF. Era a última votação de que participava. No segundo fatiamento (ou segmento, como preferia Ayres Britto), não estaria presente. Diferentemente da Suprema Corte americana, onde não há limite de idade, no Brasil a existência da aposentadoria compulsória – apelidada de "expulsória" – obriga a retirada do serviço público aos setenta anos. A expectativa também estava relacionada à possível entrega completa do seu voto, o que causaria, inevitavelmente, uma grande polêmica. Peluso não fez referência ao boato. Iniciou a exposição discutindo teoricamente o conceito de prova e, em menos de dez minutos, deu claros sinais de que condenaria João Paulo Cunha:

> Se uma pessoa comparece a uma agência bancária para sacar uma alta quantia de dinheiro e o recebe de modo clandestino, à revelia dos registros oficiais desse recebimento, evidentemente temos um fato, pela observação, de comportamento ilícito.

E continuou: "Nesse caso, a acusação não precisa gerar prova de que esse fato é ilícito".

Enfrentou primeiro a acusação de corrupção passiva, demonstrando que o deputado tinha mentido sobre os 50 mil reais: "A que se destinava o pagamento? João Paulo alega que era dinheiro do PT. A alegação é absolutamente inverossímil. O réu mentiu sobre o recebimento no Conselho de Ética".

E foi derrubando um por um os argumentos da defesa: "A campanha eleitoral municipal que se realizaria quase dois anos depois, em outubro de 2004, não justificava as pesquisas pré-eleitorais naquela altura. Sobretudo para um partido que não tinha dinheiro". Prosseguiu então com as perguntas sem respostas: "Ainda que por hipótese se tratasse do dinheiro do PT, o processo clandestino não se justificaria". Por que mandou a mulher?" E respondeu: "Por dois motivos: não queria que nenhum de seus assessores soubesse e precisava de alguém que garantisse a entrega do dinheiro. Ninguém melhor que a própria mulher. Já aqui se vislumbra um ato ilícito". Em seguida, condenou o deputado por corrupção passiva: "O denunciado, a meu ver, não poderia, sem cometer o crime de corrupção, ter aceitado esse dinheiro dos sócios da empresa que concorria à licitação. Tenho, portanto, tipificado e comprovado o crime de corrupção passiva".

Peluso ainda absolveu o deputado pelo crime de peculato no caso IFT, o que abriu a possibilidade de apresentar embargo infringente, um recurso da defesa usado quando o réu recebe, no mínimo, quatro votos absolutórios, podendo nesse caso solicitar uma rediscussão da condenação. Mas o condenou pelo contrato com a agência de Valério:

> A pergunta é a seguinte: ela (SMP&B) foi contratada para quê? Há o critério de melhor técnica, destinado a aferir a habilidade de realização de serviços intelectuais. Para inserir propaganda em serviço de comunicação não

precisa grande habilidade intelectual. Basta ser um bom *office-boy*.

E concluiu:

Quem executa 2,2% do que foi contratado evidentemente não tinha capacidade para exercer o contrato para o qual ganhou a licitação. Desse modo também reconheço o crime e condeno João Paulo Cunha por esse delito de peculato.

Rapidamente, em três minutos, absolveu Cunha do crime de lavagem de dinheiro, condenando Marcos Valério e os dois sócios por corrupção ativa e peculato. No caso de Henrique Pizzolato, destacou que havia tido, sim, desvio de dinheiro público e o condenou por peculato, corrupção passiva e lavagem de dinheiro. E, como não poderia estar presente no momento da dosimetria – o estabelecimento das penas dos condenados –, deixou registrado seu voto: João Paulo Cunha receberia pena de seis anos de prisão em regime semiaberto, pagamento de cem dias-multa e perda de mandato; Marcos Valério seria condenado a dezesseis anos de reclusão em regime fechado e 240 dias-multa no valor de três salários mínimos; Ramon Hollerbach e Cristiano Paz, a dez anos e oito meses de reclusão em regime fechado e 190 dias-multa no valor de três salários mínimos; e Henrique Pizzolato, a oito anos e quatro meses de reclusão em regime fechado e 135 dias-multa no valor de um salário mínimo.

Após apresentar seu voto, Cezar Peluso recebeu diversas homenagens dos ministros, do procurador-geral e até de Márcio Thomaz Bastos, que solicitou a interrupção da sessão para que os advogados pudessem cumprimentar o ministro (não sem antes dizer que havia participado de sua indicação para o STF). Estranha homenagem. No dia anterior, Bastos tinha dito que "se ele [Peluso] condenar alguns dos réus, ele não dará a pena. Teremos um voto amputado, com o preceito mas sem a sanção, de modo que provavelmente se anulará este voto". É, definitivamente, profecia não é o forte do ex-ministro.

Depois do intervalo de quase cinquenta minutos, a sessão foi reiniciada, e o próximo a votar seria o ministro Gilmar Mendes.

Mendes elogiou o trabalho de Roberto Gurgel ("ficamos encantados") e passou a examinar as acusações contra João Paulo – registre-se um pequeno incidente envolvendo três manifestações que expuseram cartazes contra a construção da usina de Belo Monte e acabaram retiradas do recinto pelos seguranças. Foi breve para os padrões daquela Corte: falou por 47 minutos.

Começou condenando Cunha por corrupção passiva e Marcos Valério e sócios por corrupção ativa. Absolveu o deputado da primeira acusação de peculato (caso IFT), mas o condenou pelo segundo (o contrato com a SMP&B: "trata-se de recurso público e seu desvio, independente da quantidade, é crime de peculato") e por lavagem de dinheiro. Condenou Pizzolato por corrupção passiva e peculato e Valério e sócios, por corrupção ativa e também peculato, seguindo integralmente o voto do relator.

Às 17h39, Marco Aurélio iniciou a apresentação do seu voto. Usou, como de hábito, um linguajar muito particular: "Quanto à corrupção, é estreme de dúvidas que houve o recebimento de 50 mil reais". Quarenta minutos depois, seguiu quase todo o voto do relator. Condenou Cunha por corrupção passiva e peculato, Valério e seus sócios, por corrupção ativa e peculato, e Pizzolato, por corrupção passiva e peculato. Acabou inocentando o deputado e o ex-diretor do Banco do Brasil da acusação de lavagem de dinheiro.

O placar do julgamento já estava definido quando a palavra foi transferida ao decano, o ministro Celso de Mello. Foi o décimo voto. Falou por cinquenta minutos, algo excepcional para os padrões do ministro, famoso pelos longos votos. Notou o avançado da hora.

Fez um breve resumo. Foi firme e sinalizou o rumo do seu voto: "Tenho salientado nesta Corte que a desejável convergência entre ética e política nem sempre tem ocorrido ao longo do processo histórico brasileiro". Seguiu o voto do relator, excetuando o segundo peculato atribuído a Cunha. E fez uma das melhores explanações sobre a relação entre ética e república:

> Agentes públicos que se deixam corromper e particulares que corrompem os servidores do Estado são eles corruptos e corruptores, subversivos da ordem institucional.

> São eles os delinquentes da ética do poder, os infratores do erário que trazem consigo a marca da indignidade e portam o estigma da desonestidade.

E concluiu: "O fato é um só: quem tem o poder em suas mãos não tem o direito de exercer, em seu próprio benefício, a autoridade que lhe é concedida pelas leis da República".

Ayres Britto retomou a palavra, mas resolveu transferir seu voto para a sessão seguinte. Pelas intervenções que fez, tudo indicava que seguiria o relator, como acabou ocorrendo, e veremos no próximo capítulo. Foi um péssimo dia para o PT e excelente para a democracia brasileira. O isolamento dos ministros Lewandowski e Toffoli ficou patente. A impunidade dos poderosos parecia estar chegando ao fim. Os juízes não se impressionaram com ameaças, coações, muito menos com advogados pagos a peso de ouro. No sábado, dia 25, o *New York Times* publicou entrevista do ex-presidente Lula, onde o antigo mandatário repetia: "Não acredito que houve mensalão". Era mais uma tentativa de emparedar o STF. Fracassou. Estava provado que o mensalão existiu, que houve desvio de dinheiro público e que o PT usou desses recursos para se manter no poder. E mais: o artigo 317 do Código Penal, que trata dos crimes de corrupção, não seria – por mais estranho que pareça – um empecilho para enfrentar os corruptos e corruptores. A tese de que era necessário um ato de ofício – usada pela defesa do ex-presidente Fernando Collor em 1994 – acabou superada. O STF decidiu que a corrupção do agente público se caracteriza quando se aceita uma determinada vantagem em razão da função que se exerce. E como provar? A Corte chancelou a chamada prova indiciária. O que é? É a prova que, apesar de não comprovar diretamente um determinado delito, permite, por meio do raciocínio lógico dos fatos envolvidos, corroborar o fato criminoso.

A condenação de Marcos Valério, Ramon Hollerbach, Cristiano Paz, Henrique Pizzolato e, principalmente, João Paulo Cunha foi um marco na história da luta contra a corrupção.[2] Ainda não eram sabidas as penas dos réus, mas ficou no ar um misto de satisfação e expectativa. E, no restante do julgamento, o procedimento seria o mesmo? Aumentariam as pressões sobre os juízes? Poderiam surgir novas manobras protelatórias? Os trabalhos seriam concluídos, como previsto, em setembro? Seria designado novo ministro para a vaga de Peluso, ainda no decorrer do julgamento da Ação Penal 470?

2 Luiz Gushiken foi absolvido por todos os ministros.

os ricos também choram

Ainda sob os efeitos da enorme repercussão da condenação dos réus do primeiro segmento do mensalão, a sessão de quinta-feira, 30 de agosto, do Supremo Tribunal Federal – que começou com 31 minutos de atraso – concluiu o item 3 da denúncia, com a decisão já tomada. Isso porque Ayres Britto, que não tinha votado, havia anunciado no dia anterior que seguiria o voto do relator. O presidente – para os padrões daquela Corte – até que foi rápido:

> A leitura atenta dos autos mostra a comprovação dos delitos contra a administração pública de Marcos Valério, Ramon Hollerbach, Cristiano Paz, João Paulo Cunha e Henrique Pizzolato. Fica também comprovada a autoria dos crimes de lavagem de dinheiro.

De acordo com Ayres Britto: "As provas confirmam uma trama delitiva para um esquema de desvio público".

Em seguida, elogiou o Ministério Público ("conseguiu desempenhar a contento o seu ônus de provar em juízo as imputações aos réus dessa ação penal nesse item da denúncia") e analisou o item da denúncia referente à acusação de peculato contra Cunha e Pizzolato: "As posições ocupadas por João Paulo Cunha e Henrique Pizzolato foram usadas para beneficiar ilicitamente as empresas do grupo de Marcos Valério. Deu-se a mercância de função pública". Depois elogiou, no seu estilo muito particular, o voto de Cezar Peluso, proferido no dia anterior:

> Me impressionou com seu judicioso voto quando falou que é doloroso aplicar o Direito Penal e condenar alguém. Tem gosto de jiló, de mandioca roxa, de berinjela crua. Algo de vinagre, algo de fel fica na boca do magistrado que se vê na obrigação de condenar alguém, sobretudo à pena de reclusão.

E logo encerrou o voto: "Concluo subscrevendo por inteiro o voto de sua excelência o ministro relator".

O momento mais importante e duro da fala do ministro Ayres Britto foi o das considerações sobre a lei 12.232, sancionada pelo presidente Lula em 2010. Britto chegou a rir quando comentou a lei. A iniciativa foi do então deputado José Martins Cardozo. O projeto permitia às empresas de publicidade embolsar as bonificações e descontos referentes à veiculação de propaganda. No processo de votação acabou recebendo emendas que faziam referência às licitações em andamento e, inclusive, aos contratos já encerrados. Era um verdadeiro escândalo, pois a lei servia para dar legalidade aos contratos do Banco do Brasil com as agências de Marcos Valério. E pior: foi usada pela ministra Ana Arraes, do Tribunal de Contas da União, para dar regularidade aos citados contratos. Britto foi incisivo: "Essa lei foi preparada intencionalmente, maquinadamente, para coonestar com os autos desta Ação Penal 470". Disse mais: "É possível definir como um atentado veemente, desabrido e escancarado ao artigo 5º, inciso 36 da Constituição". E não parou aí: "Um trampo, me permita a coloquialidade, à função legislativa do Estado". Recordou também que "tribunal de contas não é órgão judiciante. Não faz parte do Poder Judiciário".

O mais constrangedor da fala do presidente não viria dele, porém, mas do ministro Lewandowski. No momento em que Britto citava o parecer de um perito, o advogado de São Bernardo, na tentativa de desqualificar o citado parecer, resolveu mostrar uma erudição que nunca teve. Disse que o perito tinha ido além do que lhe havia sido solicitado, e citou o escultor grego Fídias, que teria pedido a opinião de um sapateiro sobre a sandália da estátua de Palas Athena que estava esculpindo. Entusiasmado, o sapateiro não só opinara sobre as sandálias, como também sugerira outras modificações na escultura. O perito teria assim ido além do que lhe fora perguntado, semelhante, de acordo com ele, com o sapateiro grego. Ledo engano, pois não foi o escultor Fídias que pediu a opinião, mas o pintor Apeles, e não no século V a.C., mas no século IV. O pior é que o ministro não corrigiu, nas sessões seguintes, o equívoco – além de já ter usado a mesma imagem, mas sem entrar em detalhes, no décimo terceiro dia do julgamento, em 22 de agosto.

Ayres Britto fez a proclamação provisória dos votos – sob algumas contestações dos ministros –, mas calmamente explicou que era somente o resultado parcial. Em seguida, passou a palavra para o relator, que começou a tratar do item 5 da denúncia, referente à acusação de gestão fraudulenta do Banco Rural.

Começava-se a julgar o que a PGR havia chamado de núcleo financeiro do mensalão. Joaquim Barbosa falou por apenas 109 minutos – o intervalo, para variar, foi de 55 minutos! Deu mostras de cansaço e desconforto durante a leitura. Fez uma apresentação inicial devastadora de como o banco simulou os empréstimos e violou as normas legais: "O Banco Rural, todavia, sobretudo no que diz respeito às operações com o PT e com as agências de Valério, não cumpria as obrigações previstas pelo Banco Central". O banco "sequer verificava os cadastros dos clientes do PT, da Graffiti e da SMP&B". E mais: "Os peritos concluem que o banco descumpria conscientemente normativos de lavagem de dinheiro do Banco Central". Funcionários do próprio banco estavam temerosos com o desrespeito a normas básicas:

> Foi apresentado parecer técnico emitido pela analista do Banco Rural relativos aos anos de 2002 e 2004 que concluiu que, "mesmo considerando a capacidade do oponente, entendemos que o risco é alto. Não recomendamos a reforma do limite.

As falcatruas eram realizadas às claras. Não havia sequer cadastro dos solicitantes dos empréstimos e dos avalistas. Segundo o relator, "nas operações de crédito, o Banco Rural chegou ao ponto de aceitar garantia inválida". Concluindo:

> O risco dessas operações de renovação eram tão elevados que um dos membros do comitê de crédito do próprio Banco Rural consignou expressamente que a renovação envolvia "risco banqueiro", sendo necessários os votos de Kátia Rabello e José Roberto Salgado, as autoridades máximas do banco.

E, como os empréstimos eram "rolados", renovados para dar uma aparência de legalidade, ao "renegociar as dívidas, elaborava [o Banco Rural] novos contratos de reforma, no qual mantinha a mesma classificação de risco dos contratos anteriores".

O desprezo em relação ao cumprimento das normas chegou ao ponto de "as empresas SMP&B

e Graffiti oferecerem a mesma garantia para seus empréstimos". E encerrou sua exposição do dia dizendo que

> à luz de todo o acervo probatório verifica-se que o Banco Rural só decidiu cobrar os empréstimos (das empresas de Marcos Valério) após a divulgação do escândalo pela imprensa. Assim agiram porque os empréstimos não deviam ser pagos, pois materialmente não existiam.

A sessão foi encerrada com uma homenagem do presidente do STF ao ministro Cezar Peluso, que estava se aposentando. Dessa forma, o julgamento continuaria, mas somente com dez ministros, o que, como se esperava, deu espaço a um sem-número de especulações, por exemplo a referente à possibilidade de empate em alguma condenação e a solução para essa eventual pendência. Mas uma ausência foi notada no auditório: a do advogado Alberto Toron, defensor de João Paulo Cunha, cuja condenação tinha sido concluída, no início da sessão, com o voto de Ayres Britto.

O décimo oitavo dia do julgamento começou com o atraso "regulamentar" de trinta minutos. E a lentidão de costume. Mas algo havia mudado: os ministros tinham trocado de posição na mesa em formato de "U" invertido. Devido à aposentadoria de Peluso, cada ministro, como em um jogo de ludo, havia caminhado uma casa; no caso, uma cadeira. Assim, Rosa Weber ocupava agora a cadeira de Luiz Fux, que ocupava a de Dias Toffoli, e assim sucessivamente. Também foi possível notar que a ministra Weber tinha dado um "tapa" no visual, com uma pequena mudança no corte de cabelo e uma coloração um pouco mais acentuada.

Sempre detalhista, até para demonstrar o cuidado na leitura dos autos, Joaquim Barbosa continuou a leitura de seu voto, mostrando que os diretores do Banco Rural tinham agido "em divisão de trabalho típica de uma quadrilha e com unidade de desígnios" e "atuaram na simulação de empréstimos bancários e usaram mecanismos fraudulentos para dissimular as operações", ao que ele chamou de "engenharia contábil". De acordo com Barbosa,

> constitui importante etapa para sua realização as fraudes contábeis e a ocultação dos verdadeiros sacadores dos empréstimos. Houve diversos repasses de vultosos valores do Banco Rural com a ocultação, especialmente do Banco Central e do Coaf, dos verdadeiros e conhecidos proprietários e beneficiários dessas quantias, que eram provenientes de crimes.

E concluiu seu voto oito minutos depois: "Estando fartamente demonstrado que Kátia Rabello, José Roberto Salgado, Ayanna Tenório e Vinícius Samarane geriram fraudulentamente o Banco Rural, imponho-lhes a condenação pela prática do crime de gestão fraudulenta".

Depois de um longo intervalo – 53 minutos –, a palavra foi destinada ao ministro revisor, que falou por pouco mais de duas horas e destacou uma questão central (e que foi uma contraposição às defesas): "Nos delitos societários, especialmente os de colarinho branco, nem sempre se pode exigir obtenção de prova direta, sob pena de estimular a impunidade neste plano. O crime de gestão financeira é um exemplo clássico disso". E salientou: "Impressiona as inúmeras de sucessivas renegociações de prazo para o pagamento dos mútuos". Entre 2003 e 2005, o Banco Rural fez seis renovações de empréstimos para a SMP&B; cinco para a Graffiti; e dez para o PT. "Todas pactuadas de modo a evitar que os devedores ficassem inadimplentes. As operações mostraram-se totalmente incompatíveis com aquilo que vigora no mercado de crédito."

Em seguida, concordou com o relator ao constatar que "alguns desses empréstimos eram tratados como verdadeiras doações, sendo constantemente renovados e sendo que nem um centavo sequer foi saldado", condenando Kátia Rabello de forma exemplar:

> A autorização de empréstimos de elevadíssimo grau de risco para quem não tinha condições de arcar com eles, o histórico desfavorável dos devedores em relação a atrasos, o fato de as operações terem sido desencorajadas e ainda assim executadas, as renovações para evitar

a inadimplência dos devedores, a aceitação de avalistas desprovidos de patrimônio, a classificação de riscos feita de forma irregular e o mascaramento do balanço da instituição financeira caracterizam o crime de gestão fraudulenta por parte de Kátia Rabello.

Depois, condenou ainda José Roberto Salgado por gestão fraudulenta. Pouco antes das sete da noite, Lewandowski solicitou ao presidente permissão para que pudesse continuar na próxima sessão a apresentação do seu voto, no que foi atendido.

No dia 5 de setembro, sob um forte calor e o tempo extremamente seco em Brasília, o julgamento foi reiniciado, e Lewandowski continuou com a palavra, falando por mais setenta minutos. E como os ministros gostam de falar, além de ouvir a própria voz! Disse que faria um voto "orteguiano", referindo-se ao filósofo espanhol Ortega y Gasset. A citação foi de almanaque: "Eu sou eu e minhas circunstâncias". Tudo para justificar a absolvição de Ayanna Tenório:

> Não ficou comprovado que Ayanna tivesse conhecimento da ilicitude dos empréstimos, até porque ela ingressou nele em momento posterior à contratação. Ela integrava de forma bissexta o conselho de administração do Banco Rural, participava muitas vezes apenas para compor o quórum de algumas votações.

Passou para Vinícius Samarane, e também o absolveu: "Ainda que Vinícius tivesse apontado algum risco na operação de empréstimo, a sua opinião não teria caráter vinculante. A conduta, a omissão dolosa, aquela que está prevista no Código Penal, não se caracteriza aqui". Sendo assim, "não há provas de que Vinícius Samarane tenha tido participação nos eventos ou exibido qualquer dolo em sua conduta".

Como também foi se transformando em rotina, Joaquim Barbosa contestou os dois últimos votos de Lewandowski. Tiveram um breve entrevero, que contou com as participações – mais plácidas, claro – de Celso de Mello e Ayres Britto. Com os ânimos serenados, a palavra passou para a ministra Rosa Weber, seguindo sempre a ordem regimental. Para os padrões da Corte, a ministra foi breve, brevíssima. Falou por 42 minutos. Ironizou, educadamente, a tese da defesa de que a culpa era de Dumont: "Se os crimes persistiram após o falecimento de João Augusto Dumont, não é possível imputar-lhe responsabilidade exclusiva". Lembrou que Valério havia feito *lobby* no Palácio do Planalto para o Banco Rural e tinha sido o responsável por marcar três reuniões entre os executivos do banco e José Dirceu, das quais Kátia Rabello havia participado de duas. Dessa forma, seguiu o relator em relação às condenações de Katia Rabello, José Roberto Salgado e Vinícius Samarane, absolvendo Ayanna Tenório, tal como havia feito o revisor.

Depois de 55 minutos de intervalo, foi a vez de Luiz Fux, que apresentou resumidamente seu voto em 48 minutos, seguindo a ministra Rosa Weber com três condenações e uma absolvição. Sempre cordato, buscando estabelecer afinidades com questões destacadas nos votos do relator e do revisor, Fux mais uma vez deu um tom político ao voto: "A gestão fraudulenta viola a proteção da confiança do cidadão no sistema financeiro". E continuou: "Só o risco para a coletividade já caracteriza o crime. É um crime formal, independente de resultado. Basta que haja essa gestão fraudulenta". Por fim, radicalizou: "Devia ser gestão tenebrosa pelos riscos e consequências que acarretam à economia". Em 56 minutos, Dias Toffoli seguiu o voto de Weber. Sempre objetiva, Cármen Lúcia fez o voto mais curto da sessão e de todo o julgamento, até aquele momento – em treze minutos seguiu o voto de Weber. Quase às 20 horas, o presidente deu por encerrados os trabalhos.

No dia seguinte, a sessão foi retomada. Era o vigésimo dia do julgamento. Em pouco mais de meia hora, com objetividade e clareza, Gilmar Mendes apresentou seu voto – ah, se fosse seguido por todos os ministros... – sintetizando-o ao dizer: "As operações com as empresas ligadas a Marcos Valério e ao PT ganharam repercussão, mas não foram as únicas. Há nos autos outras operações envolvendo outras pessoas jurídicas e físicas".

E prosseguiu: "Não tenho dúvida quanto à caracterização dos elementos que levam à configuração do crime aqui imputado de gestão fraudulenta". E, como os anteriores, também inocentou Ayanna Tenório.

Marco Aurélio foi ainda mais sucinto. Falou por 26 minutos, condenando Rabello e Salgado e inocentando Ayanna e Samarane. Celso de Mello apresentou o voto em uma hora e doze minutos. Fez um enorme esforço para resumi-lo. Acabou seguindo o voto da ministra Rosa Weber, assim como o fez o presidente Ayres Britto, que, em trinta minutos, apresentou seu voto e encerrou a sessão mais curta do julgamento até então: duas horas e meia de trabalho efetivo. Qual a razão de tanta rapidez? O feriado da Independência?

A condenação dos diretores do Banco Rural, sem exagero, pode ser considerada histórica. Deve ser recordado que o banco esteve envolvido no escândalo Paulo César Farias/Fernando Collor. O célebre cheque usado na compra do Fiat Elba por parte do ex-presidente Collor tinha sido emitido pelo Rural. Foi a principal prova que levou ao *impeachment*, em 1992, e "era" de um correntista que não existia – José Carlos Bonfim, um dos "fantasmas" inventados por PC Farias para ocultar o dinheiro do esquema de corrupção que tinha organizado. O banco também esteve envolvido na CPI que investigou a CBF em 2001 e tem várias ações correndo na justiça mineira – algumas com condenações em primeira instância.

Nos últimos quarenta anos, o sistema financeiro brasileiro foi marcado por fraudes monumentais, mas os dirigentes dessas instituições acabaram sempre impunes. Eventualmente um ou outro teve alguma dificuldade com a justiça, mas nenhum enfrentou perda do patrimônio pessoal, mantendo, portanto, quase intactas suas fortunas – descontando, claro, o pagamento de honorários salgados aos seus advogados. A decisão do STF certamente influencia as instâncias inferiores da Justiça ao tratar de crimes financeiros. E, dessa vez, o sinal era claro: não haveria mais contemplação com os poderosos, como se a Justiça tivesse um peso e duas medidas, dependendo da classe social do réu. A derrota dos advogados mais caros do processo – Márcio Thomaz Bastos e José Carlos Dias, que teriam recebido juntos 28 milhões de reais pela defesa (Bastos com 20 milhões e Dias com 8 milhões) –, também representou um alerta de que não bastava contratar um defensor de renome que o réu, independentemente das provas, seria absolvido. E, como reflexo das derrotas, as animadas festas brasilienses com a presença dos advogados de defesa acabaram. Alguns dos defensores deixaram, inclusive, de comparecer às sessões do julgamento.

Na semana seguinte, o item da denúncia a ser apreciado foi o da lavagem de dinheiro. Na segunda-feira, 10 de setembro, Joaquim Barbosa iniciou a leitura do seu voto, com 123 páginas.[1] Os réus eram: Kátia Rabello, José Roberto Salgado, Ayanna Tenório e Vinícius Samarane, ligados ao Banco Rural; e os do núcleo publicitário: Marcos Valério, Ramon Hollerbach, Cristiano Paz, Rogério Tolentino, Simo-

1 O voto foi publicado em: <www.stf.jus.br/arquivo/cms/noticiaNoticiaStf/anexo/AP470itemIV.pdf>.

ne Vasconcelos e Geiza Dias. Barbosa não perdeu tempo e logo afirmou que o "acervo probatório, tanto testemunhais, quanto interrogatórios colhidos, documentos juntados e perícias realizadas, confirma a tese da acusação". Segundo o relator, os dois núcleos – financeiro, o do Banco Rural; e o publicitário, Valério, sócios e funcionários – teriam atuado numa "ação orquestrada, com divisão de tarefas típica de uma organização criminosa". Haviam feito 46 operações de lavagem de dinheiro. De acordo com o relator, só de notas fiscais falsas, a SMP&B havia emitido 2.497. Tinham sido impressas mais 80 mil notas falsas, das quais 5 mil para a SMP&B e 75 mil para a DNA. A SMP&B emitia os cheques, e o Banco Rural sabia que a própria empresa recebia o dinheiro, destinando os recursos aos membros da organização criminosa, os quais não eram identificados.

Barbosa relembrou ainda que o Banco Central havia multado e inabilitado a direção e a gerência de instituições financeiras diante das graves infrações sobre operações financeiras consideradas suspeitas. Salgado já fora punido com seis anos de inabilitação e multa de 155 mil reais; Ayanna recebera pena de inabilitação de um ano e multa de 4 mil reais. Nesse caso, o Banco Rural havia sido penalizado com multa de cerca de um milhão de reais.

Em certo momento da sua longa exposição, o relator fez menção à reunião de Kátia Rabello com José Dirceu, em 2003, no próprio Palácio do Planalto. E insistiu: "Não se trata de um fato isolado.

Aconteceram diversas reuniões entre os dirigentes do Banco Rural e o ministro da Casa Civil". O ex-ministro deve ter ficado com a pulga atrás da orelha. Era um claro sinal de que o relator estava amarrando o conjunto do seu voto e José Dirceu era parte importante dele – como condenado.

Depois de um intervalo de 55 minutos, Barbosa continuou a leitura. Parte dos casos citados eram conhecidos. Foi inevitável um certo desinteresse entre os ministros. Tanto que dois deles – Gilmar e Toffoli – só voltaram ao plenário quando Barbosa já estava falando havia mais de vinte minutos. O método de ler na íntegra – ou quase na íntegra o voto – é entediante. E algo meio "ionesquiano".

Os outros ministros já tinham recebido o voto, os advogados poderiam também receber cópias do texto e o ministro poderia torná-lo disponível na rede.

Até o presidente Ayres Britto, em certo momento, resolveu auxiliar o relator, quando estava tratando detalhadamente dos empréstimos fictícios, dizendo que "primeiramente simulavam-se os empréstimos. Depois dissimulavam-se as próprias simulações", mas não encontrou, estranhamente, concordância de Barbosa, que, depois de um breve diálogo com Britto, acabou concordando. O relator estava tão exausto com a leitura que teve dificuldade de entender a fala do presidente.

Já às 19h20, com todos os ministros demonstrando cansaço (alguns um certo tédio), Barbosa concluiu o voto condenando todos os réus por lavagem de dinheiro e absolvendo Ayanna Tenório. Em seguida, sugeriu a realização de sessões extras, preocupado com o ritmo lento dos trabalhos, mas foi contraditado por Marco Aurélio, que discordou e pediu que os votos, especialmente os do relator, fossem mais breves e resumidos. Ao que Barbosa retrucou: "É impossível reduzir mais. Já reduzi demais. Na condição de relator, não posso omitir as informações importantes do voto".

Ayres Britto, sempre conciliador, preferiu sair pela tangente dizendo que em momento oportuno examinaria a necessidade de sessões extras. Momento oportuno? Era a vigésima primeira sessão e não tinha sido apreciado nem um quarto da denúncia!

Outro assunto que perpassou a sessão foi a designação pela presidente Dilma Rousseff do novo ministro para a vaga de Cezar Peluso, Teori Zavascki, que já era ministro do Superior Tribunal de Justiça.

Considerado um jurista de respeito, a polêmica estabelecida não foi sobre suas qualidades, mas sobre a possibilidade de poder participar do julgamento.

O regimento do STF permitia a participação desde que o novo ministro sentisse que estava a par do processo. E aí morava o problema. Ele poderia pedir vistas do processo, o que levaria o julgamento, no mínimo, até dezembro. Mas antes teria de aguardar seu nome ser sabatinado e aprovado pelo Senado, o que ocorreria sem problemas, como reza a tradição. Era mais um fator de incerteza para o processo do mensalão.[2]

A quarta-feira foi reservada para o ministro revisor. Não deveria, mas Lewandowski, lendo vagarosamente o seu voto – como fez nos itens anteriores –, desde o início demonstrou que não estava ligando a mínima para o tempo. Aparentou estar sumamente interessado nas próprias palavras, pena que a recíproca dos seus colegas ministros não era a mesma.

A maioria demonstrava desinteresse, um certo cansaço com a verborragia "lewandowskiana". Gilmar Mendes chegou atrasado à sessão e permaneceu somente alguns minutos, para, em seguida, novamente se ausentar do plenário. Mas Lewandowski seguiu em frente e falou como nunca. De cara inocentou Ayanna Tenório. Disse que passaria a analisar a acusação contra a ré Geiza Dias. Dedicou 51 minutos à funcionária "mequetrefe" da SMP&B. Resolveu fazer uma observação sobre uma entrevista dada pelo delegado Luís Flávio Zampronha. Convenhamos que foi um erro crasso. Citar no voto uma entrevista que não fazia parte dos autos do processo era demais. Imediatamente interveio o relator:

> Veja como as coisas são bizarras em nosso país. Um delegado vai à imprensa e diz que fulano não deveria ter sido denunciado. Isso é um absurdo. Em qualquer país

2 O ministro teve seu nome aprovado pelo plenário do Senado no dia 30 de outubro. Recebeu 57 votos favoráveis e quatro contra.

decentemente organizado um delegado desses estaria, no mínimo, suspenso.

O ministro Gilmar Mendes pegou uma carona e disse que havia "argumentos suficientes para discutir a questão nos autos, sem a necessidade de invocar testemunhos dados em jornais. É um debate heterodoxo nos valer de entrevistas".

O clima esquentou. Lewandowski, provocativamente, respondeu: "Por falar em heterodoxia, esse julgamento não é um dos mais ortodoxos que já se processou no Supremo Tribunal Federal".

O revisor voltou a concentrar a sua atenção em Geiza Dias. Comentou os e-mails da funcionária e aproveitou para atacar a PGR:

> Eram e-mails de subalterno para subalterno. Por que Geiza foi arrolada e os demais funcionários não? São todos funcionários de quinto escalão. Causa espécie que as pessoas sejam incluídas ou excluídas (da ação) sem um critério objetivo, para dizer o mínimo.

Fez uma ilação curiosa (e preconceituosa?): "Ela ganhava um salário que hoje é de uma empregada doméstica. Acho que alguém que ganhava 1.500 reais era uma pessoa que não tinha muita noção". Irritado, Barbosa interrompeu a fala de Lewandowski para protestar:

> Nos últimos dias, Vossa Excelência repete o que vem lendo nos jornais. Isso aqui não é academia. Estamos aqui

para examinar fatos, dados e dar uma decisão. Vamos parar com esse jogo de intriga. Faça seu voto de maneira sóbria! Desafio a quem quer que seja a dizer que meu voto não fez uso do contraditório. Quem é o senhor a dar lição de moral?

O clima de guerra ficou estabelecido. O revisor respondeu: "Estou perplexo. Não tenho perdido oportunidade de elogiar o voto de Vossa Excelência, aqui e fora do plenário. Eu jamais ousaria insinuar que o voto de Vossa Excelência seria incompleto. Longe de mim". "Faça seu voto de maneira sóbria", contestou Barbosa. E continuou:

> Vossa Excelência está tentando mostrar essa heterodoxia nas entrelinhas do meu voto. Desafio quem quer que seja a ler o meu voto e demonstrar isso, que eu não faço o uso do contraditório. Temos estilos diferentes. Digo uma coisa em duas ou três linhas, não preciso mais do que isso.

O revisor insistiu na provocação: "Vossa Excelência quer que eu pare de examinar os argumentos da defesa, é isso?" Dizendo-se perplexo, Lewandowski protestou ao presidente Ayres Britto, justificando-se ao dizer que estava simplesmente defendendo o direito ao contraditório, até mesmo porque estavam presentes dezenas de estudantes assistindo ao julgamento.

Convenhamos que não foi uma boa explicação. O presidente Ayres Britto, evitando tensionar ainda mais o ambiente, colocou jeitosamente panos quentes: "Nada mais ortodoxo que assegurar esse contraditório. O homem é o estilo, o estilo é o homem. Vossa Excelência tem seu estilo e o ministro Joaquim Barbosa tem o dele".

E o julgamento seguiu com a absolvição de Geiza Dias por parte do ministro revisor pelo crime de lavagem de dinheiro, mas não sem antes desqualificar outra vez a ré:

> Condená-la seria como incriminar um frentista de um posto de gasolina que abasteceu um carro, que, mais tarde, se envolveu em um acidente matando uma pessoa. Se o frentista fez parte da cadeia de eventos que levou ao ilícito, não teria nenhuma responsabilidade pelo ocorrido.

O terceiro réu foi Kátia Rabello, a quem o ministro revisor dedicou uma hora e sete minutos, condenando-a por lavagem de dinheiro: "A materialidade delitiva está claramente evidenciada nos autos". E continuou: "Marcos Valério deixou evidenciado o conluio entre a cúpula do Banco Rural e as agências de publicidades das quais era sócio".

Depois de um intervalo de 54 minutos, o revisor continuou com a palavra. Porém, no longo café, ocorreu um violento bate-boca entre Barbosa e Lewandowski, com direito até a dedo em riste. A coisa só se acalmou com a turma do "deixa disso". O revisor passou a analisar o réu José Roberto Salgado, a quem acabou condenando em 25 minutos. Vinícius Samarane era o próximo da lista, e Lewandowski o absolveu "por falta de provas". "Não é crível a meu ver que um diretor recém-empossado pudesse saber do que ocorria nas diversas agências do banco envolvidas em operações de lavagem". Passou para Marcos Valério, a quem, em sete minutos, condenou por lavagem de dinheiro. Depois foi a vez de Ramon Hollerbach, condenado em três minutos, um a mais do que dedicou ao outro condenado, Cristiano Paz. O advogado Rogério Tolentino, que tinha comprado um apartamento para a ex-esposa de José Dirceu, foi absolvido em dezoito minutos, mesmo tempo que dispensou para condenar Simone Vasconcelos. Dos dez réus, condenou seis. Às 19h44, Britto encerrou a sessão, que poderia ter sido absolutamente modorrenta, mas acabou salva pelo violento entrevero – mais uma vez – de Ricardo Lewandowski e Joaquim Barbosa. E ainda nem tinha chegado a vez do núcleo político...

O vigésimo terceiro dia do julgamento ficou reservado para o voto dos oito ministros. Nas sessões anteriores, que haviam tratado do crime de lavagem de dinheiro, Barbosa tinha condenado nove réus e Lewandowski, seis. Agora, os primeiros 36 minutos da sessão iniciada tinham se concentrado em mais um debate (ou melhor, embate) entre relator e revisor, tendo como tema o réu Rogério Tolentino, condenado por Barbosa e inocentado por Lewandowski. Só para relembrar, o advogado tinha obtido um empréstimo do BMG no valor de 10 milhões de reais. Em seguida teria dado três cheques em branco a Valério. O publicitário não estava necessitado de dinheiro, tanto que deu em garantia para o empréstimo CDB (Certificado de Depósito Bancário) no exatíssimo valor de 10 milhões. Qual a razão da farsa? Lavar dinheiro. Transformar os 10 milhões que teria desviado do Banco do Brasil, via Visanet, em dinheiro limpo, legal.

A divergência entre relator e revisor – e que envolvia o "fatiamento" do processo, pois Lewandowski insistia na tese de que não poderia condenar o advogado, uma vez que não era citado explicitamente na denúncia o BMG, no que estava formalmente correto, mas no conjunto do processo a acusação de lavagem era comprovada – foi encerrada, momentaneamente, por Ayres Britto e suas tiradas poéticas: "Da nascente à foz, um rio é o mesmo rio".

Finalmente, os ministros começaram a votar. Rosa Weber iniciou dizendo que inocentaria Ayanna Tenório e Geiza Dias.

Passou a analisar o réu Rogério Tolentino. Pouco tinha falado quando foi interrompida por Barbosa, que fez questão de insistir que Tolentino era culpado por lavagem de dinheiro. Para não ficar atrás, Lewandowski pediu a palavra e defendeu a inocência do réu, mas, para o bem do julgamento, Rosa Weber continuou e condenou Tolentino. Sobre o ex-presidente da Câmara, a ministra afirmou, de forma pouca clara, que, por "entender que o recebimento da vantagem indevida integra o crime de corrupção passiva e não de lavagem de dinheiro, não há como condenar João Paulo pelo crime de lavagem tendo como precedente o crime de corrupção passiva". Mas condenou Henrique Pizzolato. Gastou 44 minutos, incluído aqui o tempo ocupado pelos ministros relator e revisor.

Luiz Fux foi o próximo. Fez um longo balanço sobre o tema, citando, preferencialmente, vasta bibliografia estrangeira. Dessa forma evitou a mera repetição das provas constantes nos autos, já citadas à exaustão pelo revisor, pelo relator e rapidamente pela ministra Weber.

Se poderia ser imputado ao ministro uma certa veleidade acadêmica, o conjunto de citações enriqueceu o debate e elevou a discussão a um patamar superior, rompendo com o embate "Fla-Flu" entre relator e revisor. Foi duro e condenou todos os acusados, exceto Ayanna Tenório. Falou por 44 minutos. E a cada voto bem fundamentado foi aprofundando o fosso que o separava de Dias Toffoli.

O voto seguinte foi do ex-assessor de José Dirceu. Estava estranho. Sua coloquialidade soava fora de lugar. Buscou chamar a atenção dos ministros para o que intitulou de "virada de pensamento". Teria ficado convencido dos argumentos da PGR sobre lavagem de dinheiro e, teatralmente, afirmou: "Anuncio que estou me divorciando da tese que acolhi". Tudo como se fosse uma revelação divina ou algo que mudaria a história do Direito. Foi grotesco. Poucos entenderam o que ele estava dizendo. Na sua longa intervenção enviou um recado:

> A denúncia logrou comprovar que havia um valerioduto, uma tecnologia de movimentação financeira por parte de um grupo proveniente de Minas Gerais, que já havia utilizado essa tecnologia em relação a outros episódios em andamento na Justiça.

Era uma óbvia referência ao chamado "valerioduto mineiro" e que envolvia o atual deputado (à época do escândalo, governador) Eduardo Azeredo. Em seguida, deixou claro como poderia votar no item 6, ao afirmar que "aquilo que a imprensa chamou de "mensalão" são cenas que assistiremos no próximo capítulo. Ou seja, se os recursos foram utilizados para a compra de votos no Congresso Nacional".

Toffoli acabou condenando os diretores do Banco Rural e inocentou Ayanna Tenório e Rogério Tolentino. Ao inocentar Geiza Dias, retomou o péssimo exemplo de Lewandowski: "Uma coisa é um frentista que põe combustível sem saber que o dono do posto comprou combustível adulterado. Outra coisa é o frentista que coloca o combustível sabendo que está adulterado". Geiza seria, de acordo com Toffoli, a "frentista que colocava o combustível no posto de gasolina sem ter a menor ideia de que estava adulterado". Condenou Marcos Valério, Ramon Hollerbach, Cristiano Paz e Simone Vasconcelos, não sem antes protagonizar mais um momento constrangedor, ao justificar que absolveu Geiza Dias não dando importância aos e-mails que enviava aos funcionários do Banco Rural solicitando a entrega de dinheiro aos mensaleiros ou aos seus mensageiros e que sempre encerrava com "beijos". Disse Toffoli: "Eu conheço uma pessoa que foi condenada por causa de um beijo: Jesus Cristo. Mas não vejo que é o caso de condenar Geiza por causa de um beijo". Sobre o mesmo e momentoso tema – o beijo –, Lewandowski disse que era uma forma de "candura" encerrar as mensagens daquela forma. Já Cármen Lúcia considerou que se tratava de uma forma de dar aparência de normalidade a uma relação ilegal. Fux, por outro lado, foi mais duro, e relacionou com o gesto mafioso, o "beijo da morte". Nunca, certamente, um beijo mereceu tanta consideração de um tribunal, menos ainda do STF.

Voltando ao ministro Toffoli, quando encerrou seu voto, ficou no ar um misto de satisfação e irritação. Havia falado por uma hora e dezesseis minutos, e dito pouco ou nada de novo. Poderia ter sintetizado o voto e usado metade do tempo gasto. E pior: tinha solicitado ao presidente Britto um intervalo, pedido negado peremptoriamente. A sessão prosseguiu. Cármen Lúcia, sempre direta e objetiva, votou em 21 minutos e, em menos de um terço do tempo utilizado por Toffoli, disse muito mais. Dos dez acusados, condenou oito. Absolveu Geiza Dias e Ayanna Tenório. Lembrou que o item da lavagem de dinheiro "chama atenção pela importância. Nesse tipo de esquema delitivo, o dinheiro é para o crime o que o sangue é para a veia. Se não circular, não temos esquemas criminosos como esse. Há uma necessidade enorme de que existam instituições financeiras que se prestem para situações como essa". E concluiu: "Não há dúvida de que houve a dissimulação de tomadas de empréstimos para tornar os recursos lícitos". Isto é, "não só se forjava uma situação como se impedia a fiscalização".

Os diretores do Rural "agiram dolosamente ao se prestarem a tal situação para garantirem um ganho". Marco Aurélio foi também muito rápido: 24 minutos. Absolveu dois: Ayanna Tenório e Vinícius Samarane. Sobre Geiza Dias, disse que não havia como acreditar que ela não sabia da origem ilícita dos saques. Ironizou (e haja ironia): "Aos 66 anos não posso acreditar em Papai Noel". Também, como Weber, citou os encontros entre os executivos do Rural e José Dirceu.

O próximo ministro, Gilmar Mendes, falou por 58 minutos. Foi discreto. Condenou oito e absolveu dois – Geiza Dias e Ayanna Tenório –, e aproveitou para estocar Toffoli: "Só com um reducionismo muito forte se poderia falar em valerioduto. A rigor, é um sistema muito mais complexo e envolve a participação de autoridades e agentes públicos. Esse corpo, valerioduto, precisava de alma".

Já passava das 19h30 quando Celso de Mello tomou a palavra. Foi brevíssimo: falou por 33 minutos. Em termos gerais, pode-se destacar do seu voto o momento das considerações sobre o crime de lavagem de dinheiro: "O fato irrecusável é que o dinheiro sujo interfere de modo criminoso no processo de crescimento econômico dos povos e das nações". E continuou:

A lavagem de dinheiro e as infrações a ela relacionadas, como a corrupção, tornaram-se crimes que, com seus efeitos perversos e perniciosos, se tornaram instrumentos desestabilizadores dos sistemas econômicos e financeiros.

Também inocentou somente dois acusados: Geiza Dias e Ayanna Tenório. Com somente sete ministros presentes (Cármen Lúcia, Toffoli e Marco Aurélio tinham ido para a sessão do TSE), Ayres Britto deu o seu voto, que acabou seguindo o da maioria, absolvendo somente Geiza Dias e Ayanna Tenório. Às 20h43, encerrou os trabalhos do dia, não sem antes prometer que na sessão do dia 17 colocaria em discussão a proposta feita por Joaquim Barbosa de sessões extras para agilizar o julgamento. Foi a sessão mais longa do julgamento e sem intervalo (!): seis horas e treze minutos.

Sendo assim, dos oito condenados por lavagem de dinheiro, seis foram por unanimidade. Oito votos condenaram Rogério Tolentino e Vinícius Samarane, que tiveram ainda dois votos pela absolvição. As condenações do núcleo financeiro, especialmente da principal controladora e dos diretores do Banco Rural, estabeleceram um marco na história dos crimes financeiros. Como lembrou o ministro Marco Aurélio, "todo julgamento implica uma doutrina do tribunal. Esse caso vai revelar doutrina com relação a diversas matérias e isso é muito bom em termos de segurança jurídica".

os marginais do poder

A vigésima quarta sessão estava sendo aguardada com muita expectativa. Afinal, depois de 45 dias, finalmente, o julgamento estava entrando no item principal da denúncia: a compra de apoio parlamentar no Congresso Nacional, operação engendrada principalmente pelo desvio de recursos públicos. Era o capítulo mais longo da denúncia – e o mais polêmico. Entre os acusados estavam não só parlamentares do PMDB, do PTB, do PL (atual PR) e do PP, mas também do PT, que integravam esse item. E mais: José Dirceu, ex-chefe da Casa Civil, considerado o chefe da quadrilha pela Procuradoria-Geral da República. Ao todo, eram 23 réus, que seriam julgados por corrupção passiva e ativa, lavagem de dinheiro e formação de quadrilha.

A temperatura política se elevou ainda mais quando a revista *Veja* publicou uma entrevista de Marcos Valério. As declarações do publicitário deixaram o governo muito preocupado. Valério tinha dito que temia pela sua vida: "Vão me matar. Tenho de agradecer por estar vivo até hoje". Afirmara ainda que o caixa do PT no mensalão havia sido de 350 milhões de reais, muito superior ao estimado pela PGR. E Lula teria, de acordo com ele, participado diretamente na arrecadação desse dinheiro. Empresários, depois de se reunir com o presidente, entregavam sua "contribuição". O braço direito do esquema criminoso seria José Dirceu, mas o chefe era Lula: "Só não sobrou para o Lula, porque eu, o Delúbio e o Zé não falamos", disse Valério, relatando que seu contato com o PT, após a revelação do escândalo, tinha sido Paulo Okamoto. "O papel dele era me acalmar", contou.

De acordo com o publicitário, ele teria recebido a promessa de que não seria julgado; e se o fosse seria absolvido ou, se condenado, não cumpriria pena em regime fechado. Para Valério, era uma questão de honra não voltar ao presídio. Segundo informações que haviam circulado durante o julgamento, quando ficou detido em Tremembé, no Vale do Paraíba paulista, teria sofrido sevícias. O publicitário revelou que Delúbio tinha tal proximidade com Lula que dormia no Palácio da Alvorada e insinuou também ter participado de reuniões noturnas no Alvorada. Afirmou ainda que frequentava com desenvoltura os corredores do Banco Central.

Na mesma edição da revista, foi entrevistado Lucas Roque, ex-funcionário do Banco Rural, responsável por entregar à polícia a documentação que comprovava o pagamento em dinheiro aos parlamentares e revelava o plano de criação de um banco entre a CUT, o Rural e o BMG, com o objetivo de controlar o crédito consignado para os aposentados. O plano, para o bem do Brasil, acabou sendo abortado após a entrevista de Roberto Jefferson e a revelação do escândalo. Era um negócio de 1 bilhão de reais.

Os trabalhos foram iniciados às 14h30, e a palavra, transferida para o relator. Barbosa estava tranquilo. Tinha sim ficado muito irritado, no final da semana, quando assessores, por um equívoco, haviam divulgado no site do STF o seu voto – como ocorrido em outras oportunidades – incluindo as penas. O trecho ficou no ar durante dois dias, só sendo retirado na noite de domingo. Nele, o relator indicava penas rigorosas para Valério e os diretores do Banco Rural. O ministro iniciou seu voto destacando que os parlamentares do PP haviam recebido "elevadas quantias em espécie sem qualquer registro formal de contabilidade ou transação bancária". E não perdeu tempo para identificar o cerne da denúncia: o "denominado núcleo político partidário comprou apoio político". Recordou que Delúbio Soares, em depoimento, havia dito que o PT repassara 8 milhões de reais para o PP. Para o relator, esses recebimentos estavam relacionados a importantes votações realizadas no Congresso Nacional, especialmente a da reforma da Previdência, em setembro de 2003. Segundo Barbosa, essas reformas tinham recebido "o fundamental apoio dos parlamentares comprados pelo Partido dos Trabalhadores e das bancadas por eles orientadas e dirigidas, exatamente no momento em que foram realizados os maiores repasses". E foi taxativo: não há "nenhuma dúvida da existência do esquema de compra de votos a essa altura do julgamento. Não vislumbro qualquer deficiência probatória quanto a esses crimes".

Barbosa fez questão, ainda, de mencionar Lula:

> Todos os interlocutores citados por Roberto Jefferson, entre os quais o ex-presidente Lula, confirmaram que foram informados sobre a distribuição de dinheiro a parlamentares para que votassem a favor de projetos de interesse do governo.

Dada a inter-relação entre os mensaleiros, o relator diversas vezes citou outros parlamentares do PMDB, PTB e PL que haviam participado do esquema. Recordou que tinha ficado comprovada a

> realização de transferências milionárias de dinheiro, 55 milhões de reais, por réus ligados ao Partido dos Trabalhadores em proveito de vários parlamentares e partidos que, mediante a sua atuação, passaram a compor a chamada base aliada do governo na Câmara.

Descaracterizou qualquer possibilidade de caixa dois, pagamento de honorários advocatícios ou dívidas eleitorais: "Não existia qualquer outro motivo pelo qual o PT tivesse interesse em financiar o PP naquele momento, a não ser o apoio parlamentar". E, ainda antes do intervalo da sessão, afirmou que não havia tido

qualquer motivo, além da fidelidade de Pedro Corrêa, Pedro Henry, José Janene e João Cláudio Genu, que explicasse o interesse do PT em realizar os repasses milionários aos parlamentares do PP, tal como confessado pelos corréus Marcos Valério e Delúbio Soares.

O ministro lembrou que os réus sabiam da origem do dinheiro e mandavam Genu para sacá-lo; e descreveu o *modus operandi* da quadrilha. Delúbio indicava quem deveria receber o dinheiro, Valério emitia o cheque e comunicava ao Rural quem iria recebê-lo. A SMP&B era quem aparecia como sacadora. Dessa forma, os réus do PP,

a fim de não deixar rastro, pois sabiam que os recursos eram fruto de crime contra a administração pública e o sistema financeiro nacional, os reais beneficiários indicavam terceiros para o recebimento dos valores. Assim também dissimulavam a origem, natureza e propriedade desses valores.

Era a lavagem de dinheiro. Não havia nenhuma transferência bancária formal. Quem ia à agência – ou a quartos de hotéis onde se encontrava com Simone Vasconcelos – para receber o dinheiro era

Genu: "Janene, Henry e Corrêa se valeram do mecanismo de lavagem oferecido pelos réus do núcleo financeiro para receber o dinheiro de forma segura". Em certo momento, a corretora Bônus Banval havia participado do esquema para dissimular a origem ilícita do dinheiro. Para o relator, a materialidade do crime estava absolutamente comprovada: "Os autos demonstram que Quadrado, sócio-proprietário da empresa, foi o responsável por orientar que os funcionários fossem os intermediários dos recursos, executando assim, de forma dolosa, o crime de lavagem de dinheiro". Foram sete operações de lavagem. E encerrou dizendo:

> Conclui-se que os réus do PP – Henry, Genu, Corrêa e Janene – formaram quadrilha primeiramente para os crimes de corrupção passiva e lavagem de dinheiro. A partir de fevereiro de 2004, passaram a contar com a adesão de Enivaldo Quadrado e Breno Fischberg.

E o fizeram por vários meses.

Na quarta-feira, dia 19, Joaquim Barbosa continuou proferindo seu voto sobre o núcleo político. Dessa vez, dedicou-se aos réus vinculados ao esquema que tinha envolvido o Partido Liberal. Quatro eram os acusados: Valdemar Costa Neto e Jacinto Lamas – os dois por formação de quadrilha, corrupção passiva e lavagem de dinheiro; Antonio Lamas por formação de quadrilha e lavagem de dinheiro, e o bispo Rodrigues, por corrupção passiva e lavagem de dinheiro. O relator destacou que os pagamentos eram costumeiramente em altos valores, acima de cem mil reais. Tinham sido realizados ao longo de dois anos e concentrados nos momentos de votações importantes para o governo. O dinheiro havia proporcionado ao PL a oportunidade de atrair muitos novos parlamentares – o que ocorrera também com outro partido mensaleiro, o PTB. Só Valdemar teria recebido 10,7 milhões de reais, de acordo com as listas de Marcos Valério – deve-se recordar a reunião, em 2002, com a presença de Lula, José Alencar, Valdemar, Delúbio e Genoino, no apartamento funcional de Paulo Rocha, em Brasília, que definiu a "compra" do PL justamente por 10 milhões de reais.

Como o esquema funcionava? Era Jacinto Lamas quem, primeiro, recebia o dinheiro de Valério, em Belo Horizonte, a princípio por meio de cheques nominais para a empresa Garanhuns Empreendimentos – curiosamente, a empresa tem o mesmo nome da cidade em que Lula nasceu, em Pernambuco. Depois, os "repasses" passaram a ser feitos em Brasília: no Banco Rural, em hotéis ou no flat de Valdemar. De acordo com Barbosa, Lamas "não tinha apenas consciência do caráter criminoso, como também teria auxiliado Costa Neto, o que caracteriza o dolo da sua conduta". Todo dinheiro era entregue a Valdemar, em sua própria residência. O relator pediu a condenação dos dois por corrupção passiva. Bispo Rodrigues, que obtivera 400 mil reais, teria recebido "dinheiro do PT porque era um dos representantes máximos do PL. No exercício do seu mandato, votou e deliberou no sentido pretendido dos corruptores", disse Barbosa. Também foi pedida a sua condenação por corrupção passiva. Por fim, o relator defendeu a absolvição de Antonio Lamas, alegando falta de provas.

Depois de um longo intervalo – uma hora e dois minutos –, a sessão foi retomada. Barbosa demonstrou que, com a colaboração da Garanhuns, Valdemar tinha recebido o dinheiro do PT em 36 cheques e 27 transferências, sempre com a ativa participação de Jacinto Lamas: "Esta intensidade e frequência que se prolongou constitui-se na prova do vínculo entre os réus e a organização criminosa". Pois, "se os réus pretendessem apenas pagar dívidas de campanha, por qual motivo teriam recebido os recursos de forma tão sofisticada?" E o relator solicitou a condenação dos dois por lavagem de dinheiro e formação de quadrilha.

A atenção estava agora voltada para os quatro réus do Partido Trabalhista Brasileiro: Roberto Jefferson, Emerson Palmieri, Romeu Queiroz e Anderson Adauto. Jefferson – que, no momento do seu julgamento, estava internado em um hospital do Rio de Janeiro – tinha declarado em seu depoimento que o partido havia negociado uma "ajuda" de 20 milhões de reais junto ao PT. Após a morte de José Carlos Martinez, Jefferson teria assumido a presidência do PTB e passado a receber os pagamentos: "Pagamentos em espécie, nesse montante, a um líder de partido importante na Câmara equivale, sem dúvida, à prática corrupta", afirmou o relator. Os recursos partiam de Delúbio Soares. Segundo Palmieri, haviam sido pagos 4 milhões de reais em duas parcelas. Onde? No gabinete do presidente do PTB. Queiroz teria recebido 350 mil reais por ordem de Delúbio e usado o cargo de presidente da Comissão de Transportes da Câmara como instrumento de barganha. Barbosa condenou por corrupção passiva Jefferson, Queiroz e Palmieri e absolveu Anderson Adauto.

Ainda nessa sessão, por proposta do relator, aceitou-se por unanimidade que as denúncias do núcleo político envolvendo especialmente José Dirceu, José Genoino e Delúbio Soares fossem apreciadas após todos os ministros opinarem sobre a compra de votos. Dessa forma, tudo indicava que o julgamento da *troika* do PT não ocorreria antes das eleições municipais, marcadas para o dia 7 de outubro.

Na quinta-feira, Joaquim Barbosa encerrou o voto sobre a compra de votos, imputando o crime de lavagem de dinheiro aos três réus do PTB. Para isso, relembrou alguns fatos já apresentados sobre quais eram os valores dos recursos e como eles eram recebidos, condenando rapidamente Roberto Jefferson e Romeu Queiroz, mas absolvendo

Emerson Palmieri dessa acusação, que, segundo ele, não teria participado da distribuição dos recursos, função restrita a Jefferson.

Em seguida, passou para José Borba, que teria, segundo Marcos Valério, recebido 2 milhões de reais, dos quais apenas 200 mil tinham sido comprovados. Segundo Barbosa, o réu também havia mostrado "absoluto conhecimento das práticas de lavagem de dinheiro", e a conduta do acusado preenchia "o tipo penal de lavagem de dinheiro". Justamente nesse momento surgiu uma boa discussão entre o relator e o ministro Marco Aurélio sobre o significado, nesses casos, da lavagem de dinheiro. Ocultar o recebimento do dinheiro por corrupção é uma decorrência do crime ou também se constitui uma forma de lavagem de dinheiro?

Barbosa insistiu na visão de totalidade do crime, afirmando que a "lealdade parlamentar é uma das armas dos parlamentares na hora de obter vantagens indevidas", e que os parlamentares haviam funcionado "como verdadeiras mercadorias". Acabou, obviamente, condenando José Borba por lavagem de dinheiro e corrupção passiva. No total, condenou doze réus.

Mas uma intervenção de Barbosa acabou gerando polêmica – mais uma. Foi a referência que fez a um depoimento de Dilma Rousseff durante o processo. A então ministra das Minas e Energia havia se declarado surpresa com a facilidade com que se tinha aprovado o novo marco regulatório do setor elétrico. Segundo Barbosa, a compra de apoio parlamentar teria destravado vários temas polêmicos, como o citado ou a reforma da Previdência. Dois dias depois, por meio de nota oficial, a presidente, desnecessariamente, fez questão de rebater naquele estilo pouco afeito aos cânones da língua portuguesa: "Creio ser necessário alguns esclarecimentos que eliminem qualquer sombra de dúvidas acerca das minhas declarações, dentro dos princípios do absoluto respeito que marcam as relações entre os Poderes Executivo e Judiciário". E continuou:

> Na sessão do STF, o sr. ministro Joaquim Barbosa destacou a "surpresa" que manifestei no meu depoimento judicial com a agilidade do processo legislativo sobre as MPs. Surpresa, conforme afirmei no depoimento de 2009 e repito hoje, por termos conseguido uma rápida aprovação por parte de todas as forças políticas que compreenderam a gravidade do tema. Como disse no meu depoimento, em função do funcionamento equivocado do setor até então, "ou se reformava ou o setor quebrava". E, quando se está em situações limites como esta, as coisas ficam muito urgentes e claras.

Foi uma nota inconveniente e despropositada. Quem havia sido mencionada não era a presidente, mas uma simples depoente. A nota repercutiu muito mal, dando a impressão de uma espécie de intervenção nos assuntos internos de outro poder, especialmente em meio a um julgamento tão complexo como o do mensalão.

Depois do intervalo, a sessão foi retomada com a apresentação do voto do revisor, Ricardo

Lewandowski, que analisou o caso do réu Pedro Corrêa. Apresentando as informações já conhecidas, Lewandowski o condenou, tal qual o relator, por corrupção passiva, mas não por lavagem de dinheiro: "O réu só pode ser condenado por corrupção passiva e lavagem de dinheiro se tiver cometido dois atos distintos". E completou: "Não aceito a dupla punição advinda de um mesmo ato delituoso". Por fim, inocentou Pedro Henry de todas as imputações. Como vários ministros já tinham abandonado o plenário, o presidente Ayres Britto achou por bem dar por suspensa a sessão e convocar a continuação para a próxima segunda, dia 24.

A vigésima sétima sessão teve início somente às 14h42. Durante oito minutos, o presidente fez uma síntese dos votos de Joaquim Barbosa na sessão anterior. Depois, passou a palavra para Lewandowski. Em cinco minutos, o revisor condenou João Cláudio Genu por corrupção passiva; em quatro minutos, absolveu Genu do crime de lavagem de dinheiro, nesse caso seguindo coerentemente o princípio que havia adotado em casos semelhantes durante o julgamento. Para Enivaldo Quadrado, dedicou um bom número de minutos, detalhou as operações e demonstrou que tinha havido lavagem de dinheiro. Por fim, absolveu Breno Fischberg, sobre o qual não se teria comprovado "nem a sua participação nem dolo para a conduta de lavagem de dinheiro", livrando-o ainda da imputação de formação de quadrilha. Voltando-se para os réus do PP, condenou por formação de quadrilha Pedro Corrêa, Genu e Quadrado.

Depois de mais um longo intervalo – 54 minutos –, a sessão foi reiniciada, mas o desinteresse dos ministros era evidente. Três deles não estavam presentes (Cármen Lúcia, Gilmar Mendes e Celso de Mello) quando o revisor começou a ler o seu voto sobre Valdemar Costa Neto, relatando o que já era conhecido sobre Valdemar e condenando-o por corrupção passiva e lavagem de dinheiro. Em seguida, passou para Jacinto Lamas, o tesoureiro do PL, considerando-o culpado dos mesmos crimes imputados a Valdemar. Minutos depois, condenou os dois por formação de quadrilha, não sem antes declarar confusamente: "O juiz não pode ficar em cima do muro. Tem de tomar uma decisão. Não estamos aqui na academia". Frases, convenhamos, absolutamente desconexas. Como o cansaço do plenário era evidente, o revisor apressou seu voto e absolveu bispo Rodrigues do crime de lavagem de dinheiro e o condenou por corrupção passiva. Meteoricamente, absolveu Antonio Lamas de todas as acusações. E, para a alegria geral – de ministros, funcionários, jornalistas e de quem mais estava assistindo ao julgamento –, Ayres Britto deu por encerrada a sessão.

Os trabalhos foram retomados no dia 26, quarta-feira. O revisor continuou a ler o seu voto. Tratou de José Borba. O ritmo modorrento da leitura prenunciava uma sessão chocha. Por fim, Lewandowski condenou Borba por corrupção passiva e o inocentou do crime de lavagem de dinheiro, argumentando que o réu não sabia da origem ilícita do dinheiro e, portanto, não poderia ser condenado duas vezes pelo mesmo crime. De uma hora para outra pegou fogo no plenário do STF. Luiz Fux discordou dizendo: "Isso é a lavagem mais lavada que eu já vi". Barbosa interferiu, afirmando que as provas estavam nos autos: "Havia uma engrenagem para esta distribuição de dinheiro, que era evidentemente clara e conhecida". Os ânimos se exaltaram.

O revisor disse que não poderia votar por suposições e que cabia ao Ministério Público apresentar provas contra os réus. O relator retomou a palavra e pediu que o voto do revisor fosse entregue impresso aos ministros durante a leitura. Lewandowski respondeu que não era praxe e quem quisesse acompanhar o voto que permanecesse em plenário – era uma clara referência às ausências de Barbosa, que, devido ao seu estado de saúde, tinha de reiteradas vezes buscar atendimento médico numa sala contígua à do julgamento. Barbosa retrucou dizendo que queria simplesmente transparência.

O clima azedou ainda mais. Marco Aurélio entrou na discussão e criticou a intervenção de Barbosa, considerando que ela insinuava a falta de transparência dos ministros. Vozes se misturavam no sistema de som e a balbúrdia havia se instalado no seio da Suprema Corte – tudo com transmissão ao vivo pela televisão. Sempre calmo, Britto por fim transferiu a palavra para a ministra Rosa Weber, que desejava dar um aparte e, aparentemente, acalmou os ânimos.

O ministro Lewandowski retomou a palavra. Resolveu usar de uma metáfora para explicar por que não poderia condenar um réu por lavagem de dinheiro sem que ele tivesse conhecimento da origem ilícita do dinheiro. Recebeu como resposta uma ironia do ministro Fux. A ação do "bombeiro" Britto colocou ordem – ao menos, momentânea – no plenário. O revisor passou para as imputações que pesavam sobre Roberto Jefferson, condenando-o por corrupção passiva, mas absolvendo-o da acusação de lavagem de dinheiro: "Ele confessa que recebeu o dinheiro, mas não há um segundo conjunto de fatos que poderiam caracterizar a lavagem de dinheiro". Mas uma citação feita pelo revisor sobre um pagamento para uma namorada de Martinez – ex-presidente do PTB, já falecido – com recursos do esquema voltou a esquentar o clima. Barbosa interrompeu Lewandowski dizendo que a exposição de tal fato, da esfera pessoal, não era cabível. Recebeu como resposta que o acontecido reforçava a sua tese de que parte do dinheiro ilícito teria sido utilizado para fins pessoais, inclusive por Jefferson. "Não se pode excluir que tenha se apropriado pessoalmente de parte substancial dos recursos sobretudo porque não deu conta do destino final", continuou o revisor. A suspensão da sessão para um intervalo serviu para diminuir a tensão entre os ministros.

Como tinha virado rotina, os trinta minutos acabaram se transformando em pouco mais de uma hora. O revisor passou a ler seu voto sobre Emerson Palmieri. O clima voltou a esquentar entre ele e o relator.

Discordando da descrição dos fatos apresentados por Lewandowski, Barbosa o interrompeu dizendo: "Mas isso vai de encontro ao que eu disse no meu voto. São fatos". E recebeu como resposta: "É por isso que sou revisor. Se Vossa Excelência não admite a controvérsia, vamos abolir a figura do revisor". Barbosa retrucou duramente: "Não podemos fazer vistas grossas ao que consta nos autos. O colega está desmentindo abertamente o que consta do meu voto".

O revisor estaria, de acordo com o relator, "contornando os fatos". Aí o clima azedou de vez. Marco Aurélio novamente aparteou: "Isso não compõe a visão que temos de colegiado. Vossa Excelência está num colegiado de alto nível. Vossa Excelência não está respeitando a instituição. Olha a agressividade, ministro". Ayres Britto, sempre conciliador, solicitou que o revisor continuasse a ler o voto com a "sua visão dos fatos". Mas foi interrompido por Barbosa: "É absolutamente heterodoxo um ministro medir o voto do relator para replicar o voto do revisor do mesmo tamanho". Ao que Lewandowski retrucou: "Vossa Excelência não dirá a mim o que fazer, ministro. Por favor, não me dê conselhos".

E Marco Aurélio completou: "Policie a sua linguagem". O revisor ameaçou não continuar a leitura do voto, mas acabou convencido pela lhaneza do presidente e retomou a leitura.

O clima de final de feira parecia ter sido superado. E Lewandowski continuou a descartar provas e a criticar o Ministério Público, chegando a desqualificar a viagem de Palmieri a Portugal: "Foi um oba-oba". A forma jocosa e provocativa do voto de Lewandowski atiçou novamente a ira de Barbosa. O relator, que tinha se ausentado do plenário, retornou justamente nesse momento, e aparteou o revisor: "Vamos dizer as coisas como elas são". E afirmou que não se podia desqualificar a viagem de Valério, Tolentino e Palmieri a Portugal e suas vinculações com o esquema.

O revisor respondeu que, na sua opinião, não era possível tirar nenhuma conclusão dessa viagem, aproveitando para atacar novamente o Ministério Público, que, de acordo com ele, não teria conseguido provar os crimes imputados a Palmieri. E terminou absolvendo o réu de todos os crimes.

Até Lewandowski já estava cansado. Tanto que dedicou apenas dois minutos a Romeu Queiroz, condenando-o por corrupção ativa e o absolvendo do crime de lavagem de dinheiro.

Ainda antes do término da sessão, Barbosa pediu ao presidente que, no dia seguinte, no início dos trabalhos, pudesse esclarecer os fatos da citada viagem a Portugal: "Para mim é uma das coisas mais esdrúxulas desse processo".

A sessão do dia 27 começou ainda sob o clima de tensão dos entreveros do dia anterior. Joaquim Barbosa recebeu a palavra do presidente e fez os prometidos dez minutos de esclarecimentos, falando por exatamente dez minutos! Argumentou acerca da lavagem de dinheiro e deu vários exemplos do que chamou de "engenharia de lavagem de dinheiro". Citou, em especial, o caso de José Borba, o réu que havia recebido dinheiro na agência do Banco Rural, em Brasília, mas se recusado a assinar o famoso recibo: "Nada ficou registrado dessa operação em nome dele. O que é isso, se não lavagem de dinheiro? O que importa é a engrenagem utilizada para dissimular, tornar oculto o recebimento". Depois dos esclarecimentos de Barbosa – que, imediatamente, se ausentou do plenário –, a palavra foi transferida para Rosa Weber. A ministra falou por quarenta minutos. Sobre o item corrupção passiva, lembrou que o relator e o revisor haviam convergido na maioria das condenações. A divergência tinha ficado para Pedro Henry e Emerson Palmieri – aproveitando para ironizar a defesa, segundo a qual o réu teria ido passear em Portugal. Depois de algumas ponderações, Weber também acabou condenando os dois e passou para a imputação de lavagem de dinheiro. Lembrou que o "pagamento de propina não se faz ante os holofotes. Só o recebimento maquiado, clandestino ou escamoteado de dinheiro não implica necessariamente lavagem de dinheiro" – ou seja, é essencial que haja ocultação, dissimulação. Dessa forma, absolveu João Cláudio

Genu, bispo Rodrigues e José Borba e condenou os restantes. Como os ministros anteriores, também absolveu Antonio Lamas. Do crime de formação de quadrilha, absolveu todos os acusados, considerando que havia tido "mera coautoria e não quadrilha".

O próximo a votar foi Luiz Fux. Falou por pouco mais de uma hora. Não só votou, mas tambén procurou discutir as implicações de cada condenação, como já o tinha feito em outros momentos do julgamento. Acompanhou integralmente o relator no seu voto. Insistiu na diferenciação entre corrupção passiva e lavagem de dinheiro, e deu vários exemplos. No final levantou uma questão interessante. Sugeriu que Roberto Jefferson poderia ter a pena atenuada pela importante colaboração que acabara tendo – voluntária ou não – com a Justiça. Lembrou de uma decisão tomada por Ayres Britto, em 2010, quando havia admitido que "o delator assume postura sobremodo incomum" dissociando-se do "instinto de preservação".

Eram 16h47 quando a ministra Cármen Lúcia iniciou o seu voto. Falou por trinta minutos. Foi breve, como sempre. Condenou por corrupção passiva e lavagem de dinheiro os réus do PP, mas os absolveu do crime de formação de quadrilha. Dos réus do PL condenou todos por lavagem de dinheiro e corrupção passiva, mas absolveu Jacinto Lamas e Valdemar Costa Neto da imputação de formação de quadrilha. Em seguida, passou para o PTB, condenando todos por corrupção passiva, livrando José Borba da acusação de lavagem: "Ele recebeu de quem estava cometendo ato de corrupção. Não tenho como afirmar a lavagem de dinheiro". Cármen Lúcia condenou os réus da corretora Bônus Banval, mas os absolveu do crime de formação de quadrilha. A ministra encerrou sua fala – parecia apressada –, pois tinha obrigações a cumprir no Tribunal Superior Eleitoral, do qual era presidente. Mas, antes, fez uma espécie de proclamação pública sobre a importância da política e das eleições:

> A sociedade chega a dez dias de uma eleição manifestando desesperança e desencanto porque acha que a política não se dá da maneira correta. Esse julgamento dá o entendimento de que a política com ética é necessária para o Estado Democrático de Direito. Um governo que não tem a maioria parlamentar cai. Cada vez mais, é preciso rigor na ética e no cumprimento das leis pelos políticos.

E continuou:

> Meu voto nada tem a ver com desesperança na política ou em relação ao papel dela para a construção do Estado Democrático de Direito. Eu não queria que a condenação tão triste desses que receberam a confiança dos eleitores fosse uma forma de manifestar descrença na política. A ética é a única forma de se conviver na sociedade.

Depois do intervalo – que, excepcionalmente, deveria ser de vinte minutos, mas, como de praxe, extrapolou em muito o estipulado, chegando a 47 minutos –, Dias Toffoli falou por quase uma hora. Mas foi obrigado a interromper a leitura do voto, pois tinha compromissos no Tribunal Superior Eleitoral – tal como o ministro Marco Aurélio. Continuaria falando na sessão seguinte, mas, nessa primeira parte do voto, Toffoli demonstrou que, na sua opinião, havia ocorrido a compra de votos por parte do PT – vale lembrar que o ministro fora advogado do partido durante muitos anos. Dos três réus do PP, condenou dois por corrupção ativa e inocentou Genu: "Não é possível inferir que ele tivesse ciência da origem duvidosa dos recursos". Por lavagem de dinheiro condenou Corrêa, Henry e Enivaldo Quadrado. Como teve de se dirigir à sessão do TSE, o próximo voto coube ao ministro Gilmar Mendes. Nos 55 minutos da sua intervenção, Mendes foi enfático: "Falar em recursos não contabilizados, como se fosse uma mera falha administrativa no percurso eleitoral, é eufemismo do eufemismo. Nós estamos a falar de outra coisa". E continuou: "A tese do caixa dois serviu para abarcar despesas de campanhas passadas e futuras. Nesse espectro, a rigor, todas as atividades associadas ao partido poderiam estar justificadas". Dessa forma, "a tese serve a tudo e a todos". É inadmissível que "um parlamentar, mesmo sendo da oposição, receba para votar no sentido A ou B". E mostrou como parlamentares eleitos pela oposição haviam passado para a base do governo: "Vejam a gravidade dessa situação, a obtenção do apoio político mediante o uso de recurso financeiro". E assim concluiu: "O parlamentar compromete sua função política". Mendes seguiu o relator com exceção de José Borba, absolvido da acusação de lavagem de dinheiro; Pedro Henry, das três imputações; Breno Fischberg, das duas imputações; e Palmieri, de alguns crimes de lavagem de dinheiro. Mas a semana não podia deixar de terminar sob o signo da tensão.

Joaquim Barbosa não tinha gostado das declarações de Marco Aurélio, que havia se mostrado preocupado acerca da sua forma de presidir o STF, com a aposentadoria de Ayres Britto. E respondeu rispidamente, dizendo que era Marco Aurélio "um dos principais obstáculos a ser enfrentado por qualquer pessoa que ocupe a presidência do Supremo". Em seguida, completou: "Jamais me vali ou tirei proveito de relações de natureza familiar". Como é sabido, Marco Aurélio é primo de Fernando Collor, que o indicou para o STF. É, o julgamento – e o tribunal – prometiam ainda muita emoção.

O dia 1º de outubro poderia entrar no calendário das festas cívicas brasileiras. Não é nenhum exagero. A trigésima sessão do julgamento começou morna. Também pudera. Quem continuava a apresentar o seu voto era Dias Toffoli. Com a habitual falta de brilho, o ministro absolveu de uma batelada só cinco réus da acusação de formação de quadrilha: Pedro Corrêa, Pedro Henry, Erivaldo Quadrado, Cláudio Genu e Breno Fischberg – sendo que os dois últimos também foram absolvidos do crime de lavagem de dinheiro.

Depois, passou para os réus vinculados ao Partido Liberal, condenando por corrupção passiva e lavagem de dinheiro Valdemar Costa Neto, bispo Rodrigues e Jacinto Lamas. Passou então para os três réus do PTB: Roberto Jefferson, Romeu Queiroz e Emerson Palmieri, e condenou por corrupção passiva os dois primeiros, inocentando o terceiro. Repetiu a mesma condenação quando analisou a acusação de lavagem de dinheiro. Para ele, somente Jefferson e Queiroz haviam dissimulado o recebimento do dinheiro impedindo as autoridades financeiras de rastreá-lo. E, depois dc mais de uma hora apresentando o voto, condenou José Borba, do PMDB, por corrupção passiva e lavagem de dinheiro. Antonio Lamas foi absolvido de todas as imputaçõcs.

O voto de Toffoli teve, ao menos, um fato importante: acabou tendo de reconhecer que havia ocorrido compra de votos. Quando condenou os políticos do PL, disse: "Ficou clara a razão pela qual era necessário cooptar o apoio daqueles parlamentares". Deve-se destacar que o ministro aceitou a tese de que para o crime de corrupção passiva não é necessário um ato de ofício, bastando comprovar o recebimento de uma vantagem indevida. E usou de vários depoimentos para reforçá-la, alegando que os pagamentos tinham sido feitos a pedido de Delúbio

Soares, o que não foi nada bom para o ex-tesoureiro do PT, sinalizando um prenúncio de condenação:

> A meu ver ficou bem explicitada a razão pela qual seria necessário cooptar apoio daqueles parlamentares, bem como explica a necessidade de atendimento às suas solicitações de recursos capitaneados pelo deputado Costa Neto, então dirigente maior do partido e líder da bancada na Câmara.

Marco Aurélio foi o próximo a votar. Como sempre, breve e objetivo. Evitou, nos trinta minutos do seu voto, relembrar os detalhes dos depoimentos dos acusados. E fez outras distinções.

Começou por Pedro Corrêa, condenando-o por dois crimes – corrupção passiva e formação de quadrilha –, mas absolvendo-o por lavagem de dinheiro. "Não restou demonstrado que o acusado tinha conhecimento da origem em si do numerário alusivo à corrupção", sentenciou. Pedro Henry foi absolvido das três acusações e Breno Fichsberg, de duas.

Enivaldo Quadrado se safou da imputação de lavagem de dinheiro, mas foi condenado por formação de quadrilha. Marco Aurélio ainda absolveu Valdemar Costa Neto dos crimes de formação de quadrilha e lavagem de dinheiro, condenando-o apenas por corrupção passiva.

Jacinto Lamas também foi condenado por corrupção passiva, mas absolvido da imputação de formação de quadrilha, assim como bispo Rodrigues.

Já José Borba foi condenado por corrupção passiva e absolvido por lavagem de dinheiro. Antonio Lamas foi absolvido de todas as acusações.

Marco Aurélio absolveu todos os réus desse núcleo acusados de lavagem de dinheiro. Para ele, nos casos em tela, o crime de corrupção passiva acabou exaurindo o delito de lavagem de dinheiro. O cerne dos votos do ministro foi o reconhecimento da compra de apoio político:

> No tocante à corrupção, tem-se o núcleo "receber" e, a meu ver, os elementos coligidos no processo e a ordem natural das coisas afastam a possibilidade de se considerar [os repasses como] reforço de caixa de partido político. Os partidos têm postura antagônica em relação uns aos outros.

E concluiu com seu peculiar linguajar: "O dinheiro não cai do céu, foi a busca de uma base de sustentação. A meu ver, se utilizou muito mal a prata, talvez até por se tratar de um dinheiro fácil".

Às 16h18, o ministro Celso de Mello tomou a palavra. Falou por quase uma hora e meia e acatou integralmente o voto do relator, absolvendo apenas Antonio Lamas. Foi um voto histórico. Definiu claramente o objetivo dos réus:

> Um projeto criminoso por eles concebido e executado, em verdadeiro assalto à Administração Pública, com graves e irreversíveis danos ao princípio ético-jurídico da probidade administrativa e com sério comprometimento

> da dignidade da função pública, além de lesão a valores outros, como a integridade do sistema financeiro nacional, a paz pública, a credibilidade e a estabilidade da ordem econômico-financeira do país, postos sob a imediata tutela jurídica do ordenamento penal.

Foi também uma crítica aos votos das ministras Rosa Weber e Cármen Lúcia, que haviam votado pela absolvição dos réus da imputação de formação de quadrilha, argumentando que a imputação só poderia ser aplicada àqueles que colocassem em risco a paz social – e Mello insistiu na tese de que a quadrilha do mensalão tinha posto em risco a paz social: "O ato de corrupção constitui um gesto de perversão da ética do poder e da ordem jurídica, cuja observância se impõe a todos os cidadãos desta República que não tolera o poder que corrompe nem admite o poder que se deixa corromper".

Por isso é que "o corruptor e o corrupto devem ser punidos exemplarmente, na forma da lei". Mello ainda definiu com propriedade o significado do assalto dos mensaleiros ao coração do Estado:

> Este processo criminal revela a face sombria daqueles que, no controle do aparelho de Estado, transformaram a cultura da transgressão em prática ordinária e desonesta de poder, como se o exercício das instituições da República pudesse ser degradado a uma função de mera satisfação instrumental de interesses governamentais e de desígnios pessoais.

De acordo com ele,

> em assuntos de Estado e de Governo, nem o cinismo, nem o pragmatismo, nem a ausência de senso ético, nem o oportunismo podem justificar, quer juridicamente, quer moralmente, quer institucionalmente, práticas criminosas, como a corrupção parlamentar ou as ações corruptivas de altos dirigentes do Poder Executivo ou de agremiações partidárias.

Sendo assim, "a concepção republicana de poder mostra-se absolutamente incompatível com qualquer prática governamental tendente a restaurar a inaceitável teoria do Estado patrimonial".

Para o ministro,

> quem tem o poder e a força do Estado em suas mãos não tem o direito de exercer, em seu próprio benefício, a autoridade que lhe é conferida pelas leis da República. O cidadão tem o direito de exigir que o Estado seja dirigido por administradores íntegros, por legisladores probos e por juízes incorruptíveis. O direito ao governo honesto – nunca é demais reconhecê-lo – traduz uma prerrogativa insuprimível da cidadania.

A corrupção tem um efeito social nocivo e prejudicial, especialmente para os cidadãos mais pobres: "Compromete a execução de políticas públicas em áreas sensíveis como as da saúde, da educação, da segurança pública e do próprio desenvolvimento do país, além de afetar o próprio princípio democrático". E destrói a República:

A corrupção deforma o sentido republicano de prática política, compromete a integridade dos valores que informam e dão significado à própria ideia de República, frustra a consolidação das instituições [...].

Dessa forma,

enfraquece as instituições e os valores da democracia, da ética e da justiça, além de comprometer a própria sustentabilidade do Estado Democrático de Direito, considerados os vínculos entre a corrupção e outras modalidades de delinquência, com particular referência para a criminalidade organizada, a delinquência governamental e a lavagem de dinheiro.

O ministro Celso de Mello encerrou seu voto de forma lapidar, relacionando as ações dos mensaleiros à desmoralização da República e da política:

Esses vergonhosos atos de corrupção parlamentar, profundamente lesivos à dignidade do ofício legislativo e à respeitabilidade do Congresso Nacional, alimentados por transações obscuras idealizadas e implementadas em altas esferas governamentais, com o objetivo de fortalecer a base de apoio político e de sustentação legislativa no Parlamento brasileiro, devem ser condenados e punidos com o peso e o rigor das leis desta República, porque significam tentativa imoral e ilícita de manipular, criminosamente, à margem do sistema constitucional, o processo democrático, comprometendo-lhe a integridade, conspurcando-lhe a pureza e suprimindo-lhe os índices essenciais de legitimidade, que representam atributos necessários para justificar a prática honesta e o exercício regular do poder aos olhos dos cidadãos desta nação. Esse quadro de anomalia, Senhor Presidente, revela as gravíssimas consequências que derivam dessa aliança profana, desse gesto infiel e indigno de agentes corruptores, públicos e privados, e de parlamentares corruptos, em comportamentos criminosos, devidamente comprovados, que só fazem desqualificar e desautorizar, perante as leis criminais do país, a atuação desses marginais do poder.

O brilhante voto – uma espécie de manifesto, sem qualquer panfletarismo, pela refundação da República – deveria ter encerrado a sessão com chave de ouro. Entretanto, ainda restava o voto de Ayres Britto. Mas, antes, veio o intervalo. No retorno da sessão – uma hora depois porque os ministros tinham ido plantar sapucaias (isso mesmo, sapucaias) no bosque dos ministros localizado ao lado do prédio-sede do STF –, o presidente, em 39 minutos, seguiu o voto do relator e surgiu o primeiro empate no julgamento: o réu José Borba tinha obtido cinco votos pela absolvição e cinco pela condenação pelo crime de lavagem de dinheiro. Britto disse que deixaria para resolver a pendência no final do julgamento. Marco Aurélio declarou à imprensa que caberia ao presidente decidir, mas o regimento do STF dava outra solução, de acordo com o artigo 146:

> Havendo, por ausência ou falta de um ministro, nos termos do artigo 13, IX, empate na votação de matéria cuja solução dependa de maioria absoluta, considerar-se-á julgada a questão proclamando-se a solução contrária à pretendida ou à proposta.

Ou seja, o réu seria absolvido.

Ayres Britto retomou no seu voto o debate da tese, sustentada pelos advogados de defesa, de que tudo não teria passado de caixa dois. Lembrou que a tese era absolutamente incongruente, pois só poderia ser aplicada à utilização de recursos privados e no mensalão o dinheiro era público, ou seja, tinha sido peculato e ponto final: "Não se pode nem alegar a tipificação de caixa dois com dinheiro público". E encerrou o tema até com certa crueldade: "A pretensa alegação de caixa dois é tão desarrazoada que toca os debruns da teratologia argumentativa". O presidente do STF considerou todo o esquema uma "arrecadação criminosa de recursos públicos e privados para aliciar partidos e parlamentares". E deixou bem claro o motivo: "Projeto de continuísmo político idealizado por um núcleo político". Em outras palavras, um projeto do PT para aprisionar o aparelho de Estado a seu serviço.

O encerramento desse subitem não deixou qualquer margem a dúvida: o Supremo Tribunal Federal concluiu que havia ocorrido compra de votos com o objetivo de ter apoio político no Congresso Nacional. A decisão deixou em maus lençóis José Dirceu, José Genoino e Delúbio Soares, que seriam julgados na próxima sessão, na quarta-feira, 3 de outubro. Isso porque havia ficado consagrada a tese de que todo o esquema tinha como objetivo central favorecer o governo e seu partido – e Dirceu era o todo-poderoso chefe da Casa Civil, Genoino, o presidente do PT e Delúbio, o tesoureiro do partido. Já se tinham ali 22 réus condenados.

A sessão do dia 3 começou sob enorme expectativa. Afinal, desde o dia 2 de agosto, quando se havia iniciado o julgamento, esperava-se por esse momento, quando seria apreciada a denúncia do que a PGR chamou de núcleo político. Com 35 minutos de atraso, tiveram início os trabalhos. Chamou a atenção a ausência do ministro Dias Toffoli. Estranhamente, só entrou no plenário quarenta minutos depois do início da sessão. Onde estaria? Bem, a palavra foi transferida do presidente para o relator. Barbosa falou por duas horas e meia tratando de José Dirceu. Foi didático. Apresentou a hierarquia do esquema criminoso e lembrou que "Dirceu era inegavelmente a segunda pessoa mais poderosa do Estado brasileiro. A atuação do ex-ministro José

Dirceu no esquema garantiu às instituições envolvidas no esquema que nada lhes aconteceria". Disse que trataria da compra de apoio parlamentar com dinheiro desviado, em sua ampla maioria, de recursos públicos. Logo de início, afirmou:

> A essa altura do julgamento, já se sabe que a distribuição de dinheiro só foi possível porque Marcos Valério e seus sócios firmaram empréstimos simulados, fraudulentos, concebidos para não serem pagos, cujo numerário serviu de aparência lícita para dar aos vultosos pagamentos a parlamentares que se verificaram no item anterior.

De acordo com o ministro, não era possível afastar Dirceu da "centralidade da prática criminosa". E concluiu:

> As provas revelam que José Dirceu exerceu o controle e a organização dos fatos executórios dos quais também se ocupou, em especial através da negociação dos recursos empregados e das reuniões com líderes parlamentares, vice-líderes e dirigentes partidários escolhidos para o recebimento da vantagem indevida.

Passou então para a relação Dirceu-Valério:

> Diante de todo esse contexto de proximidade entre José Dirceu e Marcos Valério, que tentei demonstrar com fatos e provas coligidos na ação penal, considero impossível acolher a tese de que José Dirceu simplesmente não sabia que Marcos Valério vinha efetuando pagamentos

em espécie, em nome do Partido dos Trabalhadores, aos líderes parlamentares da nova base aliada. José Dirceu manteve encontros-chave com todos esses personagens intermediários que, a seguir, executaram a tarefa de disponibilizar os recursos de aparência lícita e efetivar os repasses das vantagens indevidas aos parlamentares da base aliada.

Mas, ressaltou o relator, "os acusados foram sempre cuidadosos em ocultar a participação de José Dirceu nos pagamentos aos deputados". Os depoimentos do processo continham o registro de diversas reuniões entre os dois e Delúbio Soares. Para isso, tinham sido importantes os depoimentos de Kátia Rabello – que tinha atribuído a Valério a oportunidade de poder chegar a Dirceu – e Renilda Santiago, esposa de Valério.

Barbosa logo afirmou: "Entender que Valério e Delúbio agiram ou atuaram sozinhos, contra o interesse e a vontade do acusado José Dirceu, neste contexto de reuniões fundamentais do ex-ministro, é, a meu ver, inadmissível". Dirceu controlaria "os destinos da empreitada criminosa, especialmente mediante seus braços executores mais diretos, isto é, Marcos Valério e Delúbio Soares". Era ele quem

detinha o domínio final dos fatos. Em razão do elevadíssimo cargo que exercia à época dos fatos, José Dirceu atuava em reuniões fechadas, jantares, encontros secretos, executando atos de comando, direção, controle e garantia do sucesso do esquema criminoso executado mediante divisão de tarefas em que as funções de cada corréu encontravam nítida definição.

O relator afirmou que todos esses fatos tinham composto "o quadro que envolveu as reuniões de Dirceu com os réus Valério e Delúbio e as diretorias dos bancos que se beneficiaram das medidas ante o governo". Mesmo sem ter qualquer cargo governamental, tanto Valério quanto Delúbio Soares teriam participado "daquelas reuniões mantidas por José Dirceu na Casa Civil com instituições financeiras". Barbosa aproveitou para criticar o advogado Oliveira Lima: "A defesa de José Dirceu chegou ao ponto de sustentar que Marcos Valério, apesar de presente às reuniões, teria se mantido em silêncio durante elas". E continuou: "Provou-se que Marcos Valério foi quem procurou os dirigentes das instituições para oferecer o encontro com o ministro da Casa Civil. A defesa falta com a verdade".

O ministro Joaquim Barbosa insistiu em demonstrar com vários exemplos dos autos que Valério agia em conluio com Dirceu – ou seja, sabia do interesse do Rural na liquidação do Banco Mercantil de Pernambuco, e teria sido o intermediário junto à Casa Civil dos interesses do banco, que, em momento algum, havia procurado a autoridade responsável pela área, o Banco Central. Deu destaque especial à viagem de Valério a Portugal:

Pequeno e desconhecido publicitário, foi recebido [...] pelo presidente do grupo Espírito Santo, com o da Portugal Telecom e com o ministro das Telecomunicações. É evidente que nenhum desses executivos precisaria da intermediação de Marcos Valério para agendar interesses de suas empresas com autoridades no Brasil. Pela envergadura das pessoas envolvidas, percebe-se que Marcos Valério falava, de fato, em nome de José Dirceu, e não como um pequeno e desconhecido publicitário de Minas Gerais. Era, por assim dizer, seu *broker* [corretor].

Somente às 18h13 o relator passou a examinar as imputações ao réu José Genoino. Barbosa parecia tranquilo e satisfeito. Chegou até a sorrir.

Por meio de vários depoimentos, começou a demonstrar a participação de Genoino na compra de apoio parlamentar e nos empréstimos bancários, citando várias reuniões que comprovariam a atuação efetiva do réu no processo de corrupção ativa de vários imputados.

Em seguida, articulou a acusação contra Genoino com a de Marcos Valério, seus sócios e a funcionária Simone Vasconcelos, sem esquecer Delúbio Soares: seu "papel está bem evidenciado nos autos. Ele definia quem deveria receber os valores a serem pagos através da engenharia criminosa Marcos Valério-Banco Rural". E assim enfrentou um a um os argumentos das defesas de Valério, seus sócios e de Simone. Depois, passou para Rogério Tolentino:

Na divisão de tarefas estabelecida na estrutura criminosa, coube ao réu fazer a transferência à empresa indicada pelos corréus José Janene (falecido) e João Cláudio Genu. Para isso, foi responsável pela assinatura de um empréstimo fraudulento de 10 milhões de reais com o BMG.

Tolentino sabia que estava direcionando os recursos para o PP, evidenciando o dolo de corrupção ativa. Eram quase 19 horas quando Barbosa encerrou o voto. Absolveu Geiza Dias e Anderson Adauto, e condenou José Dirceu, José Genoino, Delúbio Soares, Marcos Valério, Cristiano Paz, Ramón Hollerbach, Rogério Tolentino e Simone Vasconcelos.

Às 19 horas, Ricardo Lewandowski iniciou o seu voto. Falou por 72 minutos. Concordou, rapidamente, com a condenação do núcleo publicitário, seguindo o relator, mas absolveu Rogério Tolentino, argumentando que não havia nada que comprovasse o delito de corrupção ativa. Tudo isso em apenas dez minutos. Causou até certa estranheza essa celeridade, pois sua atuação no julgamento tinha sido marcada por longos arrazoados sobre Deus e sua obra. Em seguida, dedicou o voto ao tesoureiro do PT. Lembrou que era um personagem onipresente no processo: "Ao longo das trinta sessões que já realizamos, o nome Delúbio Soares tem sido uma constante". Segundo o revisor, "embora a denúncia seja um pouco dúbia às vezes, no caso de Delúbio, ficou bem comprovado que ele agia com plena desenvoltura e sempre associado a Marcos Valério".

Cinco minutos depois, passou a analisar as acusações contra José Genoino. Como já estava virando um hábito, pediu ao auxiliar, Mauro (sempre havia se referido dessa forma ao "capinha", sem declinar o sobrenome), que distribuísse um documento. Desde o início do julgamento, Lewandowski tinha dado a impressão de que o relator não havia realizado corretamente seu trabalho, e ele – o revisor – estaria informando os outros ministros de algum item importante do processo. Também, como de hábito, ficou incompreensível o que o ministro desejava provar. Criticou severamente o Ministério Público e disse que Genoino estaria vivendo uma situação kafkiana. O réu tinha de se defender de "acusações abstratas e artificiais". Era mais uma citação absolutamente equivocada, como já tinha ocorrido em outras sessões, com outras citações desconexas e imprecisas. Afinal, Joseph K., o personagem principal de *O processo*, de Franz Kafka, não sabia as razões do seu processo, desconhecia os acusadores, o tribunal etc. etc., o que não era o caso de José Genoino. No limite, Lewandowski estava se comparando com um personagem de Kafka, o que era, aí sim, um absurdo.

A temperatura do seu voto foi aumentando. Lewandowski chegou a dizer que não havia provas contra Genoino! Foi possível notar movimentos de incômodo entre os ministros. Afirmou ainda que Roberto Jefferson havia recuado das declarações que tinha feito "à mídia, à CPI". Nesse momento, Ayres Britto interveio para informar o plenário de que o ex-deputado tinha, sim, confirmado as declarações, diversamente do que dizia o revisor. Ao que Lewandowski respondeu candidamente que era comum, na Justiça, o réu confirmar o depoimento (!), e justificou as participações de Genoino nas reuniões:

> Se houver um dia em que o presidente de um partido político não puder se sentar com outros presidentes de partidos políticos para decidir sobre coalizões e eventualmente repartição de verbas, então é melhor fechar o país e retrocedermos aos tempos da ditadura militar ou, mais ainda, à ditadura Vargas, ou, quem sabe, aos tempos em que a oligarquia latifundiária que dominou este país por vários e vários anos, ou por séculos talvez, resolvia as eleições a bico de pena.

Em tempo: a República Velha, referência indireta do ministro, durou 41 anos e não séculos, como afirmou. Por fim, elogiou a defesa do réu, que teria, segundo o revisor, produzido provas suficientes para a obtenção da absolvição de Genoino, enquanto o Ministério Público havia sido "lacônico".

A assinatura nos empréstimos não provaria nada, segundo Lewandowski. Era um aval moral, de um presidente de partido. Ele não sabia o destino dos recursos. Quem sabia? Delúbio Soares. Resolveu até citar a fábula dos cegos apalpando um elefante. Um, ao tocar a cauda, achou que era uma vassoura; outro, ao tocar a orelha, achou que era um leque; e o último, a tocar a tromba, achou que o elefante era uma mangueira. Os ministros ficaram atônitos com a fábula. O que o jurista de São Bernardo do Campo estaria querendo dizer de tão profundo? Que o processo poderia ter várias leituras?

Que os ministros eram cegos? Ah, Lewandowski, sempre muito erudito...

Bem, depois do momento infantil, o julgamento continuou. E o empréstimo? Segundo documento citado pelo revisor, tinha sido pago. Marco Aurélio lembrou que o motivo das imputações contra Genoino não era o empréstimo. Joaquim Barbosa lembrou que não era plausível crer em nenhum documento do Banco Rural, tendo em vista que essa instituição já tinha simulado várias quitações. Mas o pior veio do presidente Ayres Britto. No seu aparte, citou que o Rural havia emitido duas (!) quitações do mesmo empréstimo: uma de 2011 e outra de 2012. Mas o revisor continuou impávido, como se não tivesse ouvido os colegas. Para ele, o então presidente do PT só teria participado de acordos políticos e não financeiros. Voltou a criticar a falta de provas produzidas pelo Ministério Público – chamando novamente a peça acusatória de "lacônica". Ao insistir na defesa do réu e de sua inocência, chegou a ser aparteado – ironicamente, como sempre – pelo ministro Marco Aurélio: "Você está quase me convencendo de que o PT não fez nenhum repasse a qualquer parlamentar".

O revisor também foi questionado – em um momento extremamente constrangedor – quando negou que Marcos Valério tivesse avalizado um empréstimo do PT. Marco Aurélio duvidou e Ayres Britto confirmou o endosso. O revisor ficou perdido, meio sem jeito, tendo dificuldade para encontrar uma resposta coerente. Resolveu dizer – e foi infeliz – que empréstimos são assim mesmo, "o tesoureiro avaliza, o presidente avaliza". E, mais uma vez, Marco Aurélio não perdeu a oportunidade para uma zombaria: "Certamente não seria por altruísmo, tendo em conta o envolvimento do PT com a ideologia detida por Valério". Lewandowski fez por bem apressar o encerramento do seu voto e absolveu José Genoino da imputação do crime de corrupção ativa. Em seguida encerrou-se a sessão. O voto foi considerado desastroso pelos outros ministros. Só agradou ao advogado de José Genoino, Luiz Fernando Pacheco: "A defesa viu com muita satisfação, muita alegria, o voto do ministro Lewandowski, um voto profundo, bem estudado, jurídico, correto e justo, que traduz aquilo que nós estamos dizendo há sete anos".

A sessão do dia 4 de outubro era, até aquele momento, a mais aguardada do julgamento. Como em um antigo seriado, a ação do capítulo anterior tinha sido encerrada justamente no momento de maior tensão, o da apresentação do voto do revisor sobre o réu José Dirceu. Como uma metáfora, um apagão acabara de atingir Brasília, inclusive o prédio do STF. O plenário estava iluminado graças a um providencial gerador. Durante a maior parte da sessão, o relator não esteve presente. O revisor iniciou atacando a denúncia do Ministério Público, argumentando que não teriam sido individualizadas as imputações ao ex-ministro: "Restringiu-se a fazer meras suposições, de maneira genérica, que poderiam ser encaixadas em qualquer personagem que desempenhe papel no governo federal". De acordo com o revisor, "tudo aqui contra o réu se baseia no 'ouvi dizer', em reuniões e ilações. Essa é a prova contra José Dirceu". Logo passou para uma crítica à visão do réu como inimigo, algo totalmente descabido, especialmente em um processo que os acusados tiveram amplo direito de defesa, usaram de todos os dispositivos legais e em um julgamento transmitido pela televisão.

A referência de Lewandowski foi a uma espécie de teoria de exceção do Direito aplicada aos acusados de terrorismo e que teve nos atentados de 11 de setembro de 2011, nos Estados Unidos, sua principal justificativa. Convenhamos que o paralelo era um absurdo, mas vinha muito mais. Não havia, segundo Lewandowski, nada nos autos que comprovasse as imputações a Dirceu: "A realidade é que elas (provas) foram cabalmente desmentidas pelas provas da defesa colhidas pelo crivo do contraditório".

O revisor assumiu todas as teses da defesa. Para ele, o réu havia abandonado as obrigações partidárias quando assumiu a Casa Civil, abdicado de qualquer participação na gestão financeira do partido e, mais, não teria conhecimento da ação de Delúbio Soares e dos negócios de Valério no Brasil e em Portugal. Nesse momento foi aparteado pelo presidente Ayres Britto, que recordou, de acordo com os autos, o depoimento de Roberto Jefferson segundo o qual o PTB teria enviado um representante para a viagem (Emerson Palmieri) a pedido de Dirceu – informação que não teria sido desmentida.

Pego de surpresa, restou a Lewandowski concordar meio sem jeito: "Ah, não desmentiu? Obrigado pela correção". E seguiu em frente como se nada tivesse acontecido, dando a impressão que tinha um roteiro pré-ensaiado, e nenhuma informação, opinião ou questionamento o faria sair do caminho estabelecido *a priori*. Desqualificou como sem importância a compra do apartamento pela ex-mulher do réu e até encontrou justificativa para o jantar entre Dirceu e a banqueira Kátia Rabello. Citou, concordando com a justificativa do ex-chefe da Casa Civil: "Falei sobre o Brasil, sobre o governo, fiz uma exposição das políticas do governo e daquilo que eu acreditava que era importante". Além de o jantar ter sido comido frio – afinal, falar sobre todos esses assuntos em tão pouco tempo e ter de, ao mesmo tempo, comer, é tarefa de Sísifo, até poderia dizer Lewandowski. Não é minimamente exequível supor que um ministro de Estado – o "capitão do time", como era chamado pelo presidente Lula – fosse a um jantar exclusivamente com a diretoria de um pequeno banco mineiro para expor um verdadeiro diagnóstico da política do governo. Basta também supor o que ele faria quando fosse almoçar com o presidente do Banco Itaú.

O ministro continuou utilizando de farta documentação produzida pela defesa, desde documentos da liderança atual do PT até depoimentos de petistas ou de parlamentares da base aliada de que não teria ocorrido compra de votos de parlamentares e, muito menos, com a participação de José Dirceu. A argumentação do revisor não foi bem recebida pelos pares. Um deles, Gilmar Mendes, externou publicamente sua discordância e estranheza: "Vossa Excelência condenou deputados por corrupção passiva e Delúbio Soares como corruptor. Estou vendo uma incoerência na sua manifestação".

O revisor desviou a resposta para outra questão, que não estava sendo julgada ou apreciada pelo plenário: "Se esse plenário decidir que houve fraude, que a consciência dos parlamentares foi comprada na votação das reformas, deve ser colocada em cheque sua validade".

A tergiversação não foi seguida pelos outros ministros, ao contrário. Marco Aurélio ironizou as tentativas de Lewandowski de inocentar Dirceu de todo o escândalo: "Um tesoureiro teria essa autonomia? Não tem mandante". E ele mesmo respondeu: "Eu não acredito em Papai Noel".

Mas nada demovia o revisor. Continuou seguindo o *script*: "Não há nada contra José Dirceu, salvo as polêmicas acusações de Roberto Jefferson". O ministro afirmou que não teria o mesmo valor o depoimento de uma testemunha e de um corréu (caso de Jefferson) e que era um "inimigo figadal" de Dirceu. Seguiu atacando a denúncia do Ministério Público: "Não encontrou, ao longo de seis anos, uma prova contra José Dirceu. São ilações carentes de suporte probatório".

No encerramento do voto fez duros ataques à teoria do domínio do fato. Para ele, "os réus têm nome, RG, endereço, não há nenhuma razão para aplicar a teoria do domínio do fato. Não estamos em situação de convulsão intestina ou em guerra". E aproveitou para fazer uma crítica à intelectualidade brasileira, totalmente fora de lugar, citando um professor que teria dito a ele que as teorias chegam sempre com muito atraso ao Brasil, o que, convenhamos, é de um primarismo absoluto. Foi o limite para que os ministros interviessem.

A relação da teoria com um momento de guerra era, no mínimo, um grave equívoco, e foi por esse caminho o aparte de Ayres Britto: "Não precisa que haja guerra, não". E aproveitou para defender a intelectualidade nacional.

Para o bem de todos e a felicidade geral da nação, Lewandowski encerrou o voto com a decisão que já era imaginada desde antes do início do julgamento: "Em face de todo o exposto, constato que não há elementos suficientes para condenar o réu José Dirceu".

Imediatamente, o presidente Ayres Britto tomou a palavra e suspendeu a sessão por trinta minutos. Um sentimento de alívio tomou conta de todos.

A fim de enfrentar e superar logo esse subitem, até o intervalo foi menor que o costumeiro: 41 minutos. E a sessão, retomada com nove ministros, pois Cármen Lúcia, presidente do TSE, tinha de apreciar um sem-número de processos referentes à eleição que se realizaria três dias depois. Rosa Weber foi a primeira a votar. Falou por 52 minutos. Estava nervosa.

O voto dela era muito aguardado, pois a central de boatos do julgamento havia espalhado que a ministra teria uma suposta dívida com o governo pela sua nomeação e que "pagaria" justamente quando da apreciação das imputações da *troika* petista. Nada mais errado e até injurioso.

A ministra começou falando o óbvio, mas que nem sempre é dito, especialmente no Brasil: "Não existe corrompido sem corruptor". E condenou por corrupção ativa os quatro principais membros do núcleo publicitário, inocentando Geiza Dias. Em seguida, condenou Rogério Tolentino: "Participou ativamente do crime de corrupção ativa relativamente aos repasses à Bônus Banval e aos parlamentares do PP". E absolveu Anderson Adauto.

Mas o que estava sendo aguardado era o seu voto sobre a direção petista. Weber então valorizou o depoimento de Roberto Jefferson – diversamente do revisor: "Só que este parlamentar, segundo ele diz, em juízo, ficou impedido de confirmar tudo devido à tribunalização das questões que sustentava". E continuou analisando a compra de votos: "Os autos evidenciam uma elaboração sofisticada para a corrupção de parlamentares". A corrupção ativa foi efetivada pela promessa de uma vantagem indevida:

> O ato se configura no voto comprado em votações e apoio no Congresso Nacional. Mas nem isso seria necessário para a formalidade. Basta que o agente público tenha o poder do ato de ofício e receber a vantagem para que haja o ato criminal.

Estava evidenciado que tinha havido "um conluio para a compra de votos". Condenou assim Delúbio Soares, considerando-o um dos responsáveis pelo esquema, mas não o único, o que já indicava no mínimo outra condenação: "Para mim, existe prova acima de qualquer dúvida razoável de que Delúbio não pode ser responsabilizado sozinho". E foi ainda mais incisiva:

> Com todo o respeito, não é possível acreditar que Delúbio, sozinho, teria comprometido o PT com dívida de 55 milhões de reais, repassando metade a parlamentares. Ele teria sido uma mente privilegiada. E eu digo isso com a maior tristeza na minha alma.

Rosa Weber concluiu dizendo que Dirceu e Genoino também haviam feito parte do esquema e deveriam ser condenados. Seguiu integralmente o voto do relator. Era a primeira a rebater a assertiva de Lewandowski: "Espero que Vossas Excelências encontrem provas, porque eu não estou encontrando". Condenou Genoino "com muita tristeza" e o ex-chefe da Casa Civil:

> Para mim existe prova além do razoável de que Delúbio não agiu sozinho. Estou convencida da responsabilidade

de José Dirceu nos repasses financeiros aos parlamentares, devendo responder pelos três crimes de corrupção ativa, um para cada parlamentar corrompido.

E encerrou seu voto mineiramente, apesar de ser gaúcha: "Preciso botar a minha cabeça no travesseiro à noite. As visões são diferentes. Acabou o revisor de dar um belo voto, mas essa é a minha convicção, a que eu formei lendo o processo, senhor presidente".

Eram 18h30 quando o ministro Luiz Fux iniciou seu voto. Foi ainda mais breve que Rosa: falou por cinquenta minutos. Como sempre, foi "na veia". Não perdeu tempo com citações vazias e considerações extraprocessuais. Absolveu Geiza Dias e Anderson Adauto, condenando Rogério Tolentino, tal como tinham feito o relator e a ministra Weber. Foi duro com aqueles que continuavam falando em caixa dois: "é a mais deslavada corrupção", criando o "simulacro de uma figura eleitoral, quando, na verdade, era um ato de corrupção". E aproveitou para enfatizar as provas indiciárias: "Quando os indícios encontram ressonância na prova dos autos, adquirem *status* de prova tão robusta que servem para o decreto condenatório, indícios e presunções podem autorizar o juízo da culpa do agente".

Depois procurou mostrar que seria inimaginável supor que Delúbio havia feito tudo sozinho, condenando-o, fazendo o mesmo em seguida com Genoino, que, de acordo com Fux, tinha funções administrativas e financeiras e pleno conhecimento da compra de apoio parlamentar: "Há uma série de depoimentos que me dá a paz necessária para considerar procedente a ação contra o réu". Ele e Delúbio "atuavam afinadamente". Também condenou Dirceu:

> Esse denunciado figura como articulador político deste caso penal até pela sua posição e proeminência no partido e até pela sua posição de destaque no governo, sendo que ele mesmo declarou que era responsável pelas alianças políticas.

Delúbio recebia o quarto voto pela condenação e Genoino e Dirceu, o terceiro. A sessão foi encerrada em meio a um anticlímax. Esperava-se que esse subitem fosse finalizado antes da eleição municipal, o que acabou não ocorrendo. O atraso favoreceria então os candidatos do PT, cujos opositores certamente esperavam usar a condenação do STF como instrumento de propaganda nos últimos dias de campanha.

Na terça-feira – não houve sessão na segunda por causa das eleições municipais –, o julgamento foi retomado. Era o grande assunto, mesmo tendo ocorrido há dois dias o pleito municipal. Logo ao iniciar a sessão, Ricardo Lewandowski pediu a palavra. Quis esclarecer o que havia chamado de "momento de perplexidade" na sessão anterior. Deveria ter ficado calado. Outra vez pediu ao Mauro, o "capinha" que acabou ficando conhecido durante o processo, que distribuísse cópias de trechos dos autos. Insistiu que Genoino não tinha assinado um dos empréstimos e afirmou, pomposamente, que ele "estava sendo condenado pelo simples fato de ter sido presidente do Partido dos Trabalhadores". Logo foi desmentido por Marco Aurélio, que apresentou a assinatura de Genoino no contrato. O revisor estava usando um laudo que dizia não haver nenhuma assinatura. Foi um tremendo mico. E a assinatura do contrato estava na página 146 dos autos, portanto, logo no começo. Ah, Lewandowsky...

Ayres Britto passou a palavra para Dias Toffoli. Como havia feito ao longo do julgamento, o ministro se pôs a ler rapidamente o resumo do voto, dando a impressão de que o papel queimava em suas mãos. Parecia querer acabar logo com aquilo, e não se mostrava confortável na função de julgar os antigos companheiros de partido. Mas logo caminhou a argumentação para condenar o ex-tesoureiro do PT: "Os pagamentos foram feitos com a autorização de Delúbio". Cinco minutos depois condenou o réu por corrupção ativa. Em quinze minutos – sempre lendo o voto como se fosse um locutor de futebol –, condenou Marcos Valério, seus sócios e Simone Vasconcelos. Dedicou apenas sete minutos a José Genoino, seu velho companheiro, e o condenou sem apelação. Citou até o Neto do sobrenome, o que não tinha sido feito pelos ministros precedentes.

Mas o que todos estavam esperando era como ele julgaria o ex-chefe, do qual tinha sido subordinado no partido e na Casa Civil. Apressou ainda mais a leitura. Parecia nervoso. Desqualificou o depoimento de Roberto Jefferson usando a mesma expressão utilizada por Lewandowski: "Trata-se de um inimigo figadal". Ao mesmo tempo, fez uma defesa enfática de Dirceu: "Nenhuma prova consta dos autos. Foram acusações lançadas sem qualquer lastro probatório". Para Toffoli, analisando o caso em tela, não se podia culpar um réu simplesmente por presunções e acusações de adversários: "Tem-se visto criminosos arrastando outros para ter o benefício de tratamento não rigoroso". E criticou o Ministério Público, afirmando que a denúncia estava equivocada. Poderia ter imputado ao réu "diversos crimes, entre eles, corrupção passiva, advocacia administrativa ou tráfico de influência".

Em treze minutos – que, para quem estava acompanhando a sessão, deram a impressão de que significaram para Toffoli treze horas –, absolveu o ex-chefe: "Não há provas suficientes para respaldar a condenação de José Dirceu. Portanto julgo improcedente a ação penal". Em mais quatro minutos, absolveu Rogério Tolentino, Anderson Adauto e Geiza Dias. Quando acabou de pronunciar o voto, parecia aliviado.

A ministra Cármen Lúcia foi a personagem mais simpática do julgamento, tanto pela brevidade e firmeza dos votos, como pela absoluta tranquilidade em meio a alguns sérios entreveros entre seus pares. Dos acusados do núcleo publicitário, condenou todos, seguindo o relator, absolvendo apenas Geiza Dias e Adauto. Mostrou em seguida profunda indignação com a desfaçatez demonstrada por alguns advogados, que falaram em caixa dois como se fosse algo absolutamente natural:

> É como se um ilícito fosse algo normal e pudesse ser admitido. Isso significou para mim que os fatos ocorreram, que a própria defesa assume isso e tenta fazer uma recapitulação. Ora, o ilícito não é legal. O ilícito há de ser processado, verificado e, se comprovado, punido. Me causou um profundo desconforto. Significou que, se houve um ilícito, e se ilícito dizia respeito a um grupo, essa afirmativa significou também que havia outros envolvidos, e todas as práticas ilícitas tidas como se fossem de exclusividade apenas do réu não eram exclusivamente dele.

E continuou: "Acho estranho e muito grave dizer que houve caixa dois. Ora, o caixa dois é crime! Isso não é 'só', isso não é pouco. Dizer isso na tribuna do Supremo não é tudo bem. Tudo bem é quando todo mundo obedece a lei". Claro que, em seguida, condenou Delúbio Soares. Depois do "sabão" que havia passado nos advogados – certamente o criador da "tese" do caixa dois deve ter ido dormir com os ouvidos fervendo –, começou a apreciar a denúncia contra o réu José Genoino. Sem ser pueril, disse que a vida é como uma estrada. Andamos por ela quilômetros e quilômetros corretamente, mas, em certo momento, nos desviamos. E não é por praticar somente um ato ilícito, que isso, de alguma forma, nos inocente. Sem citar o ministro revisor, afirmou: "Não é possível afirmar que apenas o fato de ser presidente do partido o levou a ser réu. As reuniões eram com ele, os recursos foram distribuídos, a garantia desses recursos foi dada, os acordos foram feitos". Em seguida condenou José Genoino. Ao apreciar as acusações ao réu José Dirceu, foi breve. Mostrou que a ação de Delúbio "tinha respaldo". Não agia sem o apoio do então ministro. Assim como ficou comprovada a ligação entre Dirceu e Valério. Só restou à ministra condenar José Dirceu por corrupção ativa. Tinha sido o quarto voto pela condenação de Dirceu, o quinto pela condenação de Genoino e o sexto pela condenação de Delúbio Soares – esse já estava condenado, não havia qualquer possibilidade de alteração do resultado.

Após pouco mais de uma hora, foi retomada a sessão. O ministro Gilmar Mendes, em 47 minutos, apresentou o resumo do seu voto. Logo, seguindo o relator, condenou Marcos Valério, os sócios e sua funcionária. Absolveu Geiza Dias e Adauto. Rapidamente condenou Delúbio e Genoino ("ele sempre ligava para o José Dirceu depois das negociações"). Depois, passou para José Dirceu; dirigindo-se ao revisor, recordou que "não é vedado ao ministro da Casa Civil fazer reuniões com empresários e dirigentes de instituições financeiras. O delito está na reunião do ministro com instituições financeiras que advogam interesses privados". Destacou ainda que dessas reuniões haviam participado Delúbio e Valério, "os dois operadores ostensivos do esquema de corrupção". E deu fé ao depoimento de Jefferson, demonstrando a fragilidade da tese de imputar o ônus do esquema ao ex-tesoureiro do PT: "Com base nos autos, não consigo responder razoavelmente a algumas simples questões", diz Mendes. "Delúbio, sozinho, acertou com Valério empréstimos de dezenas de milhões de reais? Foi o onipresente Delúbio Soares que definiu os critérios de distribuição do dinheiro? O presidente do partido deu aval apenas porque era estatutariamente responsável?" E concluiu condenando o ex-ministro: "Diante de todo esse contexto, não há como não chegar à conclusão de que José Dirceu não só sabia do esquema de compra de votos, como participou intelectualmente de sua elaboração".

Marco Aurélio foi o próximo a votar. Foram 49 minutos de uma análise minuciosa, em que desmontou todas as teses da defesa e o voto do revisor. Absolveu Adauto, mas condenou Geiza Dias: "Quem contribuiu para a prática do crime participa da extensão da culpabilidade". Em seguida, condenou Valério, seus sócios e sua funcionária, também dando fé ao depoimento de Jefferson: "Prestou um serviço ao país e ao PT". Com certo ar de zombaria, destacou que Delúbio posava de "bode expiatório". E que, se "tivesse ele a desenvoltura intelectual e material que lhe atribuem, não seria apenas tesoureiro do partido". Por fim, condenou o ex-tesoureiro e passou para Genoino: "Dizer, a essa altura, que não há elementos para condenar José Genoino é um passo demasiadamente largo". E manifestou espanto com as reuniões dos membros do esquema na sede do governo: "As reuniões, pasmem, ocorriam no Palácio do Planalto". Chegou, por fim, ao ex-ministro da Casa Civil. Sarcástico, recordou a compra do apartamento da ex-mulher de Dirceu por parte de Tolentino, dizendo que o esquema de corrupção também resolvia problemas particulares, pois "o dinheiro era fácil". Não deixou de ironizar Lula: "No Brasil há essa prática de nada se saber". Logo encerrou o voto: "Restou demonstrado que José Dirceu realmente teve uma participação acentuada, a meu ver, nesse escabroso episódio. Peço vênia ao ministro revisor e ao ministro Dias Toffoli para acompanhar o relator". Delúbio já estava condenado com oito votos, tal como Genoino, até então com sete votos, e Dirceu, com o voto recebido de Marco Aurélio, entrava no rol dos condenados. Faltavam ainda Celso de Mello – que não estava presente – e Ayres Britto – votos que ficariam para o dia seguinte.

Ainda sob o impacto da votação do dia anterior, a trigésima quarta sessão foi aberta um pouco mais tarde que o habitual, às 14h47. Mas, antes de ser retomado o julgamento, foram eleitos o presidente e o vice do tribunal para o biênio 2012-2014. Seguindo o regimento, elegeram-se Joaquim Barbosa e Ricardo Lewandowski. Foi uma cruel ironia, principalmente diante do duro embate que os dois estavam travando desde o dia 2 de agosto.

Depois dos elogios de praxe – o que chamou mais a atenção foi o de um advogado que afirmou, com muito entusiasmo, que a eleição de Barbosa tinha deixado a nação em júbilo (!) –, a palavra foi transferida a Celso de Mello. O decano falou durante pouco mais de uma hora. Foi muito duro, incisivo:

> Esse processo, para além dessa delicada situação a que se expõe o país, mostra a regência dos negócios do Estado por dirigentes que perpetraram delitos infamantes e reflete que, para constrangimento dos cidadãos honestos, há políticos que abusam do aparato governamental e corrompem eles próprios o poder do Estado.

A corrupção na política tem uma "ação deletéria, juridicamente criminosa e politicamente dissolvente". Considerou – e até então nenhum ministro tinha chegado a essa conceituação – que o mensalão tinha sido "um projeto criminoso de poder implementado pelas mais altas autoridades". Houve "a utilização criminosa do aparelho de Estado e a manipulação ilícita do aparato estatal em nome de práticas delituosas que transgridem a legislação penal do Estado, como no caso".

Mello fez questão de discutir as provas indiciárias: "Não podemos esquecer que o STF reconhece a eficácia probante dos indícios e da prova circunstancial, desde que tais indícios não conflitem entre si e sejam convergentes". Numa clara resposta a Lewandowski, o decano deu uma breve aula de Direito. Disse que não basta a invocação abstrata da teoria do domínio do fato para que haja um "crie-se" emanado dos juízes para que possa ser reconhecida a responsabilidade penal de qualquer pessoa. Não! Há necessidade de que haja a demonstração de elementos concretos que evidenciem a culpa do autor e o liame objetivo que o vincula à prática delituosa.

E, antes de seguir integralmente o voto de Joaquim Barbosa, encerrou seu voto afirmando de forma sociológica o poder petista:

Estamos a tratar de uma grande organização criminosa que se constituiu à sombra do poder fomentando medidas ilícitas que tinham por finalidade a realização de um projeto de poder. Estamos a tratar de uma hipótese de macrodelinquência governamental.

E concluiu: "Os crimes foram praticados na intimidade do poder de Estado".

Na reabertura da sessão – o intervalo sempre muito mais longo do que o anunciado: foi de 66 minutos –, Ayres Britto apresentou um resumo do seu voto. Analisou a forma tradicional dos acordos políticos e suas relações com a corrupção: "O que é estranhável, nesse caso, é a formação argentária, pecuniária, de alianças. Aí é um estilo de coalizão excomungado pela ordem jurídica brasileira". E continuou: "Não é possível que um partido se aproprie de outro". Depois, destacou a curiosa aliança política – uma novidade inventada pelo petismo – que teve entre seus mentores o publicitário mineiro:

"Esse regime de alianças se fez por um conglomerado de empresas privadas", em que "Marcos Valério era o operador". Isso permitiu que, em vez de se formar uma legítima aliança partidária, comum em qualquer democracia, o "perfil ideológico saído das urnas" fosse "arbitrariamente alterado". "Compra-se a consciência do parlamentar corrompido."

No seu particular estilo, destacou ainda que não havia "mais dúvida de práticas delituosas de um núcleo político, um financeiro e um núcleo publicitário", tal como na denúncia da PGR. E resumiu: "Os três núcleos formaram uma dicotomia, triangular. Depois, o que era triangular se tornou tentacular".

O presidente do STF caminhou para o final do seu voto demonstrando que o mensalão havia sido mais que um esquema de corrupção: "Para essa expansão materialista, foi criado um projeto de poder que vai muito além de um quadriênio qualificado. Golpe, portanto, nesse conteúdo mais eminente da democracia que é a República".

No processo, toda essa trama estaria suficientemente documentada: "Esse entrelace de réus está documentado, está provado e se chegou a ele respeitando-se o direito de cada réu. E cada réu tem o direito de não ser previamente julgado". Depois, elogiou tanto o Ministério Público quanto o relator pelo trabalho realizado. E, outra vez, no seu estilo tão particular, disse: "Há fatos que falam em decibéis audíveis e há fatos que gritam porque expõem as próprias vísceras". Não perdeu o momento para destacar o depoimento de Dirceu, em que ele afirmava ser o coordenador político do governo: "Foi deixado claro que era, de fato, o primeiro-ministro. Ele deixa claro que tudo passava pelas mãos dele. Foi o coordenador da campanha, o comandante da transição". Por fim, Britto seguiu o voto do relator nas condenações e absolveu Geiza, Adauto e Tolentino.

Antes ainda do encerramento da sua intervenção – após já ter declarado o seu voto acerca dos réus e suas imputações –, dois ministros aproveitaram para tecer mais algumas considerações sobre o processo. Celso de Mello fez questão de reafirmar o apartamento pessoal, político, dos ministros em relação aos réus: "Não há nada de novo sob o sol. O STF vem afirmando a sua jurisprudência, mantendo ao longo deste julgamento o necessário distanciamento crítico em relação a todos e a cada um dos réus. Assim como em relação ao próprio autor da ação penal, que é o Ministério Público". E concluiu sua participação neste item destacando, de forma cristalina, que "quem manda, quem tem poder, ascensão ou direção determinante sobre a ação de outras pessoas pode responder como coautor, quando unidos todos num mesmo propósito: uns determinaram e outros executaram".

Mais uma vez Lewandowski perdia uma excelente oportunidade de ficar calado, resolvendo interferir e oferecendo mais um exemplo infeliz (basta recordar o da tromba de elefante, entre outros). Dessa vez, usou um suposto vazamento de petróleo; se fosse aplicada a teoria do domínio do fato, segundo a sua interpretação, o condenado pelo acidente seria o presidente da Petrobrás. Mas foi imediatamente corrigido por Luiz Fux. Para que isso ocorresse, seria necessário que o vazamento fosse decorrente de alguma ordem direta do presidente da empresa, exigindo dolo, uma intenção criminosa. Ah, Lewandowski...

Marco Aurélio aproveitou a oportunidade para recordar que não havia ocorrido questionamento ideológico nas votações, dentro da lógica do esquema criminoso. Longe disso: "Não é crime integrante de partidos aliados votarem no mesmo sentido. O que eles não podem fazer é votar a partir da prata, do recebimento de vantagem". Às 18h50, encerrou-se a votação histórica – sem exagero – do item 6. A sessão ainda continuou tratando de outro item, o sétimo, mas poucos estavam dando alguma atenção. Depois de sete anos de muitas polêmicas, pressões e acusações, havia sido condenada a direção do Partido dos Trabalhadores por corrupção ativa – e ainda estavam aguardando a apreciação da acusação de formação de quadrilha. Delúbio Soares obteve a unanimidade dos juízes na condenação, José Genoino teve somente um voto pela absolvição e José Dirceu acabou condenado com o placar de uma goleada homérica: 8 a 2.

os condenados

A condenação do núcleo petista, na quarta-feira, dia 10 de outubro, teve enorme repercussão política. Foi saudada como uma vitória do Estado Democrático de Direito, dos valores republicanos e das liberdades democráticas. A impunidade – tão presente na história contemporânea nacional – parecia ter sofrido um duro golpe. Evidentemente, o núcleo petista respondeu às condenações, com exceção de Delúbio Soares, que até então havia se mantido em absoluto silêncio. Mais do que isso, sequer tinha sido encontrado pelos jornalistas para dar alguma declaração.

José Dirceu, como seria de se esperar, foi o que mais criticou a decisão do STF. Mais do que criticou: ameaçou a Suprema Corte de um controle social, sem especificar de que forma seria realizada essa ação, certamente intimidatória. Na sequência, divulgou um manifesto ao "povo brasileiro", dizendo que havia sido "prejulgado e linchado", sem direito à "presunção de inocência" e condenado "sob forte pressão da imprensa" como "corruptor, contrário ao que dizem os autos, que clamam por justiça e registram, para sempre, a ausência de provas e a minha inocência". E tudo teria ocorrido por meio de "um juízo político e de exceção."

Na reunião da direção nacional do PT, José Dirceu proclamou que a melhor resposta era vencer as eleições municipais e derrotar "nossos adversários", dando a entender que entre os "nossos adversários" estavam incluídos os ministros do STF que o haviam condenado por corrupção ativa. A relação entre as urnas e o veredito da Suprema Corte também foi usado pelo ex-presidente Lula. Em visita à Argentina, disse que a sua reeleição, em 2006, tinha sido a sua "absolvição", estabelecendo um paralelo absolutamente inexistente entre os votos dos ministros em um processo recheado de provas e uma eleição presidencial, quando o eleitor escolhe um candidato em meio a uma campanha. Vindo de quem veio, foi até uma declaração sensata, principalmente porque tinha dito logo após o veredito – quando ainda estava no Brasil – que o PT deveria ir para guerra: "Não queríamos guerra. Mas, já que eles nos chamaram, vamos para a guerra".

José Genoino atacou os "setores reacionários" da imprensa e do Judiciário, insistiu na "tese das urnas" ("o julgamento da população sempre nos favorecerá"), acusou o Supremo de "uma injustiça monumental" e disse: "A Corte errou. A Corte foi, sobretudo, injusta. Condenou um inocente. Condenou-me sem provas". E concluiu: "Como esperar um julgamento sereno no momento em que os juízes são pautados por comentaristas políticos?" Também, tal qual Dirceu, relacionou sua condenação à do PT: "Foi uma tentativa de condenar todo um partido político". Um pouco mais serenas foram as declarações do seu advogado: "Ante a perplexidade diante da condenação injusta, hoje a defesa fala através do silêncio". Já a Central Única dos Trabalhadores, braço sindical do PT, foi mais direta ao acusar o STF de julgar "a serviço dos conservadores".

Mas, ainda no dia 10, o julgamento continuou após a condenação da *troika* petista e de seus aliados. Quase às 19 horas, o ministro Joaquim Barbosa iniciou a leitura do seu voto sobre o item 7 da denúncia, referente à lavagem de dinheiro. Detalhou o funcionamento do esquema, inicialmente demonstrando como Anderson Adauto, João Magno e Paulo Rocha teriam sido, de acordo com o relator, beneficiários de milhares de reais recebidos por meio do Banco Rural diretamente ou através de terceiros. No caso do deputado Paulo Rocha, especificou a forma como uma funcionária (Anita Leocádia) teria recebido 620 mil reais em nome do petista. Barbosa relembrou que foi no apartamento funcional de Rocha, em Brasília, que havia ocorrido a "compra" do PL. Mas pediu a absolvição de Anita por falta de provas. Em seguida, passou para o deputado petista João Magno, de Minas Gerais, célebre pelo episódio da "dança da pizza", uma espécie de Sagração da Primavera petista, na qual, em vez da coreografia de Vaslav Nijisnsky, o Brasil assistiu ao bailado da então deputada Ângela Guadagnin pelo plenário da Câmara dos Deputados: Magno "recebeu o montante de 330 mil reais, ocultando o fato de que ele era o real destinatário da quantia e assim o fez porque sabia da [sua] origem ilícita". Mas até o relator já estava cansado. Eram 19h21 quando, a pedido de Barbosa, Ayres Britto encerrou a sessão e convocou a continuação para o dia seguinte.

A abertura da trigésima quinta sessão do julgamento aconteceu em clima de final de festa. Era natural, afinal, a condenação do núcleo duro do PT, que, no fundo, tinha sido a condenação do primeiro governo Lula, foi sempre o momento mais esperado. Mas a retomada dos mesmos personagens – acusados de formação de quadrilha – no processo teria de aguardar mais três sessões. O show, porém, tinha que continuar.

Joaquim Barbosa passou a ler o trecho do seu voto sobre o ex-deputado federal petista professor Luizinho. Em poucos minutos, absolveu o acusado por falta de provas. Depois absolveu o assessor de

Adauto, José Luiz Alves, pois, de acordo com o relator, "era um mero assessor, sem acesso à cúpula do PT e aos mecanismos da quadrilha criminosa". Entusiasmado, Barbosa ia iniciar a leitura do item 8 da denúncia, referente a Duda Mendonça e Zilmar Fernandes, quando foi interrompido pelo ministro Marco Aurélio: "Vamos simplificar, presidente". Por unanimidade, ficou decidido que primeiro seria encerrado o item 7, para só aí o julgamento avançar, o que parecia correto. Era patente o desejo dos ministros de adiantar os trabalhos. Não era sem tempo. Até Ricardo Lewandowski resolveu apressar o seu voto, mas não sem antes, claro, valorizar o seu feito: "São 250 páginas, mas eu vou resumir". E cumpriu a promessa. Falou somente durante treze minutos, absolveu todos os réus e até teve tempo para dizer que tudo teria começado na campanha de Eduardo Azeredo para o governo de Minas Gerais, em 1998, tentando igualar um escândalo na esfera estadual, que envolveu uma eleição fracassada para o governo do estado, com um esquema criminoso de assalto ao núcleo central do Estado e um projeto partidário de se eternizar no poder, como, inclusive, já tinha deliberado o STF.

Antes que a palavra fosse encaminhada à ministra Rosa Weber, teve início uma discussão – e não era a primeira – sobre o conceito de lavagem de dinheiro e sua aplicabilidade aos acusados. Em seguida, Marco Aurélio resolveu antecipar o seu voto e também absolveu todos os réus deste item, não sem antes dar mais uma estocada no PT, dizendo que, em 2005, era um partido milionário. Para o ministro Fux, a lavagem "é um delito relativamente novo e apresenta uma dificuldade na aferição do elemento subjetivo. É preciso que quem lava tenha ciência [de] que está lavando". Depois, dessa colocação, a discussão esquentou. Barbosa, um pouco exaltado, chamou o mensalão de "maldito esquema". Com os ânimos serenados, Fux aproveitou e deu o seu voto acompanhando integralmente o relator: "Esses delitos praticados com dinheiro público e praticados por funcionários públicos criam um problema de logística no rastreamento desse dinheiro. Essa dificuldade do rastreamento frauda a atividade judicial e é uma preocupação institucional". Lembrou que é "preciso que o STF estabeleça as balizas que serão seguidas pelos juízes de primeiro grau. É de importância institucional", completou o ministro. Veio uma pausa anunciada pelo presidente Ayres Britto com o seu peculiar linguajar, único na história do STF: "Para digerirmos melhor tantos argumentos sólidos que vossas excelências aspergiram, concedo um intervalo de trinta minutos".

Quarenta e oito minutos depois – intervalo curto para os padrões daquela Corte, e demonstrando o interesse dos ministros em apressar os trabalhos –, Rosa Weber proferiu seu voto em catorze minutos, acompanhando plenamente o revisor: "Não consigo chegar a um juízo de certeza de que os três (Magno, Adauto e Rocha) tivessem conhecimento de que os recursos repassados a ele proviam desses indícios". O ministro Barbosa discordou e fez questão de manifestar sua incompreensão: procuraram o tesoureiro "pelo conhecimento da existência desse vasto esquema de distribuição de propinas. Por isso a procura a Delúbio Soares". A ministra pareceu intimidada e evitou travar uma discussão. Em seguida, Cármen Lúcia deu o seu voto. Foi tão rápido que até lembrou os nocautes de Mike Tyson, quando estava no auge da carreira. Em um abrir e fechar de olhos – para ser preciso, em quatro minutos –, a ministra absolveu todos os réus. Dias Toffoli, que parecia um pouco alterado, falando em um tom de voz acima do aceitável, como em um concurso de leitura rápida, absolveu todos em três minutos, pois "não houve a comprovação do conhecimento prévio da origem ilícita desses recursos". Ayres Britto perguntou se Celso de Mello aceitaria antecipar seu voto, pois Gilmar Mendes estava ausente, mas tinha deixado o voto. Diante da negativa de Mello, Britto resolveu encerrar a sessão às 17h39, transformando a sessão na mais curta do julgamento e desfazendo a impressão de que os ministros estavam com muita pressa para encerrar os trabalhos. Deve ser lembrado que esse item, o sétimo, foi aquele que o ministro revisor obteve com o seu voto o maior número de concordâncias entre seus pares.

A sessão do dia 15, a trigésima sexta, parecia que seria tão modorrenta como a anterior. Ledo engano. Não só foi muito longa, como administrativamente confusa e com muitos momentos de tensão. Devido à ausência do ministro Gilmar Mendes, que estava retornando de uma missão oficial à Europa, o presidente pediu que o relator iniciasse a leitura do seu voto em relação ao item 8 da denúncia (em tempo: não estava presente também o ministro Celso de Mello, em consulta médica em São Paulo, chegando trinta minutos depois de iniciada a sessão. No mesmo instante, entraram no plenário mais dois ministros: Dias Toffoli e Luiz Fux). Era a denúncia contra Duda Mendonça e sua sócia Zilmar Fernandes sobre evasão de divisas e lavagem de dinheiro para pagamento, com recursos do esquema de Marcos Valério – portanto, de forma ilícita – aos serviços efetivamente prestados à campanha presidencial petista de 2002.

Como reza a legislação eleitoral, o principal responsável pelos recursos movimentados em uma campanha é o candidato, no caso, Luiz Inácio Lula da Silva. Porém, tal fato não foi sequer mencionado. Os pagamentos tinham sido efetuados de duas formas: no Banco Rural (cinco repasses) e na conta da *offshore* Dusseldorf, nas Bahamas (53 repasses).

O relator os absolveu da acusação de lavagem de dinheiro dos saques no Rural, pois poderiam não ter conhecimento do crime anterior – o que foi acompanhado pelo revisor. Além disso, não teriam ocultado o recebimento, pois a própria Zilmar havia sacado os valores. Mas os condenou pelos recebimentos no exterior: "Ainda que não haja provas de que eles não sabiam de crimes antecedentes, o mesmo não pode ser dito dessas 53 operações de lavagem".

Barbosa passou a expor as relações dos núcleos publicitário e financeiro com as imputações vinculadas a Mendonça e Fernandes. Demonstrou como os repasses tinham sido feitos a mando de Marcos Valério, com a indicação de Delúbio Soares, por meio do Banco Rural e de doleiros (operações chamadas de dólar cabo), e de como o Rural havia escondido esses envios da fiscalização do Banco Central: "Kátia Rabello e José Roberto Salgado chegaram a enviar documento falso para o BC tentando ocultar a participação na remessa para a conta Dusseldorf, no exterior".

O relator destacou que

> somente após a divulgação das contas no exterior, Duda Mendonça, por meio de denúncia espontânea, assumiu a titularidade dos recursos transitados na conta, recursos que não tinham sido declarados na época.

Nesse item, absolveu Geiza Dias, Cristiano Paz e Vinicius Samarane por falta de provas e condenou todos os outros acusados:

> Todos os elementos de convicção aqui destacados demonstram como se dava a conduta típica dos réus do núcleo publicitário e financeiro, mesmo que os advogados insistam na alegação de que a acusação não tipificou a acusação de cada um. É importante atentar para o fato de que esses crimes foram praticados por quadrilha organizada, da qual sobressai a divisão de tarefas.

Depois de mais um longo intervalo – uma hora e dez minutos – os trabalhos foram reiniciados. Seguindo o regimento, veio o voto do ministro revisor. Foi breve: falou por 33 minutos. Já tinha absolvido Mendonça e Fernandes por evasão de divisas. Em seguida, passou para lavagem de dinheiro: "Marcos Valério disse para receber dessa forma. [...] Os réus não tinham capacidade de prever crimes futuros ou até mesmo saber da origem ilícita do dinheiro". Era inevitável o confronto com o relator. Disse Barbosa: "Eles eram partícipes". O revisor lembrou que ele já tinha contas no exterior: "Há inúmeras contas [...], era um homem voltado à propaganda e recebia valores vultuosos". A divergência entre Lewandowski e Barbosa se aprofundou. Disse o revisor: "Quem pretende lavar dinheiro sujo não vai à Receita Federal declarar o que recebeu". Imediatamente veio a resposta de Barbosa: "Ele declarou depois que eclodiram os fatos do mensalão". Barbosa criticou o revisor recordando das provas dos autos. Lewandowski retrucou: "Respeito o ponto de vista do senhor e espero que o senhor respeite o meu". E o revisor absolveu Mendonça e Fernandes de todos os crimes imputados na ação penal. Absolveu ainda Paz, Dias e Samarane. Mas condenou Marcos Valério, Hollerbach, Simone Vasconcelos, Kátia Rabello e José Roberto Salgado por evasão de divisas. E o bate-boca entre relator e revisor continuou: "Para ser coerente, Vossa Excelência deveria absolver Marcos Valério e sua equipe, porque eles só fizeram essas operações de evasão para pagar os débitos de Duda Mendonça", disse Barbosa. Lewandowski respondeu: "É inaceitável, numa Corte superior como a nossa, os colegas cobrarem coerência do votos dos colegas. Se for realmente para apontar as incoerências, vamos passar o pente-fino nos votos e apontar muitas".

Com o deixa-disso costumeiro de Britto, a palavra foi transferida para a ministra Rosa Weber, que votou rapidamente. Seguiu o revisor quanto a Duda Mendonça e Zilmar Fernandes. Do núcleo publicitário, condenou todos, exceto Geiza Dias e Cristiano Paz. E, surpreendentemente, absolveu todos os acusados do núcleo financeiro, nesse caso discordando tanto do relator quanto do revisor: "Não há provas nos autos". Ao que foi imediatamente contestada por Barbosa: "Vossa Excelência absolve, então, quem cria e dirige um banco que realiza operações fraudulentas para enviar recursos ao exterior?" "A transferência desse numerário se deu de diversas formas através do sistema Rural e nenhuma no nome dos verdadeiros credores. São inúmeras alterações através de uma empresa clandestina mantida pelo Banco Rural", completou Barbosa. Rosa respondeu timidamente: "Não quero convencer Vossa excelência, mas estou convicta". E recebeu mais uma dura resposta do relator: "Talvez eu peque pela ênfase, mas acho que estamos abrindo as portas para o crime de lavagem de dinheiro".

Luiz Fux votou em catorze minutos. Destacou que Duda e Zilmar foram os únicos réus que receberam dinheiro no exterior. Numa alfinetada em

Lewandowski, disse que estava convencido do voto, mas que aceitaria passar um "pente-fino", expressão usada, minutos atrás, pelo revisor. Seguiu o relator em todos os votos. Em seguida, foi a vez de Dias Toffoli. É uma espécie de Usain Bolt na velocidade do voto – apenas sete minutos – e continuou lendo rapidamente. Seguiu o revisor. Antes do voto da ministra Cármen Lúcia, Barbosa novamente fez uma intervenção, discordando dos colegas e considerando que tanto Duda Mendonça como Zilmar Fernandes sabiam que estavam sonegando e que essa "Trade Link Bank era uma verdadeira lavanderia do Banco Rural".

Cármen Lúcia votou em quatro minutos e seguiu o revisor. Em doze minutos o ministro Gilmar Mendes votou e acompanhou plenamente o relator. Sobre Duda e Zilmar disse que a existência de uma dívida não justifica a ocultação e dissimulação: "Para receber, no entanto, aceitaram receber de forma ilícita e aderiram à conduta. Não se afasta, portanto, a tipicidade da conduta". Marco Aurélio fez um voto muito distinto dos outros ministros. Disse isso com aquele sorriso de zombaria, como aquela criança que, ao ter de escolher entre duas brincadeiras, acaba propondo uma terceira para seus amigos. Elogiou a agilidade que o julgamento estava tendo – e, comentário meu, não era sem tempo. Do núcleo publicitário, condenou todos, excetuando apenas Cristiano Paz (foi o único a condenar Geiza Dias). Por evasão de divisas, condenou o núcleo financeiro, com a exceção de Samarane. Depois condenou Duda e Zilmar, também por evasão de divisas, e os absolveu da acusação de lavagem de dinheiro. Celso de Mello votou rapidamente, em 24 minutos, e nesse tempo ainda teve apartes dos seus colegas. Seguiu o relator em todos os votos, excetuando a imputação de lavagem de dinheiro a Duda e Zilmar, seguindo, no caso, o revisor.

Nesse momento, registrou-se um novo embate entre os ministros relator e revisor a respeito do crime de lavagem de dinheiro, ainda não suficientemente tipificado, sendo necessário o estabelecimento de uma jurisprudência sobre tema importantíssimo. Ayres Britto, finalmente, foi o último a votar. Todos os presentes (e assistentes, diga-se) estavam cansados. Absolveu Duda e Zilmar das duas imputações e condenou os membros acusados neste item dos núcleos publicitário e financeiro, com exceções de Paz, Geiza e Samarane. Eram 20h43, e a longuíssima sessão foi encerrada.

Ficou um gosto amargo na absolvição de Duda e Zilmar, como se os crimes de evasão de divisas e lavagem de dinheiro não fossem relevantes, e, novamente, meras questiúnculas legais fossem instrumentos imbatíveis para a impunidade – a mesma sorte não tiveram na Justiça Federal de Minas Gerais dois empresários (Glauco Diniz Duarte e Alexandre Vianna de Aguilar), que depositaram no exterior milhões de reais na conta de Duda Mendonça e foram condenados por evasão de divisas e lavagem de dinheiro a dez anos e seis meses de prisão.

Nada melhor do que encerrar este dia com uma boa indagação do ministro Joaquim Barbosa:

O que há é lavagem porque, ao invés de fazer como fazem todas as empresas brasileiras que atuam na legalidade, que é receber créditos através de contas bancárias no país, ele recebeu o dinheiro não em seu nome, mas em uma conta em uma *offshore*. Não vem escrito (na conta) Duda Mendonça. Vem escrito Dusseldorf Company. Isso não é lavagem? Não é ocultar?

No dia 17, quarta-feira, a sessão reservava surpresas. Foi a que começou mais tarde, somente às 15h08, e mesmo assim com a ausência inicial dos ministros Dias Toffoli e Cármen Lúcia. A justificativa recaiu sobre a sessão matutina do STF, que teria se estendido até a hora do almoço, diga-se de passagem muito tensa, com uma séria altercação entre os ministros Gilmar Mendes e Ricardo Lewandowski. Este último estava irritado com algumas observações ocorridas em sessões anteriores do julgamento do mensalão quando, de acordo com ele, teria sido tratado como "aluno" por Mendes. Recebeu como resposta que estava "muito sensível".

Nesse clima azedo, a sessão da tarde começou com um pedido de revisão de votos de Gilmar Mendes e de Joaquim Barbosa acerca da condenação dos réus Duda e Zilmar por evasão de divisas – sem que fosse alterado o resultado pela absolvição, pois os réus já tinham recebido sete votos.

O ministro Gilmar, em seguida, absolveu mais três réus acusados de lavagem: professor Luizinho, Anita Leocádia e José Luiz Alves. E condenou Paulo Rocha, Anderson Adauto e João Magno. Disse: "quem oculta ou dissimula, o faz querendo o resultado" [...] "a questão não é de atipicidade e sim de crime imperfeito" (era uma resposta a uma intervenção da ministra Weber que justificou mais uma vez seu voto dizendo que o fez por atipicidade de conduta). Para Mendes, está "comprovado nos autos, com farta prova documental, que o dinheiro não tinha como origem o PT, mas era das empresas de Marcos Valério".

Um dos argumentos era de que o dinheiro saía do PT nacional para os diretórios municipais para o pagamento de dívidas. "Os ajustes de pagamento também nunca foram feitos por agentes do PT, mas por Valério e seus sócios." E concluiu: "Se todos esses elementos não são suficientes para demonstrar à sociedade o conhecimento do réu sobre a origem escusas do dinheiro, penso que a Corte exige do Ministério Público quase uma prova diabólica, uma prova impossível, e praticamente escancara a porta da impunidade", pois, se "ajustes com pessoas que não integram o partido, o não uso dos meios formais de transferência, a movimentação de quantias vultosas em espécie, o uso de empresa prestadora de serviços à administração (agência de publicidade SMP&B), o recebimento em quarto de hotel e a situação precária do partido não são referenciais válidos, penso que a Corte precisará explicitar quais são".

Celso de Mello acabou condenando todos os réus: "A conduta em que tais acusados incidiram mostra-se impregnada do dolo determinado ou dolo direto", excetuando Anita Leocádio, Professor Luizinho e José Luiz Alves. Foi seguido no voto por Ayres Britto. Sempre com a linguagem muito peculiar que o caracteriza, Britto concluiu que "esses fatos estão com as vísceras expostas, eles gritam. Cegar para essa realidade é golpear a sociedade". As condenações de Adauto, Rocha e Magno levaram a um novo empate: o segundo 5 a 5.

Depois de um longo intervalo de uma hora e seis minutos – recordando que a sessão havia começado atrasada, e em parte dela vários ministros tinham se ausentado –, foram retomados os trabalhos. Aprovaram uma sessão extra para a próxima terça-feira, sob a manifestação de discordância de Lewandowski, claro, que argumentou que não opinaria, pois não havia sido consultado sobre o cronograma do julgamento – o que não correspondia aos fatos, pois ele e Toffoli não tinham comparecido à citada reunião por vontade própria.

Finalmente, o relator iniciou a leitura do voto do último item do julgamento, referente à formação de quadrilha. Eram treze réus, com foco justamente na *troika* petista: Dirceu, Genoino e Delúbio, que já tinham sido condenados por corrupção ativa. O relator destacou a continuidade do delito entre 2003 e 2005, a divisão delituosa de trabalho dos três núcleos, a associação estável – tudo como dispõe o Código Penal no artigo 288 –, demonstrando que "Genoino era [apenas] o vice-presidente do PT, o verdadeiro presidente era José Dirceu". Insistiu na importância do papel de Dirceu ("Genoino não tinha poder de bater o martelo"), apontado pela PGR como o "chefe da quadrilha". Leu vários depoimentos dos envolvidos que destacaram a importância do ex-ministro no esquema: "Esses diálogos deixam evidente o vínculo de hierarquia e subordinação que envolvia Dirceu e os outros membros do núcleo político". E insistiu diversas vezes neste ponto: "Há nos autos diversos elementos de convicção harmônicos entre si de que José Dirceu comandava o núcleo político, que, por sua vez, orientava o núcleo partidário, que agia em concurso com o núcleo financeiro". Passou para Marcos Valério ("um profissional do crime"), que "não detinha qualquer posição oficial no governo, mas tinha a função de informar ao Banco Rural os horários na agenda do chefe da Casa Civil". E já passavam das 19 horas quando Barbosa solicitou o encerramento da sessão – e foi atendido.

Na quinta-feira, dia 18, a sessão foi retomada. O ministro relator continuou sua exposição de cinquenta páginas – outras trinta tinham sido lida no dia anterior. Foi convincente. Muitos dos fatos relatados já tinham sido apresentados diversas vezes durante o julgamento. Sua tarefa foi mostrar a interconexão entre eles e a ação permanente e continuada da quadrilha liderada, sempre de acordo com suas palavras, por José Dirceu. Foi didaticamente apontando a participação de cada um dos réus, por exemplo Delúbio Soares, que "era o braço operacional", ou Marcos Valério, o "intermediário com o governo". Citou um laudo fraudulento referente ao empréstimo de 10 milhões de reais no Banco Rural: "Mesmo sem ter patrimônio, Delúbio e Genoino afiançaram o contrato fraudulento". Destacou ainda que "o núcleo operacional junto com o publicitário e o PT em conluio com o núcleo financeiro simularam empréstimos para o grupo bem como encobriram a entrada de capital do esquema da quadrilha.

Genoino admitiu ter conhecimento dos empréstimos do PT junto ao Banco Rural e ao BMG". E continuou: "[eles] tinham funções definidas, Delúbio era o braço do núcleo político com o publicitário e Genoino era o responsável pela interlocução e acordo com os parlamentares".

No longo apanhado dos ilícitos cometidos pelos réus desse item, lembrou "de ter lido um laudo que dizia que o grupo de Marcos Valério teria produzido mais de 80 mil notas fiscais falsas". E encerrou:

> Por tudo o que foi pormenorizadamente exposto, não vejo por que não concluir que os réus, de forma livre e consciente, associaram-se de maneira organizada com o fim de cometer crimes contra o sistema financeiro nacional e de lavagem de dinheiro.

Pediu, como esperado, a condenação de onze réus e a absolvição de Geiza Dias e Ayanna Tenório. Veio então a tradicional pausa para o lanche dos ministros.

Na retomada da sessão, a palavra foi dada ao ministro revisor. Falou pouco, para os seus padrões naquele julgamento: 38 minutos. Começou dizendo que tinha ficado impressionado com os votos, quando do item sete, das ministras Rosa Weber e Cármen Lúcia. Para elas, não tinha ocorrido formação de quadrilha, mas sim uma reunião para a prática criminosa eventual, portanto, não permanente. Lewandowski concordou com a interpretação. Foi hábil.

Não só buscou apoio para o seu voto, como deixou as duas ministras numa "sinuca de bico", pois teriam de referendar a decisão que já tinham tomado, mesmo que elas tivessem emitido juízo sobre alguns réus dos núcleos isolados e não sobre o núcleo da quadrilha. Mas o silêncio das duas indicou concordância, o que era um excelente sinal para os réus, especialmente para a *troika* petista.

O ministro continuou a destilar críticas e mais críticas à PGR. Considerou o uso abusivo das expressões "quadrilha" (54 vezes) e "organização criminosa" (41 vezes). Continuou criticando o Ministério Público: "Há um excesso de imputação contra os réus". E não parou: "Essa verdadeira miscelânea conceitual enfraqueceu as imputações sacadas contra os réus, em especial a José Dirceu, que, em termos jurídicos, ora foi acusado de quadrilha, ora foi acusado de organização criminosa". Segundo o revisor, "não é uma associação ocasional, efêmera para, ouso dizer, [garantir] apoio político de parlamentares, como tem sido aventado nessa ação penal, mas [sim] um grupo que se reúne permanentemente para a prática de uma série indeterminada de crimes". Ou seja, "Não vislumbro a associação dos acusados para delinquir, para praticar indeterminadamente crimes. Houve mera coautoria". E, para manter coerência com a absolvição de todos os réus deste item, foi obrigado a solicitar a revisão do seu voto no item 6 – será que não pensou na cobrança feita pelo relator de "falta de coerência" dos seus votos na sessão do último dia 15? Absolveu da acusação de formação de quadrilha Enivaldo Quadrado, Jacinto Lamas, João Cláudio Genu, Pedro Corrêa e Valdemar Costa Neto (gerando, com isso, mais dois empates: Valdemar e Lamas – este tivera boas notícias nos últimos dias, como a concessão da aposentadoria como analista legislativo da Câmara dos Deputados, recebendo 43 mil reais mensais!). Claro que logo surgiu uma piada: a obsessão de Lewandowski pela revisão fez com ele fosse o revisor do seu próprio voto.

A trigésima nona sessão começou com muita expectativa. E bem atrasada – seria por causa da adoção, no final de semana, do horário de verão? Rosa Weber foi a primeira a votar. Estava insegura. Não tirava os olhos do voto. Leu nervosamente os papéis. Nos treze minutos da leitura do seu voto, citou mais que um autor por minuto. Absolveu todos os réus, seguindo na íntegra o revisor. Referendou a tese de que "só existe quadrilha no espectro legal quando o acerto entre os integrantes visa uma série indeterminada de delitos".

De acordo com Weber, "os réus jamais pensaram nessa associação para usufruir dos crimes resultantes de sua atuação. Havia um objetivo: a cooptação de apoio político". Logo, absolveu os réus por atipicidade: "Não identifico em qualquer hipótese o dolo de criar ou participar de uma atuação autônoma com a prática de crimes determinados". Ao terminar, foi imediatamente aparteada pelo relator. Barbosa indagou: "O crime de formação de quadrilha não está relacionado apenas aos 'crimes de sangue'. A tomada das nossa instituições políticas de maneira pecuniária não abala a paz social?" E foi ainda mais incisivo: "Não consigo entender e não aceito essa exclusão sociológica".

De acordo com o ministro, a "prática de formação de quadrilha por pessoas que usam terno e gravata traz um desassossego ainda maior". Foi aparteado pela ministra Cármen Lúcia, que aproveitou a ocasião para apresentar o voto em seis minutos, mesmo antes da sua vez, com a concordância dos ministros que a antecederiam, registre-se. Acompanhou o revisor entendendo que "os encontros foram conjunturais na busca de interesses privados. Não havia tipicidade do crime de quadrilha". O crime exige reunião estável e permanente, o que, de acordo com a ministra, não teria ocorrido.

Quando chegou a vez do ministro Luiz Fux, o placar estava 3 a 1 para a absolvição dos réus. Fux falou por quarenta minutos. Até pediu desculpas pela longa exposição. Justificou que a questão – a de formação de quadrilha – era um tema muito importante não só para o STF, mas para as instâncias inferiores da Justiça. Fez questão de deixar claro sua divergência com os dois votos iniciais da sessão: "Todos sabiam que estavam incorrendo em ilícito e que esse implicava em práticas corriqueiras que envolviam um fim delinquencial. A participação desse sistema é o que, a meu ver, caracteriza a quadrilha". E discordou da tese de coautoria acentuada pelo revisor e pelas duas ministras: "A quadrilha durou mais de dois anos. Não há exemplo histórico de coautoria bienal. A quadrilha exige essa estabilidade, o que afasta a tese de coautoria". E "somente teve um fim com a eclosão do escândalo que foi chamado de mensalão". Não teria havido ameaça à paz pública, como tinham enfatizado os votos pela absolvição? Segundo Fux, claro que tinha havido: "Há uma dúvida do que seria o abalo da paz pública pela quadrilha [...] Eu não precisaria consultar nenhuma doutrina para entender que abalar a normalidade e a paz do parlamento mediante votações viciadas já caracteriza um dos mais significativos abalos à paz pública".

Depois de desconstruir as teses do revisor, Fux acompanhou plenamente o voto do relator.

O próximo a votar foi Dias Toffoli. É até difícil chamar de voto as palavras meteóricas ditas pelo ministro em menos de trinta segundos, seguindo o revisor. Disse que seu voto estava impresso. E se calou. Foi um ato de verdadeiro desprezo pelo plenário e, principalmente, em tema tão importante. Foi descortês ao extremo. Pouco depois se retirou do plenário e passou a maior parte da sessão ausente.

Sem dar importância ao fato, Ayres Britto passou a palavra para o ministro Gilmar Mendes. Foi um voto técnico, breve e muito bem fundamentado. Lembrou que "Dirceu, Genoino e Delúbio eram dirigentes máximos e praticaram um engenhoso esquema de desvio de recurso público". Expôs as articulações entre os réus: "Marcos Valério dizia que era muito ligado a Delúbio Soares e por isso tinha facilidade de aproximação com Dirceu. As declarações de Marcos Valério, Delúbio Soares e Kátia Rabello mostram que havia interesse na associação". E resumiu: "Encontra-se provado que houve formação de quadrilha". Condenou todos os réus, excetuando Geiza Dias e Ayanna Tenório.

Depois do intervalo – 73 minutos! –, a palavra foi dada a Marco Aurélio. Eram 18h12. O placar estava 4 a 3 para a absolvição de todos os réus. Era o voto mais aguardado, porque, segundo alguns intérpretes do julgamento, o ministro não tinha deixado claro, em votos anteriores, sua posição. A expectativa era grande. A condenação por formação de quadrilha agravaria a pena final dos réus, mesmo que a reclusão fosse de um a três anos. Além disso, a condenação como membro de uma quadrilha acaba tendo repercussão popular, pelo significado negativo da expressão. Marco Aurélio fez questão de ler, em dez minutos, o discurso pronunciado quando assumiu a presidência do Tribunal Superior Eleitoral, em 2006. Deu uma entonação especial a alguns trechos, como este: "Nenhum fim legitimará o meio condenável. A lei será aplicada com a maior austeridade possível – como, de resto, é o que deve ser". Deixou claro sua concordância com o relator. O que estava sendo julgado era uma quadrilha, sem nenhuma dúvida. Até citou uma frase do senador Pedro Simon, que estava nos jornais daquele dia, ironizando os que exigiam a formalização do grupo criminoso: "O que é preciso para se qualificar um crime de quadrilha? Uma escritura?" Era evidente a permanência: "Não se faz quadrilha por contrato social" – lembrando que ela se mostrou "ativa de janeiro de 2003 a junho de 2005". E foi enfático: "Houve a formação de uma quadrilha das mais complexas envolvendo o núcleo dito político, o núcleo dito financeiro e o núcleo dito operacional". E, com a ironia tão peculiar, o ministro alfinetou: "Mostram-se os integrantes em número de treze. É sintomático o número". E sorriu, discretamente. Comparou os mensaleiros à máfia italiana. Condenou todos os réus, excetuando Samarane e Ayanna.

O placar estava 4 a 4 quando o decano do STF, o ministro Celso de Mello, começou a pronunciar seu voto. Não deixou qualquer margem à dúvida, afirmando logo nas primeiras palavras: "Em mais de 44 anos de atuação na área jurídica, nunca presenciei um caso em que o delito de quadrilha se apresentasse tão nitidamente caracterizado". Falou durante quarenta minutos. Foi mais um voto histórico. O crime, para ele, estava mais que comprovado: "Pouco importa que haja um chefe ou líder. O que importa é o propósito deliberado de participação de forma estável ou permanente para as ações do grupo". E continuou:

> Eu nunca vi algo tão claro, a não ser essas outras associações criminosas que, na verdade, tantos males causam aos cidadãos brasileiros, como as organizações criminosas existentes no Rio de Janeiro e aquela perigosíssima, hoje em atuação no estado de São Paulo. [...] A essa sociedade de delinquentes o Direito Penal dá um nome: quadrilha ou bando.

E colocaram em risco a paz pública: "Nessa espécie de crime somos vítimas ao lado do Estado". Para o decano, os mensaleiros – tendo à frente a direção petista de 2005 – são delinquentes:

> O que vejo nesse processo emergindo da prova validamente produzida contra os acusados são homens que desconhecem a República. Pessoas que ultrajaram as suas instituições e que, atraídos por uma perversa vontade, vilipendiaram os signos do Estado Democrático de Direito. Mais do que práticas criminosas, identifico no comportamento desses réus grave atentado às instituições do Estado de direito.

Por fim, fez um alerta importante e esclarecedor: "Não se está a incriminar a atividade política, mas sim a punir aqueles que não se mostraram capazes de exercê-la com honestidade, integridade e elevado interesse público". Numa resposta a Lula – que deu sucessivas declarações dizendo que as urnas já tinham absolvido o PT – declarou:

> Votações eleitorais não constituem, em um Estado fundado em bases democráticas, não qualificam nem constituem um impedimento de punibilidade, ainda que ungidos de poder, não se subtraem ao alcance das leis da República. Afinal, a ideia de República traduz um valor essencial que exprime um dogma fundamental: o da plena responsabilidade de todos perante a lei, além do primado da igualdade jurídica. Esse dogma deve prevalecer sempre. Ninguém tem legitimidade para transgredir as leis de nosso país.

Nada justifica a violência contra o Estado Democrático de Direito: "A conquista e a preservação temporária do poder em qualquer formação social, regida por padrões democráticos, [...] não autoriza quem quer que seja [...] a utilizar meios criminosos ou expedientes juridicamente marginais". O mensalão – a expressão é minha e não do decano – representou "um dos episódios mais vergonhosos da história política do país". E voltou a dissociar a política republicana dos mensaleiros: "Estamos a condenar não todos os políticos, mas sim protagonistas de sórdidas tramas criminosas". E encerrou com chave de ouro: "Os réus desta ação devem ser punidos como delinquentes". Desnecessário dizer que seguiu o voto do relator.

Depois do voto do decano, um silêncio se fez no plenário. Foram palavras duras, mas precisas. Não teve qualquer contemplação com o que chamou, em voto anterior, de marginais do poder. O último a votar foi o presidente Ayres Britto. Breve, seguiu o relator, demonstrando que não tinha dúvidas sobre a existência da quadrilha. E criticou o critério dos acordos políticos: "É esse tipo de aliança política e parlamentar que o Direito execra".

Eram 20h10 quando a sessão se encerrou com a condenação por formação de quadrilha de dois ex-presidentes e do ex-tesoureiro do Partido dos Trabalhadores, além de mais oito réus, por seis a votos a quatro. Depois de 39 sessões, tinham sido condenados 25 réus e absolvidos doze.

A repercussão do julgamento foi enorme. Os condenados invocaram inocência. José Dirceu e José Genoino, especialmente (Delúbio Soares continuou sumido nos dias imediatamente posteriores), deram várias entrevistas. Alegaram que haviam sido vítimas de um processo de exceção, que não havia provas para a condenação, que tudo tinha ocorrido por pressão da imprensa e que estava havendo uma perseguição ao PT. Retomaram a ameaça de censurar a imprensa com o controle social da mídia e, como represália à condenação, incluíram o Judiciário na proposta. As manifestações populares que haviam sido anunciadas pelos petistas desde o início do julgamento não ocorreram.

O curioso foi o memorial encaminhado pelo defensor de Marcos Valério, Marcelo Leonardo, apontando Lula como um dos protagonistas do escândalo, colocado de lado desde o início por uma manobra da base governista no Congresso Nacional, que teria deslocado o foco da imprensa dos protagonistas políticos para Valério, "dando-lhe uma dimensão que não tinha e não teve nos fatos." E continuou:

> Quem não era presidente, ministro, dirigente político, parlamentar, detentor de mandato ou liderança com poder político foi transformado em peça principal do enredo político e jornalístico, cunhando-se na mídia a expressão "Valerioduto", martelada diuturnamente, como forma de condenar, por antecipação, o mesmo, em franco desrespeito ao princípio constitucional fundamental da dignidade da pessoa humana.

Foi a primeira manifestação de discordância entre os advogados dos réus considerados mais importantes. Até então, tinham atuado coletivamente, o que acabara favorecendo o chamado núcleo político, especialmente José Dirceu. A abdicação de defender o seu cliente – somente o seu cliente – tinha prejudicado a defesa de outros réus, especialmente aqueles do chamado núcleo publicitário. As declarações de Leonardo, em vez de causar alguma celeuma, foram recebidas como pura manifestação de desespero diante das diversas condenações recebidas por seu cliente. Mas muitas emoções ainda estariam reservadas para as semanas seguintes. O processo tinha se iniciado em 2005. Sete anos depois, ocorria o julgamento, mas nada indicava que a trama tinha terminado.

Último recesso: o condenômetro

CONDENÔMETRO

MINISTROS DO STF	+ ABSOLVIÇÕES
Joaquim Barbosa	
Ricardo Lewandowski	
Rosa Weber	
Luiz Fux	
Dias Toffoli	
Cármen Lúcia	
Cezar Peluso	
Gilmar mendes	
Marco Aurélio	
Celso de Mello	
Ayres Britto	
plenário	

Este gráfico mostra o total de absolvições *(número branco)* e condenações *(número preto)* proclamadas por cada ministro. A última linha é reservada aos veredictos, ou seja, as condenações ou absolvições decididas em plenário pela maioria dos ministros.

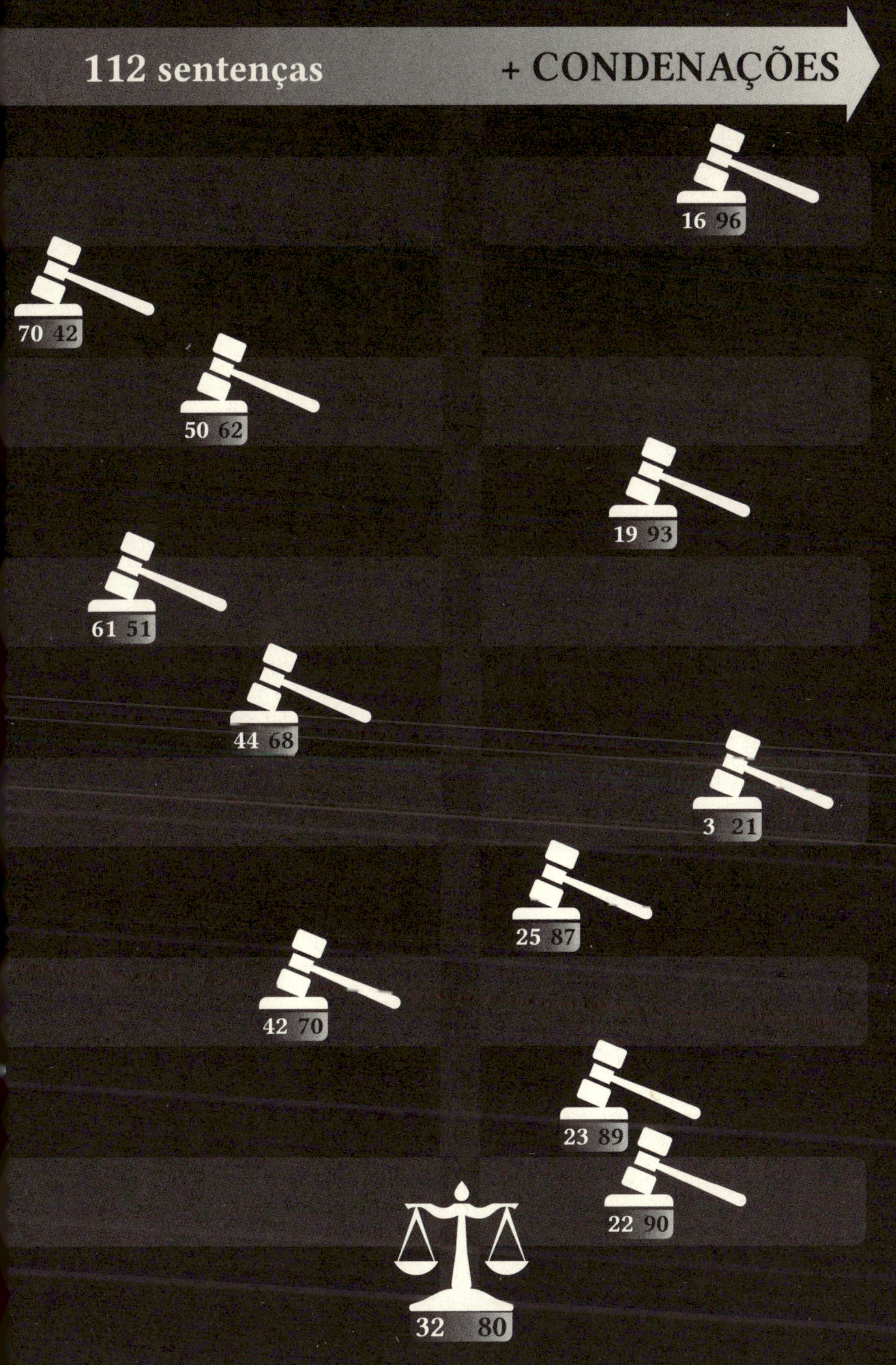

Fonte: Daniel Jelin e Thomaz Rezende/VEJA

amanhã
vai ser
outro dia?

O julgamento do mensalão atingiu duramente o Partido dos Trabalhadores. As revelações acabaram por enterrar definitivamente o figurino construído ao longo de décadas de um partido ético, republicano e defensor dos mais pobres. Agora é possível entender as razões que tinham levado sua liderança a tentar, por todos os meios, impedir a realização do julgamento. Não queriam a publicização das práticas criminosas e das reuniões clandestinas, algumas delas ocorridas no interior do próprio Palácio do Planalto – caso único na história brasileira.

O processo do mensalão desnudou o PT. Isso pode explicar o ódio que seus fanáticos militantes nutrem pela Suprema Corte e, principalmente, por aqueles que consideram os "ministros traidores", isto é, aqueles que os haviam julgado segundo os autos do processo e não de acordo com as determinações emanadas da direção partidária.

Como estão acostumados a lotear as funções públicas, até hoje não entenderam o significado da existência de três poderes independentes e, mais ainda, o que é ser ministro do STF. Para eles, especialmente para Lula, ministro da Suprema Corte é cargo de confiança, como os milhares criados pelo partido desde 2003. Daí que já começaram a fazer campanha para que os próximos nomeados sejam somente aqueles de absoluta confiança do PT, uma espécie de "ministro companheiro". E assim sucessivamente, até conseguirem ter um STF absolutamente sob controle partidário.

A recepção da liderança às condenações demonstra como os petistas têm uma enorme dificuldade de conviver com a democracia. Primeiramente, logo após a eclosão do escândalo, Lula pediu desculpas em rede nacional.

No final do governo, mudou de opinião: iria investigar o que aconteceu, sem explicar como e com quais instrumentos, pois seria um ex-presidente. Em 2011, apresentou uma terceira explicação: tudo era uma farsa, não tinha existido o mensalão. Agora tinha apresentado uma quarta versão: teria sido absolvido pelas urnas — um ato falho, registre-se, pois não era um dos réus do processo.

Ao associar uma simples eleição ao julgamento demonstrou mais uma vez desconhecer o funcionamento das instituições – registre-se que, em todas essas versões, Lula sempre contou com o beneplácito dos intelectuais chapas-brancas para ecoar sua fala.

As lideranças condenadas pelo STF insistem em dizer que o partido tem que manter seu projeto estratégico. Qual?

O socialismo foi abandonado e faz muito tempo. A retórica anticapitalista é reservada para os bate-papos nostálgicos de suas velhas lideranças. O único projeto da aristocracia petista – conservadora, oportunista e reacionária – é de se perpetuar no poder. Para isso, precisa contar com uma sociedade civil amorfa, invertebrada. Não é acidental que passaram a falar em controle social da imprensa e... do Judiciário. Sabem que a imprensa e o Judiciário acabaram se tornando, mesmo sem querer, os maiores obstáculos à ditadura de novo tipo que almejam criar.

A estratégia petista conta com o apoio do que há de pior no Brasil. É uma associação entre políticos corruptos, empresários inescrupulosos e oportunistas de todos os tipos. O que os une é o desejo de saquear o Estado. O PT acabou virando o instrumento de uma burguesia predatória, que sobrevive graças às benesses do Estado. De uma burguesia corrupta que, no fundo, odeia o capitalismo e a concorrência, e encontrou no partido – depois de um século de desencontros, namorando os militares e setores políticos ultraconservadores – o melhor instrumento para a manutenção e expansão dos seus interesses. Não deram nenhum passo atrás na defesa dos seus interesses de classe. Ficaram onde sempre estiveram. Quem se movimentou em direção a eles foi o PT.

Durante a fase da dosimetria – o estabelecimento das penas para cada réu –, foi muito grande a pressão sobre o STF. Porém, a Corte não se dobrou. O pior já tinha passado, basta recordar as pressões contra a realização do julgamento ou do início dos trabalhos. Como de hábito – triste hábito brasileiro –, os principais condenados de cada núcleo, especialmente o político, tentaram por todos os meios coagir os ministros; porém, para o bem do Estado Democrático de Direito, acabaram perdendo. Dada a organização da Justiça brasileira, o processo ainda terá um sobrefôlego até a saída do acordão, os vários embargos e, finalmente, o cumprimento das penas. Também deve ser lembrado que muitos processos continuam correndo na Justiça Federal de Minas Gerais, já com algumas condenações em primeira instância. É a velha história: a justiça tarda (e como!), mas vai sendo feita.

Apesar do longo julgamento, de muita retórica vazia, de um excessivo formalismo jurídico, o STF acabou se reencontrando com a nação. Infelizmente, durante sua história já secular, o STF não se notabilizou pela defesa das liberdades, pela defesa do cidadão diante do Estado opressor, especialmente nos momentos de autoritarismo – que não foram poucos. Mas a forma corajosa com que enfrentou os donos do poder merece ser louvada. Espera-se que se mantenha, mesmo com uma composição distinta após o final do julgamento.

O processo do mensalão permitiu também lançar novas luzes sobre o funcionamento do Estado brasileiro. As dezenas de depoimentos e as negociatas exemplificaram de forma cristalina como o interesse privado se sobrepôs ao interesse público. Mostraram que ainda é possível, com relativa facilidade, apresar o coração do Estado em proveito de um projeto de poder criminoso. Em outras palavras, revelou a fragilidade das instituições democráticas.

Não faltam Constituição, códigos, leis, decretos, um emaranhado legal caótico. Mas nada consegue regular o bom funcionamento da democracia brasileira. Ética, moralidade, competência, eficiência e compromisso público simplesmente desapareceram. Temos um amontoado de políticos vorazes, saqueadores do erário. Vivemos uma época do vale-tudo. Desapareceram os homens públicos. Foram substituídos pelos políticos profissionais. Todos querem enriquecer a qualquer preço – e rapidamente. Não importam os meios. São anos marcados pela hipocrisia. Não há mais ideologia. Longe disso. A disputa política é pelo poder, que tudo pode e nada é proibido. Os poderosos exercem o controle do Estado – controle no sentido mais amplo e autocrático possível. Feio não é violar a lei, mas perder uma eleição, estar distante do governo.

Nesse universo sombrio, somente os áulicos – e são tantos – podem estar satisfeitos. São os modernos bobos da corte. Devem sempre alegrar e divertir os poderosos, ser servis, educados e gentis. E não é de bom-tom dizer que o rei está nu. Sobrevivem sempre elogiando e encontrando qualidades onde só há o vazio.

As decisões do STF dão um alento, uma esperança de que é possível imaginar uma república onde os valores predominantes não sejam o da malandragem e o da corrupção, na qual o desrespeito à coisa pública receba a devida punição.

Aproveitando a citação de Chico Buarque feita no julgamento por um advogado de defesa de um condenado (suprema ironia), amanhã poderá ser outro dia. Mas, para que isso se materialize de forma permanente, é necessário mudar radicalmente a forma de fazer política e de participar dela. Não é tarefa de curta duração. É preciso refundar a República. Caso contrário, outros Delúbios, Josés, Marcos, Kátias, Valdemares surgirão.

a sentença

RÉU	PENA
Marcos Valério	Reclusão de 40 anos, 1 mês e 6 dias Multa de R$ 2,78 milhões
Ramon Hollerbach	Reclusão de 29 anos, 7 meses e 20 dias Multa de R$ 2,79 milhões
Cristiano Paz	Reclusão de 25 anos, 11 meses e 20 dias Multa de R$ 2,53 milhões
Kátia Rabello	Reclusão de 16 anos e 8 meses Multa de R$ 1,51 milhão
Simone Reis	Reclusão de 12 anos, 7 meses e 20 dias Multa de R$ 374,4 mil
José Dirceu	Reclusão de 10 anos e 10 meses Multa de R$ 676 mil
Delúbio Soares	Reclusão de 8 anos e 11 meses Multa de R$ 325 mil
José Genoino	Reclusão de 6 anos e 11 meses Multa de R$ 468 mil
Rogério Tolentino	Reclusão de 5 anos e 3 meses Multa de R$ 286 mil

Informações atualizadas até a 45ª sessão do julgamento, realizada no dia 12 de novembro de 2012.

FONTES CONSULTADAS

Livros

ANDRADE, Oswald de. *Um homem sem profissão*. Rio de Janeiro: Civilização Brasileira, 1974.

__________. *Do Pau-Brasil à Antropofagia e às utopias*. Rio de Janeiro: Civilização Brasileira, 1972.

BARBOSA, Ruy. *Pensamento e ação de Rui Barbosa*. Brasília. Senado Federal, 1999.

BRASIL. Relatório final dos trabalhos da CPMI "dos Correios", vols. I e II. Brasília, 2006.

BRASIL. Supremo Tribunal Federal. A Constituição e o Supremo. Brasília. Secretaria de Documentação, 2010.

__________. Regimento interno: edição comemorativa de 120 anos. Brasília: STF, 2011.

CAMAROTTI, Gerson; LA PEÑA, Bernardo. *Memorial do escândalo*: os bastidores da crise e da corrupção no governo Lula. São Paulo: Geração Editorial, 2005.

Jornais e revistas

Folha de S.Paulo

O Estado de S.Paulo

O Globo

Veja

Blogs

Augusto Nunes

Delúbio Soares

José Dirceu

Reinaldo Azevedo

Ricardo Noblat

Portais

www.bancorural.com.br

www.epoca.com.br

www.estadao.com.br

www.g1.com.br

www.istoe.com.br

www.mpf.gov.br

www.oglobo.com.br

www.stf.jus.br

www.uol.com.br

www.veja.com.br

Este livro foi composto com as famílias tipográficas Linux Biolinum e Linux Libertine para a Leya em novembro de 2012.